中共国家税务总局党校
国家税务总局税务干部学院 系列教材 · **税收理论与实务类**
**院局办社合作示范教材**

# 以案促治：
# 税收监管典型案例剖析

岳　颂　王文清　主编

中国税务出版社

**图书在版编目（CIP）数据**

以案促治：税收监管典型案例剖析 / 岳颂，王文清主编. -- 北京：中国税务出版社，2025. 2. -- ISBN 978 - 7 - 5678 - 1579 - 7

Ⅰ. F812.423

中国国家版本馆 CIP 数据核字第 2024LR7446 号



**书　　名**：以案促治：税收监管典型案例剖析
YIAN CUZHI：SHUISHOU JIANGUAN DIANXING ANLI POUXI
**作　　者**：岳　颂　王文清　主编
**责任编辑**：唐　卿
**责任校对**：姚浩晴
**技术设计**：林立志
**出版发行**：中国税务出版社
北京市丰台区广安路 9 号国投财富广场 1 号楼 11 层
邮政编码：100055
网址：https://www.taxation.cn
投稿：https://www.taxation.cn/qt/zztg
发行中心电话：(010)83362083/85/86
传真：(010)83362047/49
**经　　销**：各地新华书店
**印　　刷**：北京天宇星印刷厂
**规　　格**：787 毫米 × 1092 毫米　1/16
**印　　张**：15
**字　　数**：254000 字
**版　　次**：2025 年 2 月第 1 版　2025 年 2 月第 1 次印刷
**书　　号**：ISBN 978 - 7 - 5678 - 1579 - 7
**定　　价**：49.00 元

# 本书编写人员


**主　编：** 岳　颂　王文清

**副主编：**（按姓氏笔画排序）

王　盖　王　斌　田　甜　张　威

张庆云　胡　燕　黄凯明

**成　员：**（按姓氏笔画排序）

马瑞泽　王晓军　吕　明　朱宏俊

刘　珂　江　明　孙　璐　杜　浩

李公明　余婉湞　张爱峰　陈坚宁

罗烽明　郑　玲　胡　冰　徐晓俊

翁　骏　姬颜丽　黄鑫裕　彭　靖

谢　旭　蒲洪涛　蔡雅萍

# 前　　言

近年来，国家税务总局按照习近平总书记关于加强税收监管和税务稽查的重要指示精神，聚焦“假企业”虚开发票、“假出口”骗取退税、“假申报”骗取优惠等涉税违法犯罪行为，加强对高风险重点领域靶向整治，深入推进精准监管和以查促治机制，积极联合相关部门开展精准打击，查处一批违法企业，打掉一批犯罪团伙，切实把税务铁军“铁”的风范旗帜鲜明地体现到坚决维护党中央权威上来。

目前，随着经济社会不断发展，社会法治环境与税务稽查执法实践等都发生了较大变化，税务工作面临着新的形势与任务。特别是中办、国办印发《关于进一步深化税收征管改革的意见》以来，对优化执法方式、提高税收监管工作质效提出了新要求。为保障国家税收安全、维护正常市场经济秩序、提升稽查办案质效，打造效能税务，切实增强基层一线税务干部综合业务素质，国家税务总局税务干部学院联合总局各地特派办及部分省市税务局稽查局共同编写《以案促治：税收监管典型案例剖析》一书，以期对广大税务干部业务素质培养和履职能力提升有所裨益。

本书分为上、下两篇共八章。上篇：税收监管概论与最新司法适用，分为三章，包括税收监管概论、税收监管智能化探索、最新司法解释在税收监管中的适用分析等内容；下篇：税收监管典型案例剖析，分为五章，包括虚开发票典型案例剖析、出口骗税领域典型案例剖析、骗取税收优惠典型案例剖析、重点行业典型案例剖析、新兴业态典型案例剖析等内容。

本书在编写内容上，按照规范、实用、易读的宗旨，对税收监管理论、涉税问题与司法解释的关联性进行了细致分析，并收集、整理了28个具有代表性的涉税案例，按照基本案情、查办情况、案例点评的顺序，归纳整理、总结提炼，深入地介绍了税收监管所涉及的税种、行业、特殊业务的检查方法，为全国税务系统税收监管提质增效总结了丰富的经验，是一本有用、管用、好用的税收培训教材和业务指南。

需要说明的是，本书中案例所引用的文件及定性依据均是按当时的有效政策进行判定，所涉及的税收政策截止到2024年11月30日，在本书出版时个别文件可能已失效或废止，并非编者引用文件有误。

在本书编写过程中，税务总局驻重庆特派员办事处、驻广州特派员办事处、驻西安特派员办事处、驻沈阳特派员办事处，江苏省税务局稽查局及南通市税务局、苏州工业园区税务局，深圳市税务局稽查局、深圳市税务局第三稽查局及深圳市南山区税务局，以及国家税务总局济宁市税务局、国家税务总局杭州市税务局稽查局、国家税务总局西安市税务局、国家税务总局蚌埠市税务局等单位的业务骨干参与了具体编写工作；同时，本书还得到了中国税务出版社与中国税务杂志社的支持与帮助。在此，特别感谢他们的大力支持及鼎力协助。

由于编者水平所限，书中难免出现疏漏之处，敬请读者批评指正。

编　者

2024年11月

# 目　　录

## 上篇　税收监管概论与最新司法适用

# 下篇　税收监管典型案例剖析

# 上 篇

# 税收监管概论与最新司法适用

# 第一章 税收监管概论

本章重点阐述税收监管的界定、方向以及实施路径等内容进行表述，并结合“以数治税”背景分析如何加强税收监管实现工作提质增效，旨在使税务执法人员对税收监管的作用有更加深刻清晰的认识，为学好后续章节奠定良好理论基础。

## 第一节 税收监管概述

### 一、税收监管的概念

税收监管是指税务机关在日常税收征管工作中，对纳税人缴费人（以下统称纳税人）的生产经营、纳税缴费情况进行的监督和管理。税务机关通过日常的税收征管工作，深入纳税人生产、销售、财务、成本核算、利润计算及分配等各个环节，了解纳税人生产经营管理中存在的薄弱环节，以及依法纳税缴费、遵章守法等方面存在的问题，促使纳税人健全各项管理制度，改善经营管理，加强经济核算，不断提高经济效益。同时，税务机关堵塞各种税收漏洞，纠正和查处违法违章行为，并配合公安、工商、海关等部门打击经济领域里的违法犯罪活动。①

党和国家高度重视“依法治税、以数治税、从严治税”的税收治理工作。2021 年 3 月，中共中央办公厅、国务院办公厅印发的《关于进一步深化税收征管改革的意见》（以下简称《意见》）明确指出，要基本建成以“双随机、一公开”监管和“互联网 + 监管”为基本手段、以重点监管为补充、以“信用 + 风险”监管为基础的税收监管新体系，基本建成功能强大的智慧税务，

---

① 何盛明．财经大辞典［M］．北京：中国财政经济出版社，1990.

形成国内一流的智能化行政应用系统，全方位提高税务执法、服务、监管能力。税收监管作为税务监管新体系中不可分割的重要组成部分，对加强增值税发票管理，强化企业财务监督，堵塞税收漏洞，提升征管质效发挥了重要的主导作用。

当前，随着数字经济的不断升级与发展，税收治理逐渐由基础的信息化建设向着数字化和智能化方向推进，税务机关充分运用大数据、云计算、人工智能等现代信息技术，汇聚内外部涉税数据，把线上线下有机贯通，让税务机关在税收治理中掌握主动、提高效能，积极顺应数字时代发展浪潮，把海量数据资源和强大算法算力作为核心竞争力和新质生产力，坚持“用数据、找问题、堵漏洞、防风险、增效能”工作策略，以数据的深度应用推动税务管理、税费治理的科学化精细化智能化。[①] 因此，在现代化条件下对纳税人的纳税行为实施行之有效的监督和约束，就必须为税收监管装上信息“慧眼”、插上科技“翅膀”，并根据不同情形实时、在线、动态地全方位、全天候、全领域跟进，实现从“以票管税”向“以数治税”分类精准监管转变。

## 二、税收监管的分类

### （一）按属性分类

税收监管从性质上可分为广义与狭义两类。广义的税收监管，主要来自国家立法机关的监督、国家税务机关的监督、审计监督、国家检察机关的监督，以及群众监督和社会监督。狭义的税收监管，仅指税务机关监督，包括：各级税务机关对纳税人履行纳税义务情况的监督，上级税务机关对下级税务机关行使职权的监督，税务机关行政领导人员对下级人员的具体税务行为的监督，下级税务机关对上级税务机关的决议、命令和工作安排提出批评和建议等。

### （二）按等级分类

根据《国家税务总局关于发布〈纳税信用管理办法（试行）〉的公告》（国家税务总局公告2014年第40号）、《国家税务总局关于纳税信用管理有关事项的公告》（国家税务总局公告2020年第15号）、《国家税务总局关于公布全文失效废止和部分条款失效废止的税收规范性文件目录的公告》（国家税务总局公告2018年第33号）、《国家税务总局关于纳税信用评价有关事项的公

① 胡静林．高质量推进中国式现代化税务实践［N］．学习时报，2024－07－05（3）．

告》（国家税务总局公告 2018 年第 8 号）和《国家税务总局关于扩大小规模纳税人自行开具增值税专用发票试点范围等事项的公告》（国家税务总局公告 2019 年第 8 号）规定，税务机关按照守信激励，失信惩戒的原则，对 A、B、M、C、D 不同信用级别的纳税人实施分类服务和管理。一是纳税信用级别为 A 级的纳税人，主动向社会公告年度 A 级纳税人名单；一般纳税人可单次领取 3 个月的增值税发票用量，需要调整增值税发票用量时即时办理；普通发票按需领用；连续 3 年被评为 A 级信用级别（简称 3 连 A）的纳税人，除享受以上措施外，还可以由税务机关提供绿色通道或专门人员帮助办理涉税事项；税务机关与相关部门实施的联合激励措施，以及结合当地实际情况采取的其他激励措施。二是纳税信用级别为 B 级的纳税人，税务机关实施正常管理，适时进行税收政策和管理规定的辅导，并视信用评价状态变化趋势选择性地提供纳税信用级别为 A 级的激励措施。三是纳税信用级别为 M 级的纳税人，税务机关适时进行税收政策和管理规定的辅导。四是纳税信用级别为 C 级的纳税人，税务机关应依法从严管理，并视信用评价状态变化趋势选择性地采取纳税信用级别为 D 级纳税人的管理措施。五是纳税信用级别为 D 级的纳税人，公开 D 级纳税人及其直接责任人员名单，对直接责任人员注册登记或者负责经营的其他纳税人纳税信用直接判为 D 级；定期或者不定期公布重大税收违法案件信息；增值税专用发票领用按辅导期一般纳税人政策办理，普通发票的领用实行交（验）旧供新、严格限量供应；加强出口退税审核；加强纳税评估，严格审核其报送的各种资料；列入重点监控对象，提高监督检查频次，发现税收违法违规行为的，不得适用规定处罚幅度内的最低标准；将纳税信用评价结果通报相关部门，建议在经营、投融资、取得政府供应土地、进出口、出入境、注册新公司、工程招投标、政府采购、获得荣誉、安全许可、生产许可、从业任职资格、资质审核等方面予以限制或禁止；因税务检查等发现纳税人以前评价年度存在直接判为 D 级情形的，主管税务机关应调整其相应评价年度纳税信用级别为 D 级，并记录动态调整信息，该 D 级评价不保留至下一年度。税务机关与相关部门实施的联合惩戒措施，以及结合实际情况依法采取的其他严格管理措施。

## 三、税收监管的意义

精准实施税收监管是目前加强税收治理和深化税收征管改革的关键环节，更是必不可少的手段和方式，有利于促使纳税人依法经营和正确计算反映纳税情况的各项基础工作，更有利于推动财会管理工作，保证税收法纪的贯彻执行。而持续深化依法治税、以数治税、从严治税，是打造效能税务的基本方法，一方面对保护合规经营者合法权利发挥着重要作用；另一方面也有力有效打击了涉税违法犯罪行为，进一步促进纳税人提高税法遵从度。其主要意义表现在以下三个方面。

**（一）维护市场良好运行秩序**

税收既与国家相伴而生，具有鲜明的政治属性，也内含提高资源配置效率、调节收入分配的经济属性，对经济社会发展具有重要作用。① 税收与经济关系密切，是经济运行的“晴雨表”。近年来，税务机关通过加强税收监管，秉持刚柔相济的执法理念，对部分不法经济主体打击一批、教育一批、规范一批，助力打造成色足、质量高的经济主体，保障和促进全国统一大市场平稳运行，为经济高质量发展贡献税务力量。2023 年，累计查处骗取税费优惠违法案件 5042 起，检查涉嫌骗取出口退税的出口企业 2599 户，挽回出口退税损失约 166 亿元。②

**（二）维护国家经济税收安全**

经济安全是国家安全体系的重要组成部分，它包含了产业链安全、粮食安全、金融安全、财政安全等方方面面，而财政作为国家治理的基础和重要支柱，被视为最基础的安全，确保财政安全意义重大。一方面，财政安全是经济安全的支撑和保障，更是各类风险转移和聚集地的最后一道防线；另一方面，税收是财政管理的重要手段，税收安全是财政安全的基础，只有税收安全，才能确保国家拥有强大的财力保证。对此，税务机关要创新监管方式和手段，提升风险防控之效，一是树牢风险意识和底线思维，坚决维护国家税收安全和税务系统安全稳定；二是加强税务系统网络安全制度建设，建立完善的制度规范，不断强化安全保密意识，高度重视信息安全，落实安全管理责任制。同时要加大力度推动税收领域立法，加快进度推进《中华人民共和国税收征收管理法》（以下简称《税收征管法》）修订，不断增强税务执法刚性和精准性，持续加强税法普及宣传，以高水平法治助力高效能治理。③

**（三）维护纳税主体公平正义**

法令行则国治，法令弛则国乱。税务机关作为国家重要的行政执法部门，

①③ 胡静林．高质量推进中国式现代化税务实践［N］．学习时报，2024－07－05（3）．

② 中国证券报．2023 年税务部门共依法查处涉嫌违法纳税人 13.5 万户 挽回各类税款损失 1810 亿元［EB/OL］．［2024－01－18］．https：//www.cs.com.cn/xwzx/hg/202401/t20240118_6385941.html.

在严格规范公正文明执法、维护社会公平正义中肩负着重要责任，要让纳税人在每一项税务执法决定中都能感受到公平正义。近年来，税务机关联合公安、海关等七部门针对各类涉税违法行为，特别是职业化、团伙式犯罪以及教唆和内外勾结犯罪分子，依法精准打击、靶向综合整治、常态长效曝光，这是对合法纳税人的有力保护，也是对市场公平竞争秩序的有力维护，使税收营商环境更加规范有序，更显法治公平，有利于推动实现“同事同罚，公平公正”，对提高税收执法效能和执法公信力、维护社会公平正义具有重要意义。

## 第二节　税收监管的重点方向

### 一、当前税收监管工作面临的新形势

随着经济社会发展，各类经营主体对税务部门严格执法、规范执法、精准执法的要求越来越高，迫切需要在更高水平上推进依法治税。2024 年 2 月 27 日，国家税务总局、公安部、最高人民法院、最高人民检察院、中国人民银行、海关总署、市场监管总局、国家外汇管理局在北京召开全国八部门联合打击涉税违法犯罪工作推进会议，提出八部门要健全联合打击机制，从骗取出口退税，以虚开手段骗取留抵退税、财政返还和政府补贴，空壳公司暴力虚开、异地虚开、变票虚开等六个重点领域入手，严厉打击涉税违法行为。另外，除上述六个重点领域以外，如贵金属、农产品、废旧物资、电子产品、石化、煤炭等行业也是虚开骗税违法犯罪的高发领域，还有随着跨境电商、直播带货等新兴经济业态的迅猛发展，也为税收监管带来新的挑战。

2024 年 7 月 5 日，国家税务总局党委书记、局长胡静林在《学习时报》刊发文章《高质量推进中国式现代化税务实践》，强调持续深化依法治税、以数治税、从严治税，这是打造效能税务的基本方法。在税费征管方面，要深入推进税收制度改革及税费政策优化，强化精准监管，以堵漏增收并守牢不收“过头税费”的底线；要提升税费征管之效，深入推进税收制度改革及税费政策优化，聚焦重点税种、重点地区、重点企业、重点事项等强化精准监管，切实堵漏增收。因此，税务机关要聚焦重点行业、重点领域、重点人群加强税收监管，针对近年来全国查办涉税违法犯罪案件的形势，进一步从体制机制、部门协同、能力本领等方面认真查找短板弱项，深入检视改进完善，

不断提升税收监管水平，更好服务国家治理现代化。对此，本节将从重点领域、重点行业、重点群体三个方面，简要论述税收监管中应当了解和把握的主要内容。

## 二、重点领域方面

税收流失风险一直以来是我国税收征管的重点和难点，税收流失不仅减少政府的财政收入，还危害税收的公平和效率。从近年来税收流失发生的领域来看，主要集中在虚开增值税发票、骗取出口退税、骗取税收优惠等方面。

### （一）虚开增值税发票

虚开增值税发票是我国刑法中明令禁止的犯罪行为。从 1994 年我国施行分税制改革以来，增值税就一直在国民经济活动占据重要位置。正因增值税专用发票具有价税分离与税款抵扣的特性，致使虚开行为频发，涉及面广，数额巨大，危害国家税收管理体制和缩减国家税收，一直以来是国家明确打击涉税违法的重点领域。近年来，全国各级税务机关在防范和打击发票虚开问题上做了大量工作，取得良好成效。但在多种因素影响下，虚开增值税发票案件仍然高发频发。在各种经济利益的诱惑下，不法企业以身犯险虚开增值税发票的情况屡见不鲜，虚开增值税发票导致税款流失的案件屡禁不止。2024 年 6 月 11 日，“平安贵阳”向社会公开通报了 2023 年贵州公安机关打击经济犯罪 10 起典型案例，其中就包含一起虚开增值税发票案。该案中，六盘水市水城区公安机关在深度挖掘医药行业领域虚开发票涉案线索后，发现介绍虚开代理商 10 名，下游虚开企业 146 家，虚开发票总量 3.1 万余份，价税合计 12.3 亿余元。[①] 6 月 13 日，新华网又报道了一起医药领域的特大虚开增值税发票案，内蒙古自治区兴安盟乌兰浩特市公安局民警在工作中发现，30 多家公司在没有业务往来的情况下，频繁给药品生产企业虚开增值税发票，涉案金额达 50 亿元。这些案例反映出在增值税发票使用和管理领域存在的巨大挑战和风险。

税收是国家财政收入的主要来源，如果不能有效遏制虚开发票行为，势必侵蚀国家财政收入，势必影响正常税收征管秩序。当前，税务机关重点研究增值税发票虚开的主要特点，排查税收监管短板弱项，有针对性地制定防

① 贵州长安网．贵州公安公开通报 2023 年打击经济犯罪 10 起典型案例［EB/OL］．［2024－06－12］．http：//www.gzpeace.gov.cn/n1339/20240612/i60229.html.

范措施，是加强税收监管的一项长期工作和重要任务。

**（二）骗取出口退税**

我国从1950年开始就探索实行出口退税的税收制度。70多年来，紧随国内外经济发展步伐，出口退税制度逐步完善，有力地提升了对外贸易水平，并在组织财政收入、促进国民经济发展、改善供给侧改革、提高国内国际双循环水平等方面发挥了重要作用，成为国家经济宏观调控的重要手段之一。党的十八大以来，我国外向型经济得到大幅提升，出口退税为激发市场活力、推动经济高质量发展提供了有力的支持，持续优化惠民服务，出台多项利好政策，放宽市场准入门槛、简化退税申报流程，压缩退税办理时限，有效缓解了出口企业资金压力，提高了出口企业国际竞争力。但宽松施政转向好形势，也给不法分子营造了利用各种手段骗取出口退税的可乘之机，国家虽然从不同层面加大了打击和惩治力度，可是虚开发票骗取退税违法活动仍是屡打不断，各种不确定因素导致税收风险管控难度日益增加。另外，随着数字经济时代的到来，出口骗税的手段也不断在翻新，防范风险面临着新机遇与挑战。

为落实《中华人民共和国国民经济和社会发展第十四个五年规划和2035年远景目标纲要》要求，应该高度关注出口退税高速增长背后隐含的管理风险，研究建立防范和打击骗取出口退（免）税违法犯罪活动的长效机制。因此，在高质量推进中国式现代化税务实践中，出口退税应以服务出口企业为中心，以服务外贸经济高质量发展为起点，以高质量推进中国式现代化税务实践为目标，以健全工作机制和强化数据赋能为支撑，以提升骗税风险管控手段为抓手，及时破解各种突出矛盾和问题，从“税收法定、管理机制、内外合力、智能退税、外督长宣、人才储备”等方面提质增效，健全出口退税风险防控新机制。同时，要实现出口退税管理从经验式向科学化转变，促进税务执法、服务与监管的税收职能深度融合，突出数据赋能出口退税现代化管理提质增效，逐步建立健全科学化、智慧化、多元化的出口退税服务监管新机制。

**（三）骗取税收优惠**

税收优惠是国家运用税收政策，对某一部分特定企业或课税对象给予减轻或免除税收负担的一种措施，通过免除或缓期缴纳其应缴的全部或部分税款，或按照其缴纳税款的一定比例给予返还等措施，减轻其税收负担。税收优惠政策在促进经济发展、稳定就业、鼓励创新等方面具有重要作用。但部分不法分子利用税收优惠政策及监管漏洞，通过伪造资料、虚假申报等方式套取国家税款。比如，2023 年 8 月，河北省石家庄市警税联合破获一起利用小规模纳税人减免增值税政策虚开发票案件，该团伙控制多家空壳公司，在没有真实业务交易的情况下，利用小规模纳税人减免增值税政策，对外虚开增值税普通发票3000 余份，价税合计金额 2.67 亿元。对于此类税收违法行为，必须持续进行重点监管，确保发现一起、查处一起。①

## 三、重点行业方面

从近年来税务机关查处的涉税违法案例来看，从行业分布分析，呈现传统行业与新兴行业并重的特点。一方面，房地产、建筑安装、纺织、服装、家具、黄金、农副产品生产加工、废旧物资收购利用、大宗商品购销等传统行业常常“榜上有名”；另一方面，医疗美容、直播平台等新兴行业涉税案件呈现日益增多态势，亦逐渐成为税收监管重点行业。

在税收监管实践中，不同行业的监管事项各有侧重。在传统行业中，房地产和建筑安装两个行业，经营业务复杂，业务流程较多，全税种都易产生税收风险，故其全部经营环节均需予以重点关注；纺织、服装、家具、黄金等行业，则主要侧重出口退（免）税事项可能产生的骗取出口退税的税收风险监管；农副产品生产加工、废旧物资收购利用、大宗商品购销等行业，侧重于发票开具事项可能产生的虚开增值税发票的税收风险监管。在新兴行业里，医疗美容、中介机构、营利性教育机构等行业侧重于隐匿收入、虚增成本费用方面的税收风险监管；直播平台行业侧重于平台演艺明星和网络红人隐瞒收入、拆分收入方面的税收风险监管。

税收与经济息息相关。近年来，新经济新业态新模式的不断产生和发展，给税收监管工作带来了新的挑战。

### （一）灵活用工平台

灵活就业是与正规就业相对而言的就业状态，主要是指在劳动时间、收入报酬、工作场所、保险福利、劳动关系等方面，不同于建立在工业化和现代工厂制度基础上的传统主流就业方式的各种就业形式的总称。2020 年，《国

---

① 河北省石家庄市警税联合依法查处一起利用小规模纳税人减免增值税政策虚开发票案件[EB/OL]. 国家税务总局官网，［2023-08-22］. https://www.chinatax.gov.cn/chinatax/n810219/c102025/c5211024/content.html.

务院办公厅关于支持多渠道灵活就业的意见》明确提出，把支持多渠道灵活就业作为就业工作重要内容。根据国家统计局发布的数据，截至2021年底，我国灵活就业人员已经达到2亿人。据《中国灵活用工发展报告（2022）》蓝皮书统计，2021年我国有61.14%的企业在灵活用工，企业更倾向于扩大而非缩减灵活用工规模。灵活用工平台企业是为企业和灵活就业人员提供技术或信息服务的商事主体，从最初的信息中介平台，逐步发展成技术或信息服务平台。灵活用工平台具有零散、流动性极大的特点，外加平台交易的碎片化、虚拟化和跨区域特征，在推动劳动力市场形态发展的同时，也给税收管理带来诸多挑战。由于税务机关很难对自由职业者身份进行全面性验证，难以对业务交易环节进行全流程监管，征纳双方存在严重的信息不对称，引发虚开发票、偷逃税等税收风险。

灵活用工平台企业是连接用工企业和灵活就业人员的桥梁，可以提升供需匹配效率，实现劳动力市场的双边互动，并从中赚取一定费用。基于资本逐利的本能，灵活用工平台企业呈现快速无序扩张的倾向，可能面临不少税收风险。

1. 发票虚开风险

灵活用工平台企业与其他平台经济企业一样，具有货物流、资金流、发票流相对分离的特点，“三流”多数情况下并不一致，很难印证平台交易的真实性和合法性。部分灵活用工平台企业利用监管漏洞，通过盗取身份证信息、虚构业务、变换业务类型等形式，大量虚开增值税发票，然后通过第三方个人账户完成资金回流。

2. 重复征税风险

灵活用工平台企业大多在某一地区进行税务登记，但面向多个不同地区提供服务。以某网约车平台公司为例，其税务登记地位于某直辖市，但在全国各地提供客运、货运服务。根据现行的税收征管制度，服务发生地和注册登记所在地税务机关均有权征收税款，增大了重复征税的风险。

3. 违规代征风险

一般灵活用工平台都要取得委托代征税款资格，代征增值税、个人所得税等，但灵活用工平台企业良莠不齐，部分具备委托代征资质的平台企业存在未按规定代征税款的风险。部分灵活用工平台企业在代征税款的过程中，可能存在未能准确计算和代征应纳税款、未能正确提供纳税信息、未能按时报告和缴纳税款等风险，甚至存在滥用委托代征权力虚开发票的风险。

4. 所得难以确定风险

目前，我国通过灵活用工平台实现灵活就业的人员主要包括网络主播、外卖配送员、网约车司机等。一方面，以网络主播等为代表的灵活就业人员收入性质难以确定且数额相对较高，有的以合作合同代替实质上的劳务合同，模糊所得性质。另一方面，部分灵活就业人员受教育程度有限，税法遵从意识不强，存在疏于履行纳税义务的现象。

**（二）网络货运平台**

网络货运平台由传统道路货运发展而来。2000 年，由于互联网技术与信息通信技术逐渐发展，集中度低、专业化程度低的货运市场出现联盟模式。专线物流通过统一品牌、管理和服务，实现资源集约利用，利益共享、风险共担。这一时期的发展给网络货运提供了实践经验。2020 年，无车承运人更名为网络货运平台，“网络货运”一词出现在大众视野，全国有 800 多家网络货运平台企业审批通过，网络货运平台发展正式展开。交通运输部、国家税务总局及相关部门为支持网络货运平台的发展，颁布了一系列政策。其中，有直接以网络货运平台企业为对象，便利网络货运平台企业的；也有不直接以网络货运平台为对象，间接性在税收上提供优惠的。无车承运人是网络货运平台的前身，涉税政策梳理从无车承运人起始。网络货运平台发展状况稳定，交通运输部和国家税务总局也在持续出台政策支持网络货运平台发展。但是，网络货运平台属于中间层组织，往往处于信息优势方，享有着较为丰富的信息资源，加上其自身网络特性、双重身份重合和代开发票的特点，使得平台在与征税机关博弈中更容易为获取高收益从事风险行为，从而产生不同涉税风险。

1. 虚假业务风险

物流上的风险指在网络货运平台的主要业务上存在风险。物流上最大的风险是货物运输虚假，即没有真实运输业务发生而在数据信息、票据、资金或者合同等其他方面作假。没有真实业务做支撑，其他各流向再契合对应，该笔经营业务也是虚构，从而引发税务风险。

2. 信息缺失风险

网络货运平台在法律上充当着承运人的角色及责任，更应该上传车辆运输轨迹，建立好相应的记录对实际承运方形成一定的监管，以降低自身的风险。一旦网络货运平台的一些运输数据缺失，即使业务真实发生、票据真实开具，平台仍然存在间接故意的嫌疑，从而引发税务风险。

网络货运平台企业业务量多，操作烦琐，常出现在实际业务完成后再将单据信息导入统一开票的现象。事后补充录用单据和补开票据行为极易导致实际运输发生时间同系统信息、票据信息出现不一致，或者 GPS 记录，日志，高速公路、桥梁通行费等运输记录时间早于个体司机在平台的会员注册时间，或者同一名司机在同一时间内承担多项运输业务等。上述情况很大可能被税务机关认定为业务不真实、票据虚开，从而产生税务风险。

3. 资金回流风险

网络货运平台资金流向一般是从托运方流向平台，再从平台流向车主司机。但是在现实操作中，由于司机常急于获取酬劳款项且平台大多集中结算，单笔业务结算存在滞后性，所以托运人常把资金垫给车主司机，再根据正常资金流向支付资金以获取票据。最终托运人自己的员工充当个体司机，承担了代收人角色。如此，资金流向就成为“托运人—网络货运平台—承运人（托运人员工）”，资金在表面上形成回流，似乎网络货运平台为获取票据虚构业务，从而面临虚开风险。

4. 发票虚开风险

无车承运按照交通运输业务缴纳增值税，适用 9% 的增值税税率。托运人如果选择网络货运平台承运业务，能够获得 9% 的增值税专用发票用来抵扣进项税额；如果选择非平台下的个体司机承运业务，在向税务机关申请开具发票的前提下，托运人仅能获得 3% 的增值税专用发票抵扣进项税额。显然，通过平台承运业务能大幅降低托运方自身税负，这为网络货运平台虚开发票提供了条件。如果网络货运平台为赚取较多的收入、获得更多的利益接受这一虚假交易，就进一步为平台虚开发票提供了条件。而且，多数地区政府为网络货运平台企业设置有优惠条件，可按照税款的 50% 享受财政返还。这降低了平台的税收负担，但同时增加了虚开发票行为的可能。

**（三）电子商务**

随着互联网技术逐渐深入人们的经济生活之中，电子商务这一全新的交易模式便应运而生。它的出现打破了时空限制，丰富了人们的购物手段和选择，从而带来新一波经济发展高潮。但是，互联网本身具有的数字化、无界化等特性，亦决定了电子商务势必对国内的市场秩序造成一定冲击。尤其是在税收方面，纳税对象不明、纳税地点存在跨国性以及交易过程充斥着电子数据等特点，为税收监管出了一道大难题。电子商务作为“信息时代”的新型贸易方式，与传统的贸易形式相比，自然有其独有的特征。通过电子商务的特征可以更为直观地看出其税收监管方面的问题。具体有以下三个方面：

1. 数字化

电子商务实现了交易对象、交易过程的数字化。随着互联网技术的逐步应用及完善，大量交易对象不再受实体物的束缚。上述信息通过对应的电子设备及相关程序即可实现数字化，并能够借助网络方便迅捷地传播，而且买卖双方无须当面洽谈，通过互联网即可完成从下单订货到支付结算的全过程。这无疑为消费者的购买行为增添了便利性。但在这一交易过程中，亦可能造成交易对象不明的情况发生，使得税务机关难以评估税收来源，从而阻碍了征管工作的开展。此外，在电子商务中，正是由于买卖双方借助互联网即可完成一系列的交易过程，传统商务中的合同、账单以及发票等交易凭证便不再以纸质形式存在，而是以电子数据的形式进行保存。这在一定程度上提高了交易的效率，更节约了交易的成本。但电子数据易被篡改、被加密、被删除的特性，使得税务机关难以取得传统意义上的涉税凭证，从而无法对电子商务经营者进行有效的监管，最终又给税务工作带来了困难。

2. 跨国式

当前，电子商务发展迅猛突破了时间、地理的界限，电子商务经营者可以利用互联网技术将自己的商品或服务及时提供给消费者，这一特性使得任何人都能够借此自由地进行交易，打破了传统式销售商品只在“一域一地”的局限性，交易可以跨地域、跨国界，乃至在多个国家进行。可见，电子商务这一商业模式大大压缩了传统交易所需的时空成本，从而将交易效率以及资源利用率大大提高。但电子商务采用跨国式销售商品也存在一定的隐患，由于难以判断其经营场所的属性，纳税主体也难以明确，部分跨境电子商务经营者利用国际“避税天堂”或“避税洼地”少报、漏报税款，从而导致各国税务机关很难有效开展税收管理工作，造成税款大量流失。

3. 匿名性

电子商务的数字化、便捷化等特性确实降低了商业交易的门槛，买卖双方只需要一部联网的智能手机或电脑，并通过相应的电子商务平台便可进行交易。但电子商务在提供便捷的同时，也带来了隐匿交易信息的隐患。比如，经营者可以隐匿其真实的生产地、销售地以及居住地，甚至其是否具有实际的经营场所、是否具备合法的经营资质、是否拥有充足的运营资金等信息都难以查证。消费者亦可建立各种虚拟身份来从事交易行为，甚至该交易行为是否为其真实意思表示也无从得知。这将进一步加大电子商务税收征管方面的难度。

## 四、重点群体方面

随着经济的快速发展，自然人的行业结构、收入资产等特征发生变化，传统税收征管模式难以适应经济发展的需要。党的二十大报告指出，完善个人所得税制度，规范收入分配秩序，规范财富积累机制，保护合法收入，调节过高收入，取缔非法收入。《意见》提出，要健全以“数据集成+优质服务+提醒纠错+依法查处”为主要内容的自然人税费服务与监管体系，为高收入高净值人群税收管理提供了方向。如何更好地加强对高收入高净值人群的税收征管，充分发挥税收调节作用，推动实现共同富裕，是税务机关面临的重要课题。

由于受多种因素影响，目前国内针对高收入高净值人群的税收征管还面临着不少难题。首先，现行的税收法规政策存在一定的滞后性。和一般自然人相比，高收入高净值人群的所得来源和类型更为广泛，比如境外所得、投资所得以及时常采用的合伙、信托制度等，税收政策方面仍有较大的完善空间。由于现行政策的滞后，很可能导致现有法规的适用障碍，或适用结果的不尽合理，容易产生税法适用争议风险。其次，高收入高净值人群税务问题往往更为复杂。由于高收入高净值人群收入和投资结构、资产配置的多样性，其中多涉及跨税种、跨行业、跨地区甚至跨国界的税务问题。这些问题客观上增加了高收入高净值人群的遵从难度。无论是以税务机关为主导的纳税服务，还是市场化的税务服务机构，在满足高收入高净值人群税务服务需求上都存在一定挑战。

高收入高净值人群涉税问题的复杂性给税收监管带来一定的难度。第一，对高收入高净值自然人缺乏统一的界定标准。在对高收入高净值人群的判断上，目前尚未确立统一的标准，使得税务机关在定位重点监控人群时有难度。第二，对高收入高净值自然人税源监控不够到位。目前，我国实行综合与分类相结合的个人所得税税制，以及代扣代缴和自主申报相结合的征管制度，有的高收入高净值自然人通过分解所得项目、变通收入类型等途径隐匿收入。第三，传统税收征管模式与数字经济不匹配。由于数字经济的虚拟性，模糊了传统税收征管模式下对工资薪金与劳务报酬的判定，使得传统的税收征管模式难以判定高收入高净值自然人的收入性质和收入来源地。第四，税务机关和其他非政府机构之间的信息共享不足，缺乏与金融企业、微信、支付宝等第三方支付平台和大型互联网平台企业的信息共享。

近年来，税务机关运用大数据技术，通过强化部门信息共享、重点行业和重点领域专项抽查等方式，在高收入高净值人群税收监管上取得了很多成效。但随着中国高收入高净值人群的逐渐壮大，跨境投资的增多，以及投资领域的不断扩大和创新，如何能够更加有效地进行监管，尤其是如何进一步地提高高收入高净值人群的纳税遵从意识，仍然任重而道远。

## 第三节　税收监管实施的路径

### 一、“以数治税”背景下税收监管面临的挑战

2021 年 3 月，《意见》提出要实现从“以票管税”向“以数治税”分类精准监管转变。加快实现精准税收监管，既有深化税收征管改革的客观要求，也有提升税收治理效能、更好服务国家发展大局的现实需要。面对新形势新任务，税务机关需要开拓税收视野，创新监管手段，通过深入应用现代信息技术加强对税费数据信息的归集共享、分析应用、提前预警、及时发现和分类处置，提高税收监管水平。

#### （一）数据处理能力有待提升

税收相关数据量随着经济的快速发展而急剧增加，给税收监管带来了较大的挑战。税务机关需要处理大量的税收数据，以及时发现税收风险和违法行为。税收相关数据缺失、重复等问题影响了税收风险的准确识别，进而影响了税收监管的效果。

#### （二）部门协作合力凝聚不足

目前各部门相对独立，容易导致税务管理碎片化、重复化，部门间权责交叉，浪费人力资源。提高税务管理整体效能，需要加强各部门沟通协调，建立统一的税费管理平台，实现信息共享和管理资源整合。

#### （三）监管方式手段仍需优化

当前税收监管体系的“一户式”“一人式”管理方式，难以适应经营主体数量急剧增加和涉税服务行为更为复杂多元的现状，导致税务机关在监管资源有限的情况下较难实现对所有纳税人的精准监管，因此对现行税收管理的优化和升级势在必行。

## 二、新形势下深化税收监管的目标

### （一）向“全”拓展

从税收监管覆盖和拓展范围两个方面着手，监管范围覆盖全领域、全税种、全环节、全链条，并贯穿从登记到注销、申报税费以及清算的全过程，全面支持网上申报、网络发票开具、涉税事项网上预约、征纳双方网上互动，推动办税服务向网络化、便捷化、智能化发展。同时，不断加强征收环节监管和部门协同监管，确保监管到位，建立健全全方位、多层次、立体化的监管体系。

### （二）向“统”集成

协调地方和国家信息风控管理，加强税收监管对象涉税服务行为的整体性统筹，建立上下互动的风险防控专班，对所有涉税服务行为进行“一体化”分析，努力实现从表面到深层、从单一到整体、从辖区到跨区域的税收监管，即在超越税收管辖权的基础上，实现对户籍、税基和各税种单项管理的综合性、集约化税收监管。

### （三）向“智”提升

在税收监管过程中，税务机关应逐步提升税收监管手段和技术的信息化水平，推进智慧税务，提升工作效率。首先是树立大数据管理思维，建立和完善数据管理系统，以大数据驱动各项税收监管工作，构建以大数据为导向的数据管理系统，助力税收管理决策，提升税收管理效率。其次是树立信息化服务思维，持续推进智慧税务建设，优化涉税服务信息系统，建立健全各类信息库和平台，拓展深化信息技术在税收监管中的应用，完善模型和指标体系，建立自适应管理模式。最后是树立税务风险管理思维，推进智能化税收风险识别模型构建，深度挖掘数据之间的内在联系和规律，绘制涉税数据基因图谱，为纳税人涉税风险行为的预测、监控提供导向，还可以建立风险模型库，动态组建多重风险预警模型以及不同税种的风险点，提炼出风险预警规则并提供相应的风险应对预案。

## 三、推进税收监管提质增效的路径探索

### （一）推进税收共管共治

税收共治是一种重要的公共管理模式，可助推经济社会实现更加公正和均衡的发展，而多方协作是构建税收共治格局的基础。通过探索建立涉税信

息共享平台，实现信息共享机制体系，方便各部门之间有效地共享信息，提高涉税信息的可见度和可用性，推动实现税务系统内外跨区跨部门协同监管。此外，要明确涉税信息协助义务，规范涉税信息的收集、使用和共享，以保证涉税信息的安全性和有效性。同时，建立税收信息纠错机制，充分发挥税收信息自查自纠的作用，确保税收信息的准确性。

**（二）夯实以数治税基础**

通过建立健全税收大数据平台，集数据采集、存储、处理、分析于一体，以纳税人基本信息、税务登记、申报纳税、优惠政策享受等各类涉税数据为基础，实现数据的全面采集和整合。在此基础上，制定并推进数据标准化规范化建设，统一涉税数据标准，确保不同来源、不同区域的数据可以进行相互比较和融合。同时，加强对数据质量的管理，保障数据采集的准确性、完整性、一致性。通过数据挖掘技术从税收大数据中提取出有价值的信息，并利用统计分析方法和数据模型，自动检测、提取和预测税收大数据中的异常状况，以及可能存在的风险，从而及时实施税收大数据的预警和风险防范工作。

**（三）推动实现精准监管**

建立健全税收监管与涉税数据的良好互动机制，梳理出税收监管所需的涉税数据，加大数据采集力度，完善涉税行为数据链。运用构建税收监管指标模型，进一步扩大税收监管范围并提高监管精准度，从而全方位映射税源和涉税行为的真实状态和实时变化，将各要素与法定标准高效对接匹配，精准识别并有效处理不规范、不遵从等问题，打造标准细节化、感知实时化、业务全景化、管控智能化的数字化风险监控体系，以提高风险应对能力。积极构建“宏观＋微观”“监管＋执行”的税收监管平台，由上级税务机关进行集约化分析、识别，再下发任务至主管税务机关开展具体管理行为，不断对纳税人的经济行为和涉税服务行为进行深入分析和挖掘，发现其中的规律和特点，为提高税收监管的精准性提供数据支持和技术支撑。

**（四）完善风险管理制度**

税收风险管理制度是加强税收监管的一项基础性工作。首先，要建立税收风险识别机制，根据税收风险的类型、程度和影响范围，结合税务机关的实际情况，制定有效的风险识别和管理机制。其次，要建立税收风险评估机制，对税收风险进行全面评估，分析税收风险影响因素，确定税收风险管理措施，以降低税收风险。再次，要建立税收风险控制机制，根据税收风险特征制定税收风险控制措施，加强税收风险的监督和管理，确保风险的有效控制。最后，要建立税收风险应急机制，结合税收风险的特点，定期制定税收风险应急预案，有效应对税收风险的突发性。

**（五）用好纳税信用手段**

加强纳税信用管理对促进经济税收健康、稳定、发展的作用十分明显。因此，要进一步完善科学合理的纳税信用评价体系，明确评价指标和权重，并严格按照规定程序执行评价工作。同时，加强对纳税信用评价结果的监督和考核，确保评价结果公平公正，并及时公开纳税信用评价结果，让纳税人了解自己的信用状况，增强纳税人的信用意识和诚信水平。另外，要深化“信用+风险”管理模式，根据纳税人的信用程度和存在的风险分类管理，采取不同的监管措施。加强税收“双随机、一公开”抽查的力度，建立税收检查制度，及时发现税务风险，提高税务机关的税收监管能力。

**（六）加大税收宣传力度**

通过广播、电视、报纸、互联网等多种形式，加强税收宣传，让公众能够更好地了解税收法规，从而提高纳税遵从度，减少税收违法行为。一方面，要积极与政府及其他执法部门共同开展宣传活动，通过宣传讲座、发布宣传材料等形式，向公众传播有关税收的信息，让公众能够正确理解和遵守税收法规。另一方面，要加大对工商联、企业家协会、会计师事务所、涉税中介等组织的宣传力度，有重点地帮助相关主体更好地理解和遵守税收法规。

**（七）提高干部专业水平**

当前，税务机关要积极适应智慧税务发展的现实需求，更加注重培养和配置相关专业人员，并有序充实到一线执法和服务岗位上。同时，在征管质效和监控评价指标考核过程中，要关注新技术引进和应用的安全性、稳定性以及隐私保护等方面的问题，要对信息科技监管建设能力提出新要求，建立一支技术精湛、业务过硬的复合型监管科技人才队伍。

# 第二章　税收监管智能化探索

本章以充分发挥税收监管智能化作用为出发点，从数字经济兴起至税收监管智能化的推进，总结运用大数据、云计算、人工智能等数字技术为智慧税务服务取得的经验，并积极探索创新数字网格管理模式，建设“智税”指挥监控中心与智慧稽查系统，加强复合人才培养，持续提升税收监管智能化水平，为税收监管智能化发展迎接新挑战提供数据基础与技术支撑。

## 第一节　数字经济下的税收监管智能化

### 一、数字经济的内涵与发展

自20世纪末以来，互联网、云计算等高科技产业兴起，催动了数字经济的产生与蓬勃发展。数字经济这一概念，最早由“数字经济之父”唐·泰普斯科特（Don Prescott）于1996年在其著作《数字经济：智力互联时代的希望与风险》中提出，当时主要泛指互联网技术出现后带来的各类新型经济关系。随后，《信息时代三部曲：经济、社会与文化》《数字化生存》等著作的出版与畅销，将数字经济的理念逐渐推广开来，世界各国也对数字经济展开了相关研究，并从不同角度对数字经济进行了定义。1998—1999年，美国商务部相继发布了《浮现中的数字经济》与《新兴的数字经济》报告，数字经济的提法得以被认可和确立。之后，世界经济论坛、欧洲工商管理学院（INSEAD）和世界银行在2003年发表的《全球信息技术报告》中多次提到“数字经济”，促进这一概念的传播。2016年二十国集团（G20）峰会发布《经济发展与合作倡议》，更加全面系统地从工具、载体、目的等方面对数字经济进行了诠释，提出“数字经济是指以使用数字化的知识和信息作为关键生产要素、以现代信息网络作为重要载体、以信息通信技术的有效使用作为效率提升和经济结构优化的重要推动力的一系列经济活动”。自此，各国陆续出台政策措施推动数字经济发展，对数字经济内涵的研究也逐步上升到应用与社会影响等相关方面。2021 年，我国在《“十四五”数字经济发展规划》中明确，数字经济是继农业经济、工业经济之后的主要经济形态，是以数据资源为关键要素，以现代信息网络为主要载体，以信息通信技术融合应用、全要素数字化转型为重要推动力，促进公平与效率更加统一的新经济形态。

数字经济作为一种新型的经济形态，具有信息化引领、开放化融合和泛在化普惠等特征。首先，数字经济的信息化引领特征显著。信息技术深度渗入各个行业，数字化并积累大量数据资源，通过挖掘数据、萃取知识和凝聚智慧，使网络平台实现共享和汇聚，让行业发展变得更加智能。其次，数字经济具有开放化融合的特征。通过数据的开放、共享与流动，促进组织内各部门间、价值链上各企业间，甚至跨价值链跨行业的不同组织间开展大规模协作和跨界融合，实现价值链的优化与重组。最后，数字经济具有泛在化普惠的特征。无处不在的信息基础设施、按需服务的云模式和各种商贸、金融等服务平台降低了参与经济活动的门槛，使得数字经济出现“人人参与、共建共享”的普惠格局。

我国数字经济的发展历程，是一个从跟随到引领的过程。1994 年，随着我国与互联网全功能连接，数字经济开始萌芽破土，在全球数字经济发展的浪潮下，成功孕育了如搜狐、网易、阿里、腾讯、百度等一系列先进的互联网公司，这些企业在学习国外模式的同时，结合我国国情不断创新发展模式。进入 21 世纪，数字基础设施建设的快速发展与网民数量的快速增长推动互联网应用向深度和广度迈进，以网络零售为代表的电子商务、门户网站、社交软件、网络游戏等业态加速发力，带动数字经济进入爆发增长阶段。党的十八大以来，我国深入实施网络强国战略、国家大数据战略，拓展网络经济空间，支持基于互联网的各类创新，推动互联网、大数据、人工智能和实体经济深度融合，进一步推动数字经济蓬勃发展。2015 年，国务院将促进大数据发展上升至国家战略层面进行部署，发布《促进大数据发展行动纲要》。2017 年，首次将数字经济写入《政府工作报告》。2019 年，在《中共中央关于坚持和完善中国特色社会主义制度　推进国家治理体系和治理能力现代化若干重大问题的决定》中首次将“数据”列为生产要素。2021 年，《“十四五”数字经济发展规划》发布，将数字经济发展上升为国家战略，我国数字经济发展的政策制度优势愈发凸显。《亚洲数字经济报告》显示，2022 年中国数字经济规模达到7.47万亿美元，已成为位居全球第二的数字经济领先国家。

因此，“随着新的生产力的获得，人们便改变自己的生产方式，而随着生产方式的改变，他们便改变所有不过是这一特定生产方式的必然关系的经济关系”，生产关系必须与生产力发展要求相适应是马克思主义政治经济学的基本原理，生产力的发展必然促进生产关系的调整与变革。数字经济以数字化的知识和信息作为关键生产要素，以数字技术为核心驱动力量，以现代信息网络为重要载体，持续提升经济社会的数字化、网络化、智能化水平，正在推动生产方式、生活方式和治理方式的重要变革。我国《“十四五”数字经济发展规划》中提出，要以数字技术与实体经济深度融合为主线，加强数字基础设施建设，完善数字经济治理体系，协同推进数字产业化和产业数字化，不断做强做优做大我国数字经济，为构建数字中国提供有力支撑。这既为我国把握以数字技术为核心的新一代科技和产业变革历史机遇指明了方向，同时也对健全完善数字经济治理体系，提升政府数字化治理能力提出了新的要求。

## 二、税收监管智能化的内涵与特点

税收监管智能化应以大数据、云计算、人工智能等现代信息技术为基础，以监管方式数字化转型为特征，推动税收监管业务与信息技术的高度融合，实现对税收数据的精准分析、实时监控和智能预测，从而有效提升税收管理精准度和效率。各类信息化新技术的涌现，在给经济社会带来巨大的冲击与变革的同时，也为全面提升税收监管智能化水平创造了条件。移动互联网的发展不断推动新技术跨场景的融合应用，大数据应用领域的拓展与进一步引领未来税收监管智能化的建设方向，人工智能的应用使得机器自学习、自适应和自服务成为可能，信息技术与税收监管深入融合，能够实现更加高效和智能的监管。

根据《意见》要求，“十四五”时期基本建成功能强大的智慧税务体系，形成国内一流的智能化行政应用系统，全方位提高税务执法、服务、监管能力。在数字经济的背景下，以税收监管的智能化探索应对日益复杂的税收环境和多元化的税收需求，是政府在数字时代转型的必然要求。首先，推进税收监管智能化是应对税收秩序复杂化、实现监管现代化的应有之义。截至

2023年底，全国登记在册的经营主体达1.84亿户①，其中，2023年新办涉税经营主体（即首次到税务机关办理税种认定、发票领用、申报纳税等涉税事项的经营主体）数量达1687.6万户②，税收监管客体规模庞大且保持高速增长。面对庞大的涉税经营主体总量，传统税收监管模式会导致监管效力不足。因此，推进税收监管智能化，用智能替代人工完成大量的统计分析、线索发现、风险预警等工作，推动管理资源合理配置和高效利用，从而化解税收监管资源不足的矛盾，助力实现税收监管现代化。其次，推进税收监管智能化是顺应征管改革、提升机构运转效能的必然要求。由于税收监管的智能化注重信息归集应用和数据赋能，对运行系统性、整体性、协调性要求更高，通过程序设计固化机构设置、职能配置、机制运行等内容，有利于减少人为因素和部门因素对税收监管活动的干扰，提升税收监管部门间的协作合力，形成适应征管改革要求的税收监管新格局。最后，推进税收监管智能化是创新监管方式、提升监管质效的客观要求。随着现代信息技术在经济领域的广泛应用和数字经济的发展，推动市场行为、市场秩序不断“更新换代”，各类新型经营主体、交易行为不断涌现，一些领域新旧税收秩序问题交织，税收监管不断面临新问题、新挑战。通过提升税收监管的智能化水平，把智慧理念贯穿创新监管方式的全过程，充分利用税收大数据来识别潜在的涉税风险行为，有助于精准监管和精确执法，全面提高监管的靶向性、前瞻性和风险预警能力，构建新型税收监管体系。此外，税收监管智能化水平的持续提升，使预测各类经济主体跟随政策的行为变化有望成为现实，通过对拟发布政策潜在影响的综合分析，可以从税收政策层面促进社会正向发展，更加充分地发挥税收的“调节器”作用。

可见，与传统税收监管方式相比，税收监管的智能化以信息化建设为基础支撑，更加突出数字技术的应用，具有信息化、精准化、数字化、协同化的特点。税收监管的智能化突出信息化监管，运用人工智能、知识图谱、ETL画布、中台等信息化技术，以模板化、自动化、批量化的方式，大幅提升税收监管日常烦琐事项的规范和效率，破解传统模式下的人工监管容易出现监管错位、监管盲区、监管低效、监管不公等问题。税收监管的智能化突出精

---

① 国家市场监督管理总局. 2023年新设经营主体3273万户同比增长12.6%［EB/OL］.［2024-02-29］. https://www.samr.gov.cn/xw/mtjj/art/2023/art_9fa4ba74d04d40bda0d8b54f2268ddb7.html.

② 2023年新办涉税经营主体超1687万户［EB/OL］. 中国政府网，［2024-01-26］. https://www.gov.cn/lianbo/bumen/202401/content_6928348.htm.

准化监管，依托数据的采集汇聚、关联比对，利用“机器学习”的特性，加强对税收行为的筛查和研判，实现对重点领域、重点企业的靶向式监管，减少对涉税经营主体正常经济行为的干预，做到对守法者“无事不扰”，对违法者“有案必查”，保障监管精度，满足海量的涉税经营主体与多样化的经营行为对税收监管资源配置的要求。税收监管的智能化突出数字化监管，依托大数据、人工智能等技术，以涉税主体、客体与行为数据为基础，刻画涉税主体的全景多维画像，实时监控涉税主体的经营行为，实现实时动态的数字监管，确保更快速地发现问题、启动响应、分类处理、形成威慑，维护税收秩序。税收监管的智能化突出协同化监管，以数据为纽带，调动社会各方积极性，提升全社会的参与度，让各个管理部门、社会组织参与到税收监管中来，集全系统、全社会、全行业、全部门的智慧，实现对涉税主体的协同监管。

## 第二节　税收监管智能化的探索

### 一、税收监管智能化的理论与实践探索

随着税收制度与数字经济接轨，税收监管智能化的重要性日益凸显。克莱文（Kleven，2011）提出第三方涉税信息监管是提高纳税遵从度、实现有效征税的关键。卡萨布里、洛伦佐、特罗亚诺（Casaburi、Lorenzo、Troiano，2013）认为提升税收监管信息化水平能有效增强对涉税信息的处理能力，有利于加强税收征管，有效打击逃税行为，进而保障政府税收。帕斯图霍夫（Pastukhov，2010）提出应完善互联网信息采集和应用的方法、手段，充分发挥互联网信息采集和应用在纳税评估、信息化税收管理和税收风险管理等方面的关键性作用。唐博和张凌枫的研究结果表明，税收监管智能化体系的推进与企业纳税遵从度的提升呈显著正相关，主要作用体现在降低纳税方与税务机关的信息不对称、规范税收征管及提高税款缴纳便利性等方面。

在推进税收监管智能化的研究方面，李平提出大数据背景下的税收监管智能化不是简单应用新技术实现工作流程的数字化，而是涉及税收管理理念、业务流程、体制机制、资源配置等方面深刻重大的变革。冯绍伍、江峰、杨智提出大数据思维下税收监管智能化的实现路径包括优化组织架构体系、夯实数据资源基础、发挥精准分析作用、强化人才队伍建设四个方面。王艳峰也提出从加强税务机关内部信息数据的集成、拓展第三方涉税数据共享、强

化大数据人才的选配用管理三方面，构筑智能化、网格化、立体化的税收智慧监控体系。张江朋从税收监管数字化的演变及框架分析了实现精准监管的逻辑与路径，认为应重点推动数据收集的多元化与科学化、平台建设一体化与可视化、指标设置的智能化与全面化。吴蔚、周敏颖、姜敏等人同样聚焦大数据应用，提出从深挖数据价值、优化完善指标、加强第三方数据运用等方面实现“以数治税”、精准监管。李宗民指出基层的税收监管智能化主要取决于智能技术发展水平、监管部门实际应用需求、监管相关政策匹配度、监管部门资源获取方式等条件，而 RPA 技术应用于基层税务监管体系中，能够加速基层税务监管体系向现代化、数字化方向转型升级。王洪艳、程剑东提出在数智化技术驱动下，基层的税收监管智能化系统应具备精准实时化、风险等级化、流程自主化、透明共享化的特征。从已有的研究成果看，税收监管智能化建设的框架与路径较为明确，数据、系统与人才是税收监管智能化的关键要素。

在海外，税务机关以互联网和大数据为基础，开展了一系列税收监管智能化的改革实践。美国国内收入局整合各类系统，缩小部门壁垒和数字鸿沟，构建起汇集全部涉税数据的统一业务平台和数据平台，并通过建模技术和系统强化数据应用，把握经济运行态势和税收风险领域，提升监管的精确性与有效性；建立战略规划，吸纳更多专业型人才，并通过培训等措施提高人才质量。自 2012 年以来，英国皇家税务与海关总署以整体政府理念推进数字化监管，充分运用部门协作、信息系统集成和建设、数据应用，大大提高了税收监管水平。德国、韩国不断优化和完善税收管理信息系统，通过子系统的全面整合和功能优化、高度的功能整合和数据共享实现监管智能化。日本通过建立完善的电子化信息及处理系统，将日常和重复性监管工作借助信息化手段来实现。荷兰税务的信息化管理系统，不但在税务系统内部实现联网，而且与政府许多部门实现联网，大大便利了涉税信息获取的广度和深度。澳大利亚税务局在建立税收风险监控模型时，根据不同纳税人采取多种措施加强重点监管，并通过基于大数据平台的风险评估系统构建了一套行之有效的审核指标，筛选疑点纳税人并对其进行重点审查。

与国外税收监管开展的智能化改造相比，我国的税收监管智能化体系仍处在构建阶段，对税收监管智能化的实践探索正在不断深入，推动税收监管在理念上从结果管理型向过程控制型转变，在手段上从以物管税、以票管税向信息管税、数据管税转变，在方式上从粗放式向专业化、精细化转变。例如，湖北省税务局依托数字化推动税收监管方式变革，探索税收监管智能化建设新路径，运用税收大数据精准“画像”，建立“风险＋服务”的全链条风险快速反应机制，创新实施“非接触、免打扰”分类精准监管。河北省税务局充分利用大数据深挖数据价值，在重点行业、重点领域建立共享数据模型，构建以税收数据为基础的多维数据监管模式，实现了基于可用不可见状态下的涉税数据安全共享与联合分析。广州市黄埔区税务局积极促进各部门间的信息交换和共享，与省政府部门完成信息交换和共享，并进行了一系列的创新业务，如将税收机关与政府机构掌握的房产、土地、车辆等相关信息进行整合，构建出相应的风险指标。重庆市涪陵区税务局围绕“协同共治”“信息共享”开展税收监管智能化探索，在市政府公共服务系统的支持下，编制公共数据资源库，加强跨部门协同治理，扩展了信息分享的领域和内容。滨州市北海区税务局以“信用＋风险”为基本原则，构建“无风险不打扰、低风险提醒辅导、中风险评估约谈、高风险严加监管”新型精准监管体系，依托税收大数据、风险管理系统，刻画纳税人生命全周期行为疑点，极大地提升了税务机关工作人员监管质量，提高了应对效率。

## 二、影响税收监管智能化的局限因素

从已开展的探索实践来看，我国税收监管智能化存在数据采集挖掘不够全面深入、监管手段不够智能精准、复合型人才相对匮乏等问题，建立适应数字经济时代要求的税收监管智能化体系存在数据、手段、人才等方面的局限因素。

首先，税收监管的智能化探索在数据采集挖掘上不够全面深入。一方面，随着数字经济下新经济业态和新商业模式的持续涌现，纳税主体的交易方式、收入渠道等更加多元化，特别是数字经济应纳税行为尤其容易受交易虚拟性、非中介性特点影响，涉税情况更加难以评估，加剧了税收监管数据的采集难度。另一方面，虽然税务机关通过金税三期系统全面上线掌握了企业与个人海量涉税数据，但税务机关内部涉税数据由各涉税系统产生并储存，各系统间技术标准不统一，数据标准不一致，统计口径不一致，数据在各系统间兼容性不高，在税务系统内数据交互仍存壁垒。同时，受外部部门间数据保密规定、共享意识等因素影响，常态化的涉税数据共享机制尚未建立，现有税收监管信息系统无法与多部门数据形成有效传递与分析，税务机关往往只能就特定事项单次向有关部门申请相关数据，在实施监管时不能提供有效的大数据支撑，难以满足日常监管工作需求。例如，在个人所得税方面，由于各地税务机关缺乏获取纳税人子女、老人、住房、医疗、教育等信息的途径，难以确定纳税人综合所得年度汇算清缴时所填报信息的准确性，导致对年度汇算退税监督审核效率不高。各部门统计数据口径各不相同，储存要求也不统一，降低了对数据进行整理、清洗、加工利用的效率。受部门间数据采集困难、共享效率低下、数据质量不高等客观因素影响，数据采集成果转化效益不够明显，进一步导致各方参与数据共享和协同治理的意愿不强。

其次，税收监管的智能化探索在手段上还不够智能精准。一是数字技术流动性与虚拟性的特征可以让销售者借助互联网平台实现产品和服务的瞬时远程交易，复杂的数字经济形式使税收监管部门难以全面掌握产、供、销链条的运行情况，对涉税交易的时间、地点难以实时监管。当前税务机关已有的监管分析系统受限于数据与模型的缺乏，在智能研判上还无法实现综合纳税人的遵从情况、诚信等级、业务事项等进行精准“画像”，难以准确划分风险等级进而实现“信用＋风险”的精准监管，经验式管理现象仍然较为普遍。二是在事前预防与事中阻断上的监管水平仍有待提升。现阶段税务机关的监管分析系统更多依靠指标模型对已发生的业务开展筛查分析，事前预防与事中阻断间存在空档，对筛查发现疑点的还需人工介入才能对高风险事项进行应对，导致监管效率偏低。比如，在暴力虚开问题上，虚开团伙往往利用凌晨、假期等时间段集中虚开增值税发票，下游企业在接收到发票后立即勾选抵扣入账。一些地方的风险管理系统仅实现对大额发票开票时间的监控，且数据更新周期为“T＋1”，税务执法人员难以快速阻断该类业务。三是税收监管部门间的职责分工还不够明晰，税收监管智能化的机制还不完善，如风险管理事项多头下达问题仍然存在，出现不同时间下发的多个税种风险应对任务对应同一纳税人，甚至出现同一风险应对任务重复下发等现象。利用数据发现问题、解决问题的水平还需进一步提升，依托数据进行纳税人生命全周期监管的理念和机制尚未建立，税收大数据主要应用于事后监督整改和分析上，在税收监管的事前筛查和提醒、事中监控和介入阻断等方面应用力度不够，“事前预防—事中控制—事后监督”的信息化闭环管理模式尚不成熟。

最后，税收监管的智能化探索在复合型人才培养上还相对匮乏。在数字经济发展的当下，要更好地适应并推动税收监管的智能化，对税收监管人员运用现代化技术提升工作质效提出了更高的要求。税收监管人员除了掌握一定的专业知识和具备高素质能力的标准以外，还应具备较强的相关信息系统操控能力和实战化应用能力。但目前税务执法高素质复合型人才的培养还无法满足税收监管智能化的需求，较为普遍存在监管人力资源和高技术人才匮乏问题，具体表现在：一是年龄结构层次偏大、知识结构陈旧、人员配备数量少，复合型人才的培养制度还不完善，招录信息化人才数量不够多，原有信息化人才培养机会不足，缺少配套的奖励激励措施。二是当前税务执法人员偏重于税收业务能力的学习与应用，掌握比较全面的会计、税法、英语、计算机专业知识和技能的人才较少，运用大数据开展工作等能力有所不足，提取数据、分析比对等方面工作存在欠缺，自主发现问题、锁定风险点的能力不高。例如，一些税收监管人员的计算机水平有限，而计算机能手的税收业务能力又相对薄弱，复合型知识人才非常欠缺。三是“以数治税”的专业意识还不够。许多税收监管人员仍停留在传统监管思维中，将计算机、网络技术等作为辅助监管的工具，没有将对数据的理解和运用与税收监管工作深度融合起来，主动对涉税数据增值运用的程度不高，造成工作中的痛点、难点和堵点问题未能通过智慧化方式得到有效的解决。

## 第三节 税收监管智能化的建设方向

### 一、创新数字化网格员管理模式

税收监管智能化的建设，应充分发挥数据驱动引领作用，突出问题导向、智能化导向、一体化导向，聚焦数据运用、系统创新、人才培养等关键要素，在涉税数据集成、信息系统优化、复合人才培养等领域重点发力，创新数字化网格员管理模式。数字化网格员管理模式，就是以网格为单元归集管理对象数据，依托数字化手段集成涉税数据和任务事项，集中展示税源情况，动态分析涉税要素，及时提示税收风险，并辅以岗责标准的统一、业务流程的规范、任务配置的优化、监督考核的完善，逐步实现税收管理责任明晰、信息对称、人事相宜、精准高效。这一模式集成了管户模式和管事模式的优势，融合了地方网格管理的经验，顺应了信息技术发展的趋势，符合税收扁平化管理的要求，是现代税收监管智能化探索的方向。该模式具有以下四个特点：一是实现网格化管理。把数字网格管理作为税源管理的重要抓手，加快构建“物理＋虚拟”的网格管理体系，建立街道、楼宇等物理网格及行业、类型等虚拟网格，集成涉税数据、展示税源情况、提示税收风险等职能。二是实现动态监控。通过设计法人变更、地址迁移等一批动态指标，及时抓取和提醒指标的变动情况，实时掌握网格内管户的资格类型、用票情况、监控事项等多方面情况。三是实现纳税人全生命周期管理。集中展示单户基础信息、实名信息、监控及提醒事项等重点信息，提供基础管理、监控、审批、进户执法等全生命周期台账，可集中查阅纳税人的各类管理痕迹，节约征管人员信息收集时间。四是实现高效业务流转。运用信息化手段，推动“人工操作”向“自动流转”转变，建立与外部链接的信息平台，为纳税人推送高度定制的提醒消息，开通网络上传资料渠道，降低办税成本。

依托数字网格管理，打造“数智审批”“数智退税”“数智中介”等多个“数智”系列应用，为基层税源监管提供重要支撑和抓手。一是打造“数智审批”应用。“数智审批”是针对解决基层审批中心办件量大、审核要点多的痛点、难点问题，将人工审核业务标准转化为系统智能判断，实现业务自动审批；将业务标准转换为系统逻辑，提出智能审批建议，帮助审核人员做出判断。二是打造“数智退税”应用。“数智退税”是支撑各级出口退税专业化管理的应用，通过展现区域出口退税动态、归集“一户式”企业信息、实时研判业务风险，准确掌握出口退税趋势性变化及大型企业异动，缩短调查评估案头分析时间，提高风险防控及时性和准确性。三是打造“数智货劳”应用。“数智货劳”全面反映货物与劳务税的各项业务情况，集中展示增值税、消费税、车辆购置税等税收收入情况及发票开具情况；归集发票事中风险、留抵退税风险、消费税风险等数据，根据规则自动生成和推送数字化工作任务，形成任务流程的闭环管理。四是打造“数智大企业”应用。“数智大企业”是以大企业集团为管理网格，开展涉税服务和管理的专业化应用，立体化反映各区域大企业基础税源状况，对大企业涉税事项进行预警服务、纳税服务、风险分析和税源监控，方便各层级大企业管理部门实时掌握大企业情况。五是打造“数智中介”应用。加强涉税中介的动态监测和精准“画像”，通过设计针对涉税机构和从业人员的洞察指标，从自身风险、从业情况、执业信息、违法违章、外部评价等方面采集信息，实现涉税中介的数据分析、中介洞察评价、信息共享等功能。六是打造“数智内控”应用。“数智内控”是聚焦内控管理建立的内控指标体系实现了疑点扫描、任务推送、整改复核、结果分析的全过程自动化，使内控监督在各环节有序、留痕流转，保障内控制度在基层落实落细。

## 二、打造“智税”指挥监控中心

打造和建设“智税”指挥监控中心是加强业务引领技术，推进技术驱动业务的核心理念。《意见》明确，要充分运用现代信息技术，驱动制度创新和业务变革，进一步优化组织体系和资源配置。税收监管智能化的建设，离不开一个适应垂直管理特点、满足指挥管理需要的信息系统。“智税”指挥监控中心的建设，具有以下四点必要性：一是加强统筹、破解“业务烟囱”的需要。当前，影响税收治理能力整体性集成式提升的制约因素仍然较多，存在税费“业务烟囱”等现象，各税费种之间缺乏统筹管理。对此，要依托制度创新和业务变革，加大“统”的力度，提升“管”的水平。二是防风险、提升精准监管的需要。税收风险防控力度与精准监控的要求仍有差距，存在风险集约管理不够有力、应对处置不够迅速、监控跟踪预警不够及时到位等不足。需聚焦业务全链条开展实时监测、精准溯源和有效预警，实现从事后打击向事前事中精准防范转变。三是提效能、解决信息壁垒的需要。经过近几年税务机关的实践探索，大数据平台成为数字化转型的关键和基础，数据作用更加突出，但在数据收集上还要更加全面，数据管理上还要更加集约，数据加工上还要更加深入，数据支撑上还要更加有效，解决“谁拿谁用”“用一次、丢一次”等问题。需进一步打破数据部门壁垒、行业壁垒和地区壁垒，强化数据信息的加工、使用和管理，提升常态化长效化的数据服务、输出能力，切实践行“以数治税”理念。

基于上述理念，通过信息化手段集成内外部海量涉税数据，打造包含“收入、税源、征管、发票、纳服、执法、税惠、绩效”八大监管模块的“智税”指挥监控中心，可以实现对税收工作的实时监控、全面分析、及时调度，有力支撑税收监管的智能化。主要内容包括：一是收入监管。组织收入是税务机关的主责主业，摸清底数才能心中有数，掌握实情才能应对有方。打造收入监控模块，全面摸清收入底数、动态监测变化趋势、加强结构趋势分析，对税收、社保、非税收入开展分类监控。二是税源监管。收入的多与少与税源管得好与坏密不可分。按照“分类分级”管理思路，打造税源监控模块，分税种、分规模、分区域监测税源动态，及时掌握各类税源的经营行为、税收异动等情况，形成税源管理的总台账，推动抓好组织收入、抓好重点税源。三是征管监管。突出风险导向，打造征管监管模块，围绕“纳税人全生命周期管理”这一主线，覆盖户籍管理、税费种管理、变更登记、实名办税、申报征收、非正常户、发票管理、注销管理等环节，构建一批能反映各业务领域征管“主要矛盾”的指标体系，如针对虚开骗税等，有力提升税收监管质效。四是发票监管。发票是观察企业微观经营活动最直接、最直观也是最有效的途径之一。充分利用税务机关发票管理的优势，打造发票监控模块，运用发票数据透视地方重点行业发展情况，掌握与其他省市整体贸易情况，感知生产资料价格和居民消费水平的变动情况等，为观察经济运行与税收情况提供及时性参考。五是纳服监管。评判税收治理的成效，解决纳税人的痛点、难点、堵点问题是关键。坚持以纳税人为中心，打造纳服监管模块，对各服务渠道全面覆盖、实时监测和指挥调度，推动形成“线上为主体、线下作兜底、24 小时不打烊”的服务格局。六是执法监管。税务机关是执法部门，聚焦“风险在哪里、风险怎么防、防得怎么样”，打造执法监管模块，注重以外促内、以查促控，集成监控近年来内外部监督发现问题、分布情况、整改落实情况，建设指标开展监管，切实加强执法风险防控。七是税收优惠监管。2022 年以来，国家陆续出台大规模留抵退税、减税降费政策。对于税收优惠政策落实的情况，设置税收优惠监控模块，确保精准推送税收优惠政策，及时纠正纳税人错误享受业务，狠打违规享受税收优惠政策行为，开展政策落实成果效应分析，确保税收优惠红利落到实处。八是绩效监管。针对税收具体工作的落实情况，打造绩效监管模块，绩效指标设置突出覆盖范围广、引领效应强、监控价值高、推动效果佳。模块注重客观及时，100% 实现“机生机考”；注重过程管控，根据各模块实时得分情况开展应对；注重比较分析，通过得分排名鼓励先进、敦促落后，有效发挥鞭策作用。

## 三、加强复合人才培养

税收监管工作离不开专业人才支撑，加强新时代税务青年干部和复合人才培养工作，是高质量推进税务执法人员队伍建设、助力高质量推进中国式现代化税务实践的重要之举。税务机关应深入落实“人才兴税”战略，加强复合人才培养，推进人才高地建设。

为培养适应税收监管智能化建设的复合型人才，依托“党业融合、强基固本、培训赋能、实战检验”四位一体培养模式，在实践中形成一套可行实效的复合型人才培养工作方法，全面提升队伍整体战斗力。一是党业融合建强支部。通过党建和业务的融合，强化政治功能和组织功能，层层传递严的氛围，支部对党员干部的教育、管理、监督更加到位。注重在各党支部建立各自党建品牌，坚持党建引领，及时开展党支部之间党业融合经验交流和分享。二是强基固本打造队伍。完善人才培养机制，按照“新进人员—青年才俊—专业专才—尖兵人才”的阶段培养思路，切实打造稽查尖兵。发挥好“人才库＋导师制＋项目制”三位一体机制效能，组建专业人才与复合型人才相结合、跨区域多层级的专业化团队，强化人才组织统筹，发挥快速响应、攻坚突破、示范带动作用。实行“老中青”相结合、“传帮带”促成长的梯队建设工作。三是培训赋能提升技能。充分运用好税务总局业务知识库，并通过“智慧稽查”等信息化系统积累知识，以便于青年税务执法人员迅速掌握相关背景和政策把握难点。将重点工作任务融入培训项目中，特别是着力增强以数治税的能力，聚焦智慧税务新技术培养应用型人才，经常性开展大数据应用、风险监管、疑点排查等技能培训，帮助参训人员将业务理论知识和岗位实操技能相结合，提高参训主观能动性，由“要我学”转变为“我要学”。四是实战检验训战结合。在开展传统讲授式教学的同时，探索开展风险案例研讨式、实战式教学。由业务骨干手把手向青年干部传授研判思路、分析技巧、部门协作方式和现场检查手段，增强监管人员的数据分析能力、模型搭建能力和风险应对能力，在实战中检验学习成果。

# 第三章　最新司法解释在税收监管中的适用分析

本章以《中华人民共和国刑法》（以下简称《刑法》）和最新涉税司法解释《最高人民法院　最高人民检察院关于办理危害税收征管刑事案件适用法律若干问题的解释》（法释〔2024〕4号，2024年1月8日最高人民法院审判委员会第1911次会议、2024年2月22日最高人民检察院第十四届检察委员会第二十五次会议通过，自2024年3月20日起施行）等司法解释为基础，结合现行税收行政执法的有关规定，以虚开增值税发票、骗取出口退税、偷（逃）税为重点，从分析涉税司法解释的定罪量刑、立案标准及刑事与行政案件区别等入手，特别是针对入罪、出罪的严格标准与税收行政裁判标准的衔接，为税务执法人员依法实施税收监管提供参考意见。

## 第一节　虚开发票刑事判定与行政处罚解析

### 一、虚开发票罪的刑法规定及司法解释

我国《刑法》第二百零五条将虚开增值税发票违法犯罪行为划分为两类：一是虚开增值税专用发票、用于骗取出口退税、抵扣税款发票罪，二是虚开发票罪。但应明确《刑法》规定的“虚开”主要分为两种情形：一类是无真实的商品交易，不存在买卖经营关系，以虚构商品交易等内容及虚列税额开具增值税发票，再利用虚开增值税发票的进项税额抵扣税款，达到不缴纳税或逃骗税的目的；另一类是虽然存在真实的商品交易，但利用以少开多等手段，虚假抵扣增值税发票的进项税额达到偷税的目的。

**（一）虚开增值税专用发票、用于骗取出口退税、抵扣税款发票罪**

1. 追诉标准

根据《最高人民检察院　公安部关于公安机关管辖的刑事案件立案追诉标准的规定（二）》（公通字〔2022〕12号）第五十六条规定，虚开增值税专用发票、用于骗取出口退税、抵扣税款发票案虚开的税款数额在10万元以上或者造成国家税款损失数额在5万元以上的，应予立案追诉。注意，原规定立案追诉标准为：虚开的数额在1万元以上或者致使国家税款被骗数额在5000元以上。

2. 定罪量刑

（1）刑法规定。

①个人（增加）量刑标准。根据《刑法》第二百零五条规定，虚开增值税专用发票或者虚开用于骗取出口退税、抵扣税款的其他发票的，处3年以下有期徒刑或者拘役，并处2万元以上20万元以下罚金；虚开的税款数额较大或者有其他严重情节的，处3年以上10年以下有期徒刑，并处5万元以上50万元以下罚金；虚开的税款数额巨大或者有其他特别严重情节的，处10年以上有期徒刑或者无期徒刑，并处5万元以上50万元以下罚金或者没收财产。

②单位（“犯罪”改为）量刑标准。单位犯《刑法》第二百零五条规定之罪的，对单位判处罚金，并对其直接负责的主管人员和其他直接责任人员，处3年以下有期徒刑或者拘役；虚开的税款数额较大或者有其他严重情节的，处3年以上10年以下有期徒刑；虚开的税款数额巨大或者有其他特别严重情节的，处10年以上有期徒刑或者无期徒刑。

③量刑范围。虚开增值税专用发票或者虚开用于骗取出口退税、抵扣税款的其他发票，是指有为他人虚开、为自己虚开、让他人为自己虚开、介绍他人虚开行为之一的。

（2）司法解释规定。

①最新量刑范围解释。

2024年3月，最高人民法院、最高人民检察院针对当前经济犯罪呈现的新特征，出台法释〔2024〕4号文件重新对《刑法》第二百零五条明确的“虚开增值税专用发票或者虚开用于骗取出口退税、抵扣税款的其他发票”进行了解释界定，对虚开增值税专用发票罪作了细致列示，重点突出该罪打击的对象是利用增值税专用发票抵扣税款的核心功能而进行虚开的行为。同时，将为虚增业绩、融资、贷款等目的而虚开的行为排除在该罪打击范围之外，防止轻罪重判，既符合罪责刑相适应的刑法原则，也符合我国加快社会经济发展维护正常经营秩序的治理方向。而且，该解释对虚开发票等的定罪量刑标准也予以明确，使处理危害税收征管刑事案件适用法律从实际出发，更加符合和贴近实践应用。根据法释〔2024〕4 号文件第一条规定，具有下列情形之一的，应当认定为《刑法》第二百零五条第一款规定的“虚开增值税专用发票或者虚开用于骗取出口退税、抵扣税款的其他发票”：

a. 没有实际业务，开具增值税专用发票、用于骗取出口退税、抵扣税款的其他发票的；

b. 有实际应抵扣业务，但开具超过实际应抵扣业务对应税款的增值税专用发票、用于骗取出口退税、抵扣税款的其他发票的；

c. 对依法不能抵扣税款的业务，通过虚构交易主体开具增值税专用发票、用于骗取出口退税、抵扣税款的其他发票的；

d. 非法篡改增值税专用发票或者用于骗取出口退税、抵扣税款的其他发票相关电子信息的；

e. 违反规定以其他手段虚开的。

同时，法释〔2024〕4 号文件还规定为虚增业绩、融资、贷款等不以骗抵税款为目的，没有因抵扣造成税款被骗损失的，不以虚开增值税专用发票、用于骗取出口退税、抵扣税款发票罪论处，构成其他犯罪的，依法以其他犯罪追究刑事责任。

②最新量刑标准解释。

虚开增值税专用发票、用于骗取出口退税、抵扣税款的其他发票，税款数额在 10 万元以上的，应当依照《刑法》第二百零五条的规定定罪处罚。

虚开税款数额在 50 万元以上、500 万元以上的，应当分别认定为《刑法》第二百零五条第一款规定的“数额较大”“数额巨大”。

具有下列情形之一的，应当认定为《刑法》第二百零五条第一款规定的“其他严重情节”：

a. 在提起公诉前，无法追回的税款数额达到 30 万元以上的；

b. 5 年内因虚开发票受过刑事处罚或者 2 次以上行政处罚，又虚开增值税专用发票或者虚开用于骗取出口退税、抵扣税款的其他发票，虚开税款数额在 30 万元以上的。

③其他情节严重的情形。

具有下列情形之一的，应当认定为《刑法》第二百零五条第一款规定的“其他特别严重情节”：

a. 在提起公诉前，无法追回的税款数额达到300万元以上的；

b. 5年内因虚开发票受过刑事处罚或者2次以上行政处罚，又虚开增值税专用发票或者虚开用于骗取出口退税、抵扣税款的其他发票，虚开税款数额在300万元以上的；

c. 其他情节特别严重的情形。

同时，法释〔2024〕4号文件还将“以同一购销业务名义，既虚开进项增值税专用发票、用于骗取出口退税、抵扣税款的其他发票，又虚开销项的，以其中较大的数额计算”和“以伪造的增值税专用发票进行虚开，达到本条规定标准的，应当以虚开增值税专用发票罪追究刑事责任”列入量刑标准。

**（二）虚开发票罪**

1. 追诉标准

根据公通字〔2022〕12号文件规定，虚开《刑法》第二百零五条之一规定以外的其他发票，涉嫌下列情形之一的，应予立案追诉：

（1）虚开发票金额累计在50万元以上的；

（2）虚开发票100份以上且票面金额在30万元以上的；

（3）5年内因虚开发票受过刑事处罚或者2次以上行政处罚，又虚开发票，数额达到第（1）、（2）项标准60%以上的。

注意，原规定立案追诉标准为：虚开发票100份以上或者虚开金额累计在40万元以上的；虽未达到上述数额标准，但5年内因虚开发票行为受过行政处罚2次以上，又虚开发票的；其他情节严重的情形。

2. 定罪量刑

（1）刑法规定。

①个人量刑标准。虚开《刑法》第二百零五条规定以外的其他发票，情节严重的，处2年以下有期徒刑、拘役或者管制，并处罚金；情节特别严重的，处2年以上7年以下有期徒刑，并处罚金。

②单位量刑标准。单位犯前款罪的，对单位判处罚金，并对其直接负责的主管人员和其他直接责任人员，依照前款的规定处罚。

（2）司法解释规定。

①最新量刑范围解释。

根据法释〔2024〕4号文件第十二条解释，具有下列情形之一的，应当认定为《刑法》第二百零五条之一第一款规定的“虚开刑法第二百零五条规定以外的其他发票”：

a. 没有实际业务而为他人、为自己、让他人为自己、介绍他人开具发票的；

b. 有实际业务，但为他人、为自己、让他人为自己、介绍他人开具与实际业务的货物品名、服务名称、货物数量、金额等不符的发票的；

c. 非法篡改发票相关电子信息的；

d. 违反规定以其他手段虚开的。

②最新量刑标准解释。

根据法释〔2024〕4号文件第十三条规定，具有下列情形之一的，应当认定为《刑法》第二百零五条之一第一款规定的“情节严重”：

a. 虚开发票票面金额50万元以上的；

b. 虚开发票100份以上且票面金额30万元以上的；

c. 5年内因虚开发票受过刑事处罚或者2次以上行政处罚，又虚开发票，票面金额达到a、b规定的标准60%以上的。

具有下列情形之一的，应当认定为《刑法》第二百零五条之一第一款规定的“情节特别严重”：

a. 虚开发票票面金额250万元以上的；

b. 虚开发票500份以上且票面金额150万元以上的；

c. 5年内因虚开发票受过刑事处罚或者2次以上行政处罚，又虚开发票，票面金额达到a、b规定的标准60%以上的。

同时，法释〔2024〕4号文件还将“以伪造的发票进行虚开，达到本条第一款规定的标准的，应当以虚开发票罪追究刑事责任”列入量刑标准。

## 二、虚开发票的行政定性及政策规定

虚开发票是指不如实开具发票的一种舞弊行为，纳税单位和个人为了达到偷税的目的或者购货单位为了某种需要，在商品交易过程中开具发票时，在商品名称、商品数量、商品单价以及金额上采取弄虚作假的手法，甚至利用比较熟悉的关系虚构交易事项虚开发票。主要包括为他人虚开、为自己虚开、让他人为自己虚开、介绍他人虚开四种情形。2020年最高人民检察院印发了《关于充分发挥检察职能服务保障“六稳”“六保”的意见》（高检发〔2020〕10号）明确，“依法慎重处理企业涉税案件。注意把握一般涉税违法行为与以骗取国家税款为目的的涉税犯罪的界限，对于有实际生产经营活动的企业为虚增业绩、融资、贷款等非骗税目的且没有造成税款损失的虚开增值税专用发票行为，不以虚开增值税专用发票罪定性处理，依法作出不起诉决定的，移送税务机关给予行政处罚。”基本要义概括为：一是虚开税款不到10万元不构成犯罪，因为根据公通字〔2022〕12号文件第五十六条规定，虚开增值税专用发票或者虚开用于骗取出口退税、抵扣税款的其他发票，虚开的税款数额在10万元以上或者造成国家税款损失数额在5万元以上的，应予立案追诉。否则，不予立案。二是对开环开不构成犯罪。三是虚增销售业绩不构成犯罪。四是虚增资产不构成犯罪。五是如实代开不构成犯罪。六是挂靠开票不构成犯罪。七是不知情（如公司挂名）不构成犯罪。

虽然，最高人民检察院对非骗税目的且没有造成税款损失的虚开增值税专用发票行为，不以虚开增值税专用发票罪定性处理，但并不意味着这种行为就不属于税法界定的虚开增值税专用发票行为，税务机关对这类虚开发票行为也应按照税收相关法律法规进行行政处罚。目前，在现行的行政法中并无虚开增值税专用发票相关概念的界定，只是散见于相关税收行政法规以及规范性文件中。

**（一）行政法规**

1. 法规依据

根据《国务院关于废止〈中华人民共和国营业税暂行条例〉和修改〈中华人民共和国增值税暂行条例〉的决定》（国务院令第691号）第九条规定，纳税人购进货物、劳务、服务、无形资产、不动产，取得的增值税扣税凭证不符合法律、行政法规或者国务院税务主管部门有关规定的，其进项税额不得从销项税额中抵扣。此条款明确了纳税人取得虚开增值税发票不得抵扣进项的政策依据。

2. 虚开发票的界定

2010年12月，《国务院关于修改〈中华人民共和国发票管理办法〉的决定》（国务院令第587号）首次使用了虚开发票的概念，也是在行政法规中第一次出现关于虚开发票的表述。其中，第二十二条第一款规定，开具发票应当按照规定的时限、顺序、栏目，全部联次一次性如实开具，并加盖发票专用章。第二款规定，任何单位和个人不得有下列虚开发票行为：

（1）为他人、为自己开具与实际经营业务情况不符的发票；

（2）让他人为自己开具与实际经营业务情况不符的发票；

（3）介绍他人开具与实际经营业务情况不符的发票。

同时，第三十七条第一款规定，违反该办法第二十二条第二款的规定虚开发票的，由税务机关没收违法所得；虚开金额在1万元以下的，可以并处5万元以下的罚款；虚开金额超过1万元的，并处5万元以上50万元以下的罚款；构成犯罪的，依法追究刑事责任。第二款规定，非法代开发票的，依照前款规定处罚。

2023年，国务院发布新《中华人民共和国发票管理办法》（国务院令第764号，以下简称《发票管理办法》），自2023年7月20日起实施。其中，第二十一条第二款规定，任何单位和个人不得有下列虚开发票行为：

（1）为他人、为自己开具与实际经营业务情况不符的发票；

（2）让他人为自己开具与实际经营业务情况不符的发票；

（3）介绍他人开具与实际经营业务情况不符的发票。

同时，第三十五条第一款规定，违反《发票管理办法》的规定虚开发票的，由税务机关没收违法所得；虚开金额在1万元以下的，可以并处5万元以下的罚款；虚开金额超过1万元的，并处5万元以上50万元以下的罚款；构成犯罪的，依法追究刑事责任。

2024年1月15日，《国家税务总局关于修改〈中华人民共和国发票管理办法实施细则〉的决定》（国家税务总局令第56号，以下简称《发票管理办法实施细则》）发布，自2024年3月1日起施行。《发票管理办法实施细则》进一步完善虚开发票违法行为的认定标准，将“有货代开”也定性为虚开行为。根据第二十九条规定，《发票管理办法》第二十一条所称与实际经营业务情况不符是指具有下列行为之一的：

（1）未购销商品、未提供或者接受服务、未从事其他经营活动，而开具或取得发票；

（2）有购销商品、提供或者接受服务、从事其他经营活动，但开具或取得的发票载明的购买方、销售方、商品名称或经营项目、金额等与实际情况不符。

同时，《发票管理办法实施细则》第四十条还明确，《发票管理办法》第三十三条第六项规定以其他凭证代替发票使用的，包括：

（1）应当开具发票而未开具发票，以其他凭证代替发票使用；

（2）应当取得发票而未取得发票，以发票外的其他凭证或者自制凭证用于抵扣税款、出口退税、税前扣除和财务报销；

（3）取得不符合规定的发票，用于抵扣税款、出口退税、税前扣除和财务报销。

构成逃避缴纳税款、骗取出口退税、虚开发票的，按照《税收征管法》《发票管理办法》相关规定执行。

3. 虚开发票的税收处理

2016 年 2 月 6 日修订的《中华人民共和国税收征收管理法实施细则》（国务院令第 362 号，以下简称《税收征管法实施细则》）第二十九条第一款规定，账簿、记账凭证、报表、完税凭证、发票、出口凭证以及其他有关涉税资料应当合法、真实、完整。该条款是针对虚开发票金额不得在企业所得税税前扣除的依据之一。

**（二）规范性文件**

1. “三流一致”的来源

根据《国家税务总局关于加强增值税征收管理若干问题的通知》（国税发〔1995〕192 号）第一条第（三）项规定，购进货物或应税劳务支付货款、劳务费用的对象。纳税人购进货物或应税劳务，支付运输费用，所支付款项的单位，必须与开具抵扣凭证的销货单位、提供劳务的单位一致，才能够申报抵扣进项税额，否则不予抵扣。从该文件可以看出，对“三流一致”问题可以理解为业务流、资金流、发票流的双方当事人要一致。其中，业务流包括合同流和货物流。一般情形下，在税务稽查过程中税务机关认定纳税人是否构成虚开增值税专用发票行为，通常以“三流一致”作为参考判断的标准。

在国税发〔1995〕192 号文件下发后，税务总局又出台《国家税务总局关于诺基亚公司实行统一结算方式增值税进项税额抵扣问题的批复》（国税函〔2006〕1211 号），规定由总公司统一支付货款，造成购进货物的实际付款单位与发票上注明的购货单位名称不一致的，不属于国税发〔1995〕192 号文件第一条第（三）款有关规定的情形，允许其抵扣增值税进项税额。该文件对“三流一致”问题做了一个特殊批复。

2. 税务总局转发最高人民法院司法解释

根据《国家税务总局转发〈最高人民法院关于适用《全国人民代表大会常务委员会关于惩治虚开、伪造和非法出售增值税专用发票犯罪的决定》的若干问题的解释〉的通知》（国税发〔1996〕210 号）第一条规定，具有下列行为之一的，属于“虚开增值税专用发票”：

（1）没有货物购销或者没有提供或接受应税劳务而为他人、为自己、让他人为自己、介绍他人开具增值税专用发票。

（2）有货物购销或者提供或接受了应税劳务但为他人、为自己、让他人为自己、介绍他人开具数量或者金额不实的增值税专用发票。

（3）进行了实际经营活动，但让他人为自己代开增值税专用发票。

3. 善意取得虚开增值税专用发票

根据《国家税务总局关于纳税人善意取得虚开的增值税专用发票处理问题的通知》（国税发〔2000〕187号）规定，购货方与销售方存在真实的交易，销售方使用的是其所在省（自治区、直辖市和计划单列市）的专用发票，专用发票注明的销售方名称、印章、货物数量、金额及税额等全部内容与实际相符，且没有证据表明购货方知道销售方提供的专用发票是以非法手段获得的，对购货方不以偷税或者骗取出口退税论处。但应按有关规定不予抵扣进项税款或者不予出口退税；购货方已经抵扣的进项税款或者取得的出口退税，应依法追缴。购货方能够重新从销售方取得防伪税控系统开出的合法、有效专用发票的，或者取得手工开出的合法、有效专用发票且取得了销售方所在地税务机关已经或者正在依法对销售方虚开专用发票行为进行查处证明的，购货方所在地税务机关应依法准予抵扣进项税款或者出口退税。该文件首次提出了善意取得虚开增值税专用发票的概念。

随后，又出台《国家税务总局关于纳税人善意取得虚开增值税专用发票已抵扣税款加收滞纳金问题的批复》（国税函〔2007〕1240号），规定纳税人善意取得虚开的增值税专用发票被依法追缴已抵扣税款的，不属于《税收征管法》第三十二条“纳税人未按照规定期限缴纳税款”的情形，不适用该条“税务机关除责令限期缴纳外，从滞纳税款之日起，按日加收滞纳税款万分之五的滞纳金”，明确了善意取得虚开增值税专用发票不属于滞纳金加收的范围。

4. 虚开增值税专用发票相关问题的处理

根据《国家税务总局关于纳税人虚开增值税专用发票征补税款问题的公告》（国家税务总局公告2012年第33号）规定，纳税人虚开增值税专用发票，未就其虚开金额申报并缴纳增值税的，应按照其虚开金额补缴增值税；已就其虚开金额申报并缴纳增值税的，不再按照其虚开金额补缴增值税。纳税人取得虚开的增值税专用发票，不得作为增值税合法有效的扣税凭证抵扣其进项税额。

根据《财政部　国家税务总局关于防范税收风险若干增值税政策的通知》

（财税〔2013〕112号）规定，增值税纳税人发生虚开增值税专用发票或者其他增值税扣税凭证、骗取国家出口退税款行为，被税务机关行政处罚或审判机关刑事处罚的，其销售的货物、提供的应税劳务和营业税改征增值税应税服务应执行规定的政策。

根据《国家税务总局关于纳税人对外开具增值税专用发票有关问题的公告》（国家税务总局公告2014年第39号）规定，纳税人通过虚增增值税进项税额偷逃税款，但对外开具增值税专用发票同时符合以下情形的，不属于对外虚开增值税专用发票：

（1）纳税人向受票方纳税人销售了货物，或者提供了增值税应税劳务、应税服务；

（2）纳税人向受票方纳税人收取了所销售货物、所提供应税劳务或者应税服务的款项，或者取得了索取销售款项的凭据；

（3）纳税人按规定向受票方纳税人开具的增值税专用发票相关内容，与所销售货物、所提供应税劳务或者应税服务相符，且该增值税专用发票是纳税人合法取得、并以自己名义开具的。

受票方纳税人取得的符合上述情形的增值税专用发票，可以作为增值税扣税凭证抵扣进项税额。国家税务总局公告2014年第39号进一步明确了上述三类情形不属于对外虚开增值税专用发票，是对当时《发票管理办法》界定虚开增值税专用发票行为的一个新的解读。但需要注意的是，不属于对外虚开增值税专用发票行为应由纳税人举证证明，其中，上述条款中三个对应的“向”所体现的是货物流、资金流和发票流相互一致，主要表达的是“三流一致”的增值税抵扣原则，与国税发〔1995〕192号文件规定的要求基本一致。

另外，国家税务总局公告2014年第39号出台后，税务总局专门对该文件进行了重点解读，明确了先卖后买、挂靠经营如何适用的问题，明确了虚开增值税专用发票以危害税收征管罪入刑，属于比较严重的刑事犯罪。纳税人对外开具增值税专用发票，是否属于虚开增值税专用发票，需要以事实为依据进行准确界定。一是先卖后买。纳税人对外开具的销售货物的增值税专用发票，纳税人应当拥有货物的所有权，包括以直接购买方式取得货物的所有权，也包括以先卖后买方式取得货物的所有权。所谓先卖后买是指纳税人将货物销售给下游在前，从上游购买货物在后。二是挂靠经营。以挂靠方式开展经营活动在社会经济生活中普遍存在，挂靠行为如何适用国家税务总局公告2014年第39号，需要视不同情况分别确定。首先，如果挂靠方以被挂靠方名义向受票方纳税人销售货物、提供增值税应税劳务或者应税服务，应以被挂靠方为纳税人。被挂靠方作为货物的销售方或者应税劳务、应税服务的提供方，按照相关规定向受票方开具增值税专用发票，属于国家税务总局公告2014年第39号规定的情形。其次，如果挂靠方以自己名义向受票方纳税人销售货物、提供增值税应税劳务或者应税服务，被挂靠方与此项业务无关，则应以挂靠方为纳税人。这种情况下，被挂靠方向受票方纳税人就该项业务开具增值税专用发票，不在国家税务总局公告2014年第39号规定之列。最后，国家税务总局公告2014年第39号是对纳税人的某一种行为不属于虚开增值税专用发票所做的明确，目的在于既保护好国家税款安全，又维护好纳税人的合法权益。换一个角度说，国家税务总局公告2014年第39号仅仅界定了纳税人的某一行为不属于虚开增值税专用发票，并不意味着非此即彼，从国家税务总局公告2014年第39号并不能反推出不符合这种情形的行为就是虚开。比如，某一正常经营的研发企业，与客户签订了研发合同，收取了研发费用，开具了增值税专用发票，但研发服务还没有发生或者还没有完成，这种情况下不能因为国家税务总局公告2014年第39号列举了“向受票方纳税人销售了货物，或者提供了增值税应税劳务、应税服务”，就判定研发企业虚开增值税专用发票。

## 第二节 出口骗税刑事判定与行政处罚解析

### 一、骗取出口退税罪的刑法规定及司法解释

我国《刑法》第二百零四条规定，将以假报出口或者其他欺骗手段，骗取国家出口退税款的行为界定为骗取出口退税罪。即人为故意违反税收法律法规，采取假报出口或其他欺骗手段，骗取国家出口退税款，数额较大的行为。1992年9月4日第七届全国人民代表大会常务委员会通过了《关于惩治偷税、抗税犯罪的补充规定》，至此，骗取出口退税罪自此正式登上我国刑事立法的历史舞台。

同时，《刑法》第二百二十九条针对实施骗取国家出口退税行为，但没有实际取得出口退税款的，也进行了明确，即：中介组织人员提供虚假证明文件罪和中介组织人员出具证明文件重大失实罪。主要包括：承担资产评估、

验资、验证、会计、审计、法律服务等职责的中介组织的人员故意提供虚假证明文件，情节严重的。

**（一）骗取出口退税罪**

1. 追诉标准

根据公通字〔2022〕12号文件第五十五条［骗取出口退税案（《刑法》第二百零四条）］规定，以假报出口或者其他欺骗手段，骗取国家出口退税款，数额在10万元以上的，应予立案追诉。

2. 定罪量刑

（1）刑法规定。

根据《刑法》第二百零四条规定，以假报出口或者其他欺骗手段，骗取国家出口退税款，数额较大的，处5年以下有期徒刑或者拘役，并处骗取税款1倍以上5倍以下罚金；数额巨大或者有其他严重情节的，处5年以上10年以下有期徒刑，并处骗取税款1倍以上5倍以下罚金；数额特别巨大或者有其他特别严重情节的，处10年以上有期徒刑或者无期徒刑，并处骗取税款1倍以上5倍以下罚金或者没收财产。纳税人缴纳税款后，采取前款规定的欺骗方法，骗取所缴纳的税款的，依照《刑法》第二百零一条的规定定罪处罚；骗取税款超过所缴纳的税款部分，依照前款的规定处罚。

（2）司法解释规定。

①最新量刑范围解释。

根据法释〔2024〕4号文件第七条规定，具有下列情形之一的，应当认定为《刑法》第二百零四条第一款规定的"假报出口或者其他欺骗手段"：

a. 使用虚开、非法购买或者以其他非法手段取得的增值税专用发票或者其他可以用于出口退税的发票申报出口退税的；

b. 将未负税或者免税的出口业务申报为已税的出口业务的；

c. 冒用他人出口业务申报出口退税的；

d. 虽有出口，但虚构应退税出口业务的品名、数量、单价等要素，以虚增出口退税额申报出口退税的；

e. 伪造、签订虚假的销售合同，或者以伪造、变造等非法手段取得出口报关单、运输单据等出口业务相关单据、凭证，虚构出口事实申报出口退税的；

f. 在货物出口后，又转入境内或者将境外同种货物转入境内循环进出口并申报出口退税的；

g. 虚报出口产品的功能、用途等，将不享受退税政策的产品申报为退税产品的；

h. 以其他欺骗手段骗取出口退税款的。

②最新量刑标准解释。

根据法释〔2024〕4号文件第八条规定，骗取国家出口退税款数额10万元以上、50万元以上、500万元以上的，应当分别认定为《刑法》第二百零四条第一款规定的“数额较大”“数额巨大”“数额特别巨大”。

具有下列情形之一的，应当认定为《刑法》第二百零四条第一款规定的“其他严重情节”：

a. 2年内实施虚假申报出口退税行为3次以上，且骗取国家税款30万元以上的；

b. 5年内因骗取国家出口退税受过刑事处罚或者2次以上行政处罚，又实施骗取国家出口退税行为，数额在30万元以上的；

c. 致使国家税款被骗取30万元以上并且在提起公诉前无法追回的。

③其他情节严重的情形。

具有下列情形之一的，应当认定为《刑法》第二百零四条第一款规定的“其他特别严重情节”：

a. 2年内实施虚假申报出口退税行为5次以上，或者以骗取出口退税为主要业务，且骗取国家税款300万元以上的；

b. 5年内因骗取国家出口退税受过刑事处罚或者2次以上行政处罚，又实施骗取国家出口退税行为，数额在300万元以上的；

c. 致使国家税款被骗取300万元以上并且在提起公诉前无法追回的；

d. 其他情节特别严重的情形。

从上述司法规定看，构成骗取出口退税罪，需要符合以下四个犯罪构成要件：一是主体要件。按照现行有效的法律规定，骗取出口退税罪的主体为一般主体，既包括企事业单位，又包括自然人。其中，企事业单位是指具有出口退税权的企事业单位，自然人是指达到刑事责任年龄、具备刑事责任能力的自然人。二是客体要件。骗取出口退税罪侵犯的客体为复杂客体，既包括国家的出口退（免）税管理制度，又包括国家税款的财产所有权。三是主观方面。骗取出口退税罪的主观方面表现为直接故意，间接故意和过失并不构成该罪。在实践中，企业时常会因为疏忽大意等非直接故意原因而造成计算错误，导致多申请退税款，这种情况不能认定行为人构成本罪，由税务机关责令企业退还已退税款等税务处理即可。四是客观方面。骗取出口退税罪的客观方面主要表现为行为人以假报出口或者其他欺骗手段骗取国家出口退税款，且数额较大。

**（二）骗取出口退税既遂犯的定罪量刑**

1. 刑法规定

根据《刑法》第二百二十九条规定，中介组织人员提供虚假证明文件罪；中介组织人员出具证明文件重大失实罪。承担资产评估、验资、验证、会计、审计、法律服务等职责的中介组织的人员故意提供虚假证明文件，情节严重的，处5年以下有期徒刑或者拘役，并处罚金。前款规定的人员，索取他人财物或者非法收受他人财物，犯前款罪的，处5年以上10年以下有期徒刑，并处罚金。上述规定的人员，严重不负责任，出具的证明文件有重大失实，造成严重后果的，处3年以下有期徒刑或者拘役，并处或者单处罚金。

2. 司法解释规定

根据法释〔2024〕4号文件第九条规定，实施骗取国家出口退税行为，没有实际取得出口退税款的，可以比照既遂犯从轻或者减轻处罚。

从事货物运输代理、报关、会计、税务、外贸综合服务等中介组织及其人员违反国家有关进出口经营规定，为他人提供虚假证明文件，致使他人骗取国家出口退税款，情节严重的，依照《刑法》第二百二十九条的规定追究刑事责任。

## 二、骗取出口退税的行政定性及政策规定

出口骗税是指企业或者个人利用国家出口退税政策，采取假报出口或者其他欺骗手段，非法获取国家出口退税款和其他经济利益的一种违法犯罪行为。目前，我国出口骗税案件高发不下，运用手法逐渐趋向隐蔽，由无货出口、借货出口等骗税方式，逐步演化为“买单配票”出口骗税、“道具循环”出口骗税、“低值高报”出口骗税等多种新手法，并呈现出新的特征。

出口货物以不含税价格进入国际市场，公平参与贸易竞争是国际通行的做法。自1985年我国实行出口退税制度以来，其对促进外贸经济发展及高水平对外开放发挥了积极作用。然而，受金钱的驱使与引诱，部分国内外不法企业将出口退税作为谋取非法利益的工具。在当前全国重拳打击出口骗税的严峻形势下，涉税案件仍然频发不断、屡查不止。不法企业为达到骗税的目的，围绕出口货物报关单、增值税专用发票、收汇凭证三个申报退税的要素，

演变出千变万化的骗税手法。税务机关只要抓住这三个要素，做到单证货物一致，发票货物一致，就能有效堵住出口骗税的渠道。

**（一）行政法规**

1. 法规依据

根据《税收征管法》第六十六条规定，以假报出口或者其他欺骗手段，骗取国家出口退税款的，由税务机关追缴其骗取的退税款，并处骗取税款一倍以上五倍以下的罚款；构成犯罪的，依法追究刑事责任。

根据《税收征管法实施细则》第九十三条规定，为纳税人、扣缴义务人非法提供银行账户、发票、证明或者其他方便，导致未缴、少缴税款或者骗取国家出口退税款的，税务机关除没收其违法所得外，可以处未缴、少缴或者骗取的税款1倍以下的罚款。

2. 出口骗税的界定

从手段上而言，骗取出口退税的手段行为包括“假报出口”和“其他欺骗手段”两类，买单配票属于假报出口行为。所谓“买单”主要是指向他人购买无法申请退税或者不需要退税的出口货物信息，获取虚假的报关单，并根据出口货物报关单退税联制作虚假的购销合同；“配票”则是指让其他企业为自己虚开对应品名的增值税专用发票，以此骗取出口退税款。而循环出口、低值高报则属于其他欺骗手段，即虽有真实货物出口，但通过欺骗方式申报退税，将低价货物以高价申报，将不征税货物以征税货物申报等。

**（二）规范性文件**

1. 根据《国家税务总局关于纳税人取得虚开的增值税专用发票处理问题的通知》（国税发〔1997〕134号）第一条规定，利用虚开的增值税专用发票进行骗取出口退税的，应当依法追缴税款，处以骗税数额5倍以下的罚款。第二条规定，在货物交易中，购货方从销售方取得第三方开具的增值税专用发票，或者从销货地以外的地区取得增值税专用发票，向税务机关申报抵扣税款或者申请出口退税的，应当按偷税、骗取出口退税处理，依照《税收征管法》及有关法规追缴税款，处以偷税、骗税数额5倍以下的罚款。

2. 根据《国家税务总局关于〈国家税务总局关于纳税人取得虚开的增值税专用发票处理问题的通知〉的补充通知》（国税发〔2000〕182号）规定，有下列情形之一的，无论购货方（受票方）与销售方是否进行了实际的交易，增值税专用发票所注明的数量、金额与实际交易是否相符，购货方向税务机关申请抵扣进项税款或者出口退税的，对其均应按偷税或者骗取出口退税处理。

（1）购货方取得的增值税专用发票所注明的销售方名称、印章与其进行实际交易的销售方不符的，即国税发〔1997〕134号文件第二条规定的“购货方从销售方取得第三方开具的专用发票”的情况。

（2）购货方取得的增值税专用发票为销售方所在省（自治区、直辖市和计划单列市）以外地区的，即国税发〔1997〕134号文件第二条规定的“从销货地以外的地区取得专用发票”的情况。

国税发〔2000〕182号文件是对国税发〔1997〕134号文件进行完善的一个补充规定。明确有证据表明购货方明知取得的增值税专用发票系销售方以非法手段获得的，属于“受票方利用他人虚开的专用发票，向税务机关申报抵扣税款进行偷税”，对其均应按偷税或者骗取出口退税处理。

3. 根据《国家税务总局关于发布〈税务行政处罚裁量权行使规则〉的公告》（国家税务总局公告2016年第78号）第四条规定，税务行政处罚的种类包括：罚款；没收违法所得、没收非法财物；停止出口退税权；法律、法规和规章规定的其他行政处罚。

4. 根据《国家税务总局关于宣传贯彻〈最高人民法院关于审理骗取出口退税刑事案件具体应用法律若干问题的解释〉的通知》（国税发〔2002〕125号）第三条规定，对骗取出口退税涉嫌犯罪的，税务机关要依照《刑法》、《最高人民法院关于审理骗取出口退税刑事案件具体应用法律若干问题的解释》（法释〔2002〕30号）和国务院《行政执法机关移送涉嫌犯罪案件的规定》移送公安机关侦办，不得只作追缴税款和行政处罚等处理。对于重大复杂的案件，要适时提请公安机关介入，或移送公安机关直接侦办，以迅速抓捕疑犯，有效追缴税款，提高执法办案效率，减少国家税收损失。税务机关要依法协助公安机关侦办骗取出口退税案件，各司其职，各负其责，避免混淆权能。

5. 根据《国家税务总局关于发布〈出口货物劳务增值税和消费税管理办法〉的公告》（国家税务总局公告2012年第24号）第十三条（六）项规定，出口企业和其他单位以假报出口或者其他欺骗手段，骗取国家出口退税款，由主管税务机关追缴其骗取的退税款，并处骗取税款1倍以上5倍以下的罚款；构成犯罪的，依法追究刑事责任。

对骗取国家出口退税款的，由省级以上（含本级）税务机关批准，按下列规定停止其出口退（免）税资格：

（1）骗取国家出口退税款不满5万元的，可以停止为其办理出口退税半年以上1年以下。

（2）骗取国家出口退税款5万元以上不满50万元的，可以停止为其办理出口退税1年以上1年半以下。

（3）骗取国家出口退税款50万元以上不满250万元，或因骗取出口退税行为受过行政处罚、2年内又骗取国家出口退税款数额在30万元以上不满150万元的，停止为其办理出口退税1年半以上2年以下。

（4）骗取国家出口退税款250万元以上，或因骗取出口退税行为受过行政处罚、2年内又骗取国家出口退税款数额在150万元以上的，停止为其办理出口退税2年以上3年以下。

（5）停止办理出口退税的时间以省级以上（含本级）税务机关批准后作出的《税务行政处罚决定书》的决定之日为起始日。

6. 根据财税〔2013〕112号文件第一条规定，增值税纳税人发生虚开增值税专用发票或者其他增值税扣税凭证、骗取国家出口退税款行为（以下简称增值税违法行为），被税务机关行政处罚或审判机关刑事处罚的，其销售的货物、提供的应税劳务和营业税改征增值税应税服务（以下统称货物劳务服务）执行以下政策：

（1）享受增值税即征即退或者先征后退优惠政策的纳税人，自税务机关行政处罚决定或审判机关判决或裁定生效的次月起36个月内，暂停其享受上述增值税优惠政策。纳税人自恢复享受增值税优惠政策之月起36个月内再次发生增值税违法行为的，自税务机关行政处罚决定或审判机关判决或裁定生效的次月起停止其享受增值税即征即退或者先征后退优惠政策。

（2）出口企业或其他单位发生增值税违法行为对应的出口货物劳务服务，视同内销，按规定征收增值税（骗取出口退税的按查处骗税的规定处理）。出口企业或其他单位在财税〔2013〕112号文件生效后发生2次增值税违法行为的，自税务机关行政处罚决定或审判机关判决或裁定生效之日的次日起，其出口的所有适用出口退（免）税政策的货物劳务服务，一律改为适用增值税免税政策。纳税人如果已被停止出口退税权的，适用增值税免税政策的起始时间为停止出口退税权期满后的次日。

（3）以农产品为原料生产销售货物的纳税人发生增值税违法行为的，自税务机关行政处罚决定生效的次月起，按50%的比例抵扣农产品进项税额；违法情形严重的，不得抵扣农产品进项税额。具体办法由国家税务总局商财政部另行制定。

（4）财税〔2013〕112 号文件所称虚开增值税专用发票或其他增值税扣税凭证，是指有为他人虚开、为自己虚开、让他人为自己虚开、介绍他人虚开增值税专用发票或其他增值税扣税凭证行为之一的，但纳税人善意取得虚开增值税专用发票或其他增值税扣税凭证的除外。

## 第三节　偷（逃）税行政处罚与刑事判定解析

### 一、逃税罪的刑法规定及司法解释

我国《刑法》第二百零一条将纳税人采取欺骗、隐瞒手段进行虚假纳税申报或者不申报，逃避缴纳税款数额较大并且占应纳税额 10% 以上的行为界定为逃税罪。2009 年 2 月 28 日，全国人民代表大会通过《中华人民共和国刑法修正案（七）》，将逃避纳税行为界定由“偷税”向“逃税”转变，其罪名由“偷税罪”改为“逃避缴纳税款罪”，恢复了该罪的实际内涵。而现行《税收征管法》第六十三条仍然将逃避纳税的行为定义为“偷税”，与《刑法》尚未保持一致。

**（一）逃税罪**

1. 追诉标准

根据公通字〔2022〕12 号文件第五十二条［逃税案（《刑法》第二百零一条）］规定，逃避缴纳税款，涉嫌下列情形之一的，应予立案追诉：

（1）纳税人采取欺骗、隐瞒手段进行虚假纳税申报或者不申报，逃避缴纳税款，数额在 10 万元以上并且占各税种应纳税总额 10% 以上，经税务机关依法下达追缴通知后，不补缴应纳税款、不缴纳滞纳金或者不接受行政处罚的。

（2）纳税人 5 年内因逃避缴纳税款受过刑事处罚或者被税务机关给予 2 次以上行政处罚，又逃避缴纳税款，数额在 10 万元以上并且占各税种应纳税总额 10% 以上的。

（3）扣缴义务人采取欺骗、隐瞒手段，不缴或者少缴已扣、已收税款，数额在 10 万元以上的。

纳税人在公安机关立案后再补缴应纳税款、缴纳滞纳金或者接受行政处罚的，不影响刑事责任的追究。

2. 定罪量刑

（1）刑法规定。

根据《刑法》第二百零一条规定："纳税人采取欺骗、隐瞒手段进行虚假纳税申报或者不申报，逃避缴纳税款数额较大并且占应纳税额百分之十以上的，处三年以下有期徒刑或者拘役，并处罚金；数额巨大并且占应纳税额百分之三十以上的，处三年以上七年以下有期徒刑，并处罚金。扣缴义务人采取前款所列手段，不缴或者少缴已扣、已收税款，数额较大的，依照前款的规定处罚。对多次实施前两款行为，未经处理的，按照累计数额计算。有第一款行为，经税务机关依法下达追缴通知后，补缴应纳税款，缴纳滞纳金，已受行政处罚的，不予追究刑事责任；但是，五年内因逃避缴纳税款受过刑事处罚或者被税务机关给予二次以上行政处罚的除外。"

（2）司法解释规定。

①最新量刑范围解释。

根据法释〔2024〕4号文件第一条规定，纳税人进行虚假纳税申报，具有下列情形之一的，应当认定为《刑法》第二百零一条第一款规定的"欺骗、隐瞒手段"：

a. 伪造、变造、转移、隐匿、擅自销毁账簿、记账凭证或者其他涉税资料的；

b. 以签订"阴阳合同"等形式隐匿或者以他人名义分解收入、财产的；

c. 虚列支出、虚抵进项税额或者虚报专项附加扣除的；

d. 提供虚假材料，骗取税收优惠的；

e. 编造虚假计税依据的；

f. 为不缴、少缴税款而采取的其他欺骗、隐瞒手段。

具有下列情形之一的，应当认定为《刑法》第二百零一条第一款规定的"不申报"：

a. 依法在登记机关办理设立登记的纳税人，发生应税行为而不申报纳税的；（此条款需注意的是，纳税人办理税务登记后，只要发生纳税义务就应当申报纳税，如果应当申报而没有申报的就适用此条款所述的不申报，不申报是指纳税人产生了税款纳税义务而拒不申报的行为。）

b. 依法不需要在登记机关办理设立登记或者未依法办理设立登记的纳税人，发生应税行为，经税务机关依法通知其申报而不申报纳税的；（此条款需注意的是，纳税人没有进行税务登记，但税务机关通知纳税人进行申报而拒不申报，属于此条款所述的不申报。）

c. 其他明知应当依法申报纳税而不申报纳税的。

扣缴义务人采取第一款、第二款所列手段，不缴或者少缴已扣、已收税款，数额较大的，依照《刑法》第二百零一条第一款的规定定罪处罚。扣缴义务人承诺为纳税人代付税款，在其向纳税人支付税后所得时，应当认定扣缴义务人“已扣、已收税款”。

②最新量刑标准解释。

根据法释〔2024〕4 号文件第二条规定，纳税人逃避缴纳税款 10 万元以上、50 万元以上的，应当分别认定为《刑法》第二百零一条第一款规定的“数额较大”“数额巨大”。扣缴义务人不缴或者少缴已扣、已收税款“数额较大”“数额巨大”的认定标准，依照前款规定。

第三条规定，纳税人有《刑法》第二百零一条第一款规定的逃避缴纳税款行为，在公安机关立案前，经税务机关依法下达追缴通知后，在规定的期限或者批准延缓、分期缴纳的期限内足额补缴应纳税款，缴纳滞纳金，并全部履行税务机关作出的行政处罚决定的，不予追究刑事责任。但是，5 年内因逃避缴纳税款受过刑事处罚或者被税务机关给予 2 次以上行政处罚的除外。纳税人有逃避缴纳税款行为，税务机关没有依法下达追缴通知的，依法不予追究刑事责任。

第四条规定，《刑法》第二百零一条第一款规定的“逃避缴纳税款数额”，是指在确定的纳税期间，不缴或者少缴税务机关负责征收的各税种税款的总额。《刑法》第二百零一条第一款规定的“应纳税额”，是指应税行为发生年度内依照税收法律、行政法规规定应当缴纳的税额，不包括海关代征的增值税、关税等及纳税人依法预缴的税额。《刑法》第二百零一条第一款规定的“逃避缴纳税款数额占应纳税额的百分比”，是指行为人在一个纳税年度中的各税种逃税总额与该纳税年度应纳税总额的比例；不按纳税年度确定纳税期的，按照最后一次逃税行为发生之日前一年中各税种逃税总额与该年应纳税总额的比例确定。纳税义务存续期间不足一个纳税年度的，按照各税种逃税总额与实际发生纳税义务期间应纳税总额的比例确定。

逃税行为跨越若干个纳税年度，只要其中一个纳税年度的逃税数额及百分比达到《刑法》第二百零一条第一款规定的标准，即构成逃税罪。各纳税年度的逃税数额应当累计计算，逃税额占应纳税额百分比应当按照各逃税年度百分比的最高值确定。

《刑法》第二百零一条第三款规定的“未经处理”，包括未经行政处理和刑事处理。

从上述司法规定看，构成逃税罪需要符合以下四个犯罪特征：一是主体特征。逃税罪的违法主体既可以是个人，也可以是单位，既包括按规定办理税务登记的纳税人，也包括按规定不需要办理税务登记的纳税人，以及未按规定办理税务登记的纳税人。负有纳税义务的自然人、个体工商户、法人、非法人组织和扣缴义务人均可成为逃税罪的违法主体。二是主观特征。逃税罪的主观方面表现为主观故意，即行为人明知道自己的行为违反国家税收法律、法规及税收征收管理制度，属于逃避缴纳税款的行为，会造成国家税款的不缴或少缴，但对这种结果持希望或追求的态度。三是行为特征。逃税手段包括具有欺骗、隐瞒性质的各种手段，“欺骗、隐瞒”是逃税手段的实质性特征。包括伪造、变造、隐匿和擅自销毁账簿、记账凭证，在账簿上多列支出或者不列、少列收入，经税务机关通知申报而拒不申报，以及进行虚假的纳税申报等。四是后果特征。逃税罪的违法后果表现为不缴或者少缴税款，包括纳税人不缴或者少缴应纳税款，以及扣缴义务人不缴或者少缴已扣、已收税款。只有造成不缴或者少缴税款的后果，才可能构成逃税行为。

**（二）逃避追缴欠税罪**

1. 追诉标准

根据公通字〔2022〕12 号文件第五十四条规定，［逃避追缴欠税案（《刑法》第二百零三条）］纳税人欠缴应纳税款，采取转移或者隐匿财产的手段，致使税务机关无法追缴欠缴的税款，数额在 1 万元以上的，应予立案追诉。

2. 定罪量刑

（1）刑法规定。

根据《刑法》第二百零三条规定，纳税人欠缴应纳税款，采取转移或者隐匿财产的手段，致使税务机关无法追缴欠缴的税款，数额在 1 万元以上不满 10 万元的，处 3 年以下有期徒刑或者拘役，并处或者单处欠缴税款 1 倍以上 5 倍以下罚金；数额在 10 万元以上的，处 3 年以上 7 年以下有期徒刑，并处欠缴税款 1 倍以上 5 倍以下罚金。

（2）司法解释规定。

根据法释〔2024〕4 号文件第六条规定，纳税人欠缴应纳税款，为逃避税务机关追缴，具有下列情形之一的，应当认定为《刑法》第二百零三条规定的“采取转移或者隐匿财产的手段”：

①放弃到期债权的；

②无偿转让财产的；

③以明显不合理的价格进行交易的；

④隐匿财产的；

⑤不履行税收义务并脱离税务机关监管的；

⑥以其他手段转移或者隐匿财产的。

## 二、偷税的行政定性及政策规定

偷税是指纳税人通过伪造、变造、隐匿、擅自销毁账簿、记账凭证，或者在账簿上多列支出或者不列、少列收入，或者经税务机关通知申报而拒不申报或者进行虚假的纳税申报，不缴或者少缴应纳税款，以达到逃避缴纳税款的目的，包括以涉嫌逃避缴纳税款罪移送追究刑事责任的其他税收违法案件。扣缴义务人采取欺骗隐瞒手段，不缴或者少缴已扣、已收税款，也属于偷税违法行为。其主要手段包括：一是虚假账簿型偷税，指行为人通过伪造、变造、隐匿账簿，或在账簿上不列、少列收入，或多列支出的方式，以达到逃避缴纳税款的目的。二是虚假申报型偷税，指行为人虽然没有伪造、变造、隐匿账簿、凭证，未在账簿上不计或者少记收入或者多列支出，但在进行纳税申报时弄虚作假，少填报应税销售收入，或多申报扣除，或故意将应税收入作为免税收入或不征收收入申报，或通过弄虚作假骗取税收优惠资格，以达到逃避缴纳税款的目的。扣缴义务人进行虚假的扣缴申报，不缴已扣、已收税款的，也属于此类型。三是拒不申报型偷税，指采用经税务机关通知申报而拒不申报的手段实施偷税的行为。所谓经税务机关通知申报而拒不申报，指应当依法办理纳税申报的纳税人不按照法律、行政法规的规定办理纳税申报，并经税务机关通知仍拒不申报、不缴或者少缴税款的行为，以及扣缴义务人拒不进行扣缴申报，不缴已扣已收税款的行为。“经税务机关通知申报而拒不申报”包括以下三种情形，即：被查对象已经办理税务登记，拒不申报的；被查对象依法不需要办理税务登记，经税务机关依法书面通知其申报仍拒不申报的；被查对象尚未依法办理税务登记，经税务机关依法书面通知其申报的。

### （一）行政法规

1. 根据《税收征管法》第六十三条规定，纳税人伪造、变造、隐匿、擅自销毁账簿、记账凭证，或者在账簿上多列支出或者不列、少列收入，或者经税务机关通知申报而拒不申报或者进行虚假的纳税申报，不缴或者少缴应纳税款的，是偷税。对纳税人偷税的，由税务机关追缴其不缴或者少缴的税款、滞纳金，并处不缴或者少缴的税款50%以上5倍以下的罚款；构成犯罪的，依法追究刑事责任。

扣缴义务人采取上述所列手段，不缴或者少缴已扣、已收税款，由税务机关追缴其不缴或者少缴的税款、滞纳金，并处不缴或者少缴的税款50%以上5倍以下的罚款；构成犯罪的，依法追究刑事责任。

2. 根据《税收征管法》第六十五条规定，纳税人欠缴应纳税款，采取转移或者隐匿财产的手段，妨碍税务机关追缴欠缴的税款的，由税务机关追缴欠缴的税款、滞纳金，并处欠缴税款50%以上5倍以下的罚款；构成犯罪的，依法追究刑事责任。

3. 根据《税收征管法实施细则》第九十三条规定，为纳税人、扣缴义务人非法提供银行账户、发票、证明或者其他方便，导致未缴、少缴税款或者骗取国家出口退税款的，税务机关除没收其违法所得外，可以处未缴、少缴或者骗取的税款1倍以下的罚款。

**（二）规范性文件**

1. 根据国税发〔1997〕134号文件规定，受票方利用他人虚开的专用发票，向税务机关申报抵扣税款，按偷税处理；在货物交易中，购货方从销售方取得第三方开具的专用发票，或者从销货地以外的地区取得专用发票，向税务机关申报抵扣税款或者申请出口退税的，应当按偷税、骗取出口退税处理。

2. 根据国税发〔2000〕182号文件规定，有下列情形之一的，无论购货方（受票方）与销售方是否进行了实际的交易，增值税专用发票所注明的数量、金额与实际交易是否相符，购货方向税务机关申请抵扣进项税款或者出口退税的，对其均应按偷税或者骗取出口退税处理。

（1）购货方取得的增值税专用发票所注明的销售方名称、印章与其进行实际交易的销售方不符的，即国税发〔1997〕134号文件第二条法规的“购货方从销售方取得第三方开具的专用发票”的情况。

（2）购货方取得的增值税专用发票为销售方所在省（自治区、直辖市和计划单列市）以外地区的，即国税发〔1997〕134号文件第二条规定的“从销货地以外的地区取得专用发票”的情况。

（3）其他有证据表明购货方明知取得的增值税专用发票系销售方以非法

手段获得的，即国税发〔1997〕134 号文件第一条规定的“受票方利用他人虚开的专用发票，向税务机关申报抵扣税款进行偷税”的情况。

3. 根据《国家税务总局转发〈最高人民法院关于审理偷税抗税刑事案件具体应用法律若干问题的解释〉的通知》（国税发〔2002〕146 号）第一条规定，纳税人实施下列行为之一，不缴或者少缴应纳税款，偷税数额占应纳税额的 10% 以上且偷税数额在 1 万元以上的，依照《刑法》第二百零一条第一款的规定定罪处罚：

（1）伪造、变造、隐匿、擅自销毁账簿、记账凭证；

（2）在账簿上多列支出或者不列、少列收入；

（3）经税务机关通知申报而拒不申报纳税；

（4）进行虚假纳税申报；

（5）缴纳税款后，以假报出口或者其他欺骗手段，骗取所缴纳的税款。

扣缴义务人实施上述行为之一，不缴或者少缴已扣、已收税款，数额在 1 万元以上且占应缴税额 10% 以上的，依照《刑法》第二百零一条第一款的规定定罪处罚。扣缴义务人书面承诺代纳税人支付税款的，应当认定扣缴义务人“已扣、已收税款”。

实施上述规定的行为，偷税数额在 5 万元以下，纳税人或者扣缴义务人在公安机关立案侦查以前已经足额补缴应纳税款和滞纳金，犯罪情节轻微，不需要判处刑罚的，可以免予刑事处罚。

4. 根据《国家税务总局关于增值税一般纳税人发生偷税行为如何确定偷税数额和补税罚款的通知》（国税发〔1998〕66 号）第一条规定，关于偷税数额的确定。①由于现行增值税制采取购进扣税法计税，一般纳税人有偷税行为，其不报、少报的销项税额或者多报的进项税额，即是其不缴或少缴的应纳增值税额。因此，偷税数额应当按销项税额的不报、少报部分或者进项税额的多报部分确定。如果销项、进项均查有偷税问题，其偷税数额应当为两项偷税数额之和。②纳税人的偷税手段如属账外经营，即购销活动均不入账，其不缴或少缴的应纳增值税额即偷税额为账外经营部分的销项税额抵扣账外经营部分中已销货物进项税额后的余额。已销货物的进项税额按下列公式计算：

已销货物进项税额 = 账外经营部分购货的进项税额 −
账外经营部分存货的进项税额

第二条规定，关于税款的补征。偷税款的补征入库，应当视纳税人不同情况处理，即：根据检查核实后一般纳税人当期全部的销项税额与进项税额（包括当期留抵税额），重新计算当期全部应纳税额，若应纳税额为正数，应当作补税处理，若应纳税额为负数，应当核减期末留抵税额。

第三条规定，关于罚款。对一般纳税人偷税行为的罚款，应当按照国税发〔1998〕66 号文件第一条的规定计算确定偷税数额，以偷税数额为依据处理。

5. 根据国税发〔2002〕146 号文件第一条规定，纳税人实施下列行为之一，不缴或者少缴应纳税款，偷税数额占应纳税额的 10% 以上且偷税数额在 1 万元以上的，依照《刑法》第二百零一条第一款的规定定罪处罚：①伪造、变造、隐匿、擅自销毁账簿、记账凭证；②在账簿上多列支出或者不列、少列收入；③经税务机关通知申报而拒不申报纳税；④进行虚假纳税申报；⑤缴纳税款后，以假报出口或者其他欺骗手段，骗取所缴纳的税款。

扣缴义务人实施前款行为之一，不缴或者少缴已扣、已收税款，数额在 1 万元以上且占应缴税额 10% 以上的，依照《刑法》第二百零一条第一款的规定定罪处罚。扣缴义务人书面承诺代纳税人支付税款的，应当认定扣缴义务人“已扣、已收税款”。

实施上述规定的行为，偷税数额在 5 万元以下，纳税人或者扣缴义务人在公安机关立案侦查以前已经足额补缴应纳税款和滞纳金，犯罪情节轻微，不需要判处刑罚的，可以免予刑事处罚。

第二条规定，纳税人伪造、变造、隐匿、擅自销毁用于记账的发票等原始凭证的行为，应当认定为《刑法》第二百零一条第一款规定的伪造、变造、隐匿、擅自销毁记账凭证的行为。

具有下列情形之一的，应当认定为《刑法》第二百零一条第一款规定的“经税务机关通知申报”：①纳税人、扣缴义务人已经依法办理税务登记或者扣缴税款登记的；②依法不需要办理税务登记的纳税人，经税务机关依法书面通知其申报的；③尚未依法办理税务登记、扣缴税款登记的纳税人、扣缴义务人，经税务机关依法书面通知其申报的。

《刑法》第二百零一条第一款规定的“虚假的纳税申报”，是指纳税人或者扣缴义务人向税务机关报送虚假的纳税申报表、财务报表、代扣代缴、代收代缴税款报告表或者其他纳税申报资料，如提供虚假申请，编造减税、免税、抵税、先征收后退还税款等虚假资料等。

《刑法》第二百零一条第三款规定的“未经处理”，是指纳税人或者扣缴义务人在5年内多次实施偷税行为，但每次偷税数额均未达到《刑法》第二百零一条规定的构成犯罪的数额标准，且未受行政处罚的情形。

纳税人、扣缴义务人因同一偷税犯罪行为受到行政处罚，又被移送起诉的，人民法院应当依法受理。依法定罪并判处罚金的，行政罚款折抵罚金。

第三条规定，偷税数额，是指在确定的纳税期间，不缴或者少缴各税种税款的总额。

偷税数额占应纳税额的百分比，是指一个纳税年度中的各税种偷税总额与该纳税年度应纳税总额的比例。不按纳税年度确定纳税期的其他纳税人，偷税数额占应纳税额的百分比，按照行为人最后一次偷税行为发生之日前一年中各税种偷税总额与该年纳税总额的比例确定。纳税义务存续期间不足一个纳税年度的，偷税数额占应纳税额的百分比，按照各税种偷税总额与实际发生纳税义务期间应当缴纳税款总额的比例确定。

偷税行为跨越若干个纳税年度，只要其中一个纳税年度的偷税数额及百分比达到《刑法》第二百零一条第一款规定的标准，即构成偷税罪。各纳税年度的偷税数额应当累计计算，偷税百分比应当按照最高的百分比确定。

第四条规定，两年内因偷税受过2次行政处罚，又偷税且数额在1万元以上的，应当以偷税罪定罪处罚。

6. 根据《国家税务总局关于税务检查期间补正申报补缴税款是否影响偷税行为定性有关问题的批复》（税总函〔2013〕196号）规定，税务机关认定纳税人不缴或者少缴税款的行为是否属于偷税，应当严格遵循《税收征管法》第六十三条的有关规定。纳税人未在法定的期限内缴纳税款，且其行为符合《税收征管法》第六十三条规定的构成要件的，即构成偷税，逾期后补缴税款不影响行为的定性。

纳税人在稽查局进行税务检查前主动补正申报补缴税款，并且税务机关没有证据证明纳税人具有偷税主观故意的，不按偷税处理。

# 第四节 《发票管理办法》及其实施细则修订说明

## 一、《发票管理办法》修订及说明

《发票管理办法》于1993年12月12日国务院批准，1993年12月23日以财政部令第6号发布。根据2010年12月20日《国务院关于修改〈中华人民共和国发票管理办法〉的决定》(国务院令第587号）第一次修订。根据2019年3月2日《国务院关于修改部分行政法规的决定》(国务院令第709号）第二次修订。根据2023年7月20日《国务院关于修改和废止部分行政法规的决定》(国务院令第764号）第十一条规定，对《发票管理办法》进行了第三次修订，自2023年7月20日起施行。目前，已由原来的七章四十五条款，修订为新的七章四十三条款，其修订对照如下：

**（一）修订说明**

《国务院关于修改和废止部分行政法规的决定》(国务院令第764号）有关《发票管理办法》修订说明摘抄

《发票管理办法》第三条增加一款，作为第二款："发票包括纸质发票和电子发票。电子发票与纸质发票具有同等法律效力。国家积极推广使用电子发票。"

第四条增加一款，作为第一款："发票管理工作应当坚持和加强党的领导，为经济社会发展服务。"

第五条修改为："发票的种类、联次、内容、编码规则、数据标准、使用范围等具体管理办法由国务院税务主管部门规定。"

第八条第二款修改为："税务机关应当按照政府采购有关规定确定印制发票的企业。"

第十二条"印制发票的企业必须按照税务机关确定的式样和数量印制发票"中的"批准"修改为"确定"。

第十四条第一款修改为："各省、自治区、直辖市内的单位和个人使用的发票，除增值税专用发票外，应当在本省、自治区、直辖市内印制；确有必要到外省、自治区、直辖市印制的，应当由省、自治区、直辖市税务机关商印制地省、自治区、直辖市税务机关同意后确定印制发票的企业。"

第十五条修改为："需要领用发票的单位和个人，应当持设立登记证件或者税务登记证件，以及经办人身份证明，向主管税务机关办理发票领用手续。领用纸质发票的，还应当提供按照国务院税务主管部门规定式样制作的发票专用章的印模。主管税务机关根据领用单位和个人的经营范围、规模和风险等级，在5个工作日内确认领用发票的种类、数量以及领用方式。

“单位和个人领用发票时，应当按照税务机关的规定报告发票使用情况，税务机关应当按照规定进行查验。”

删去第十八条。

第二十二条改为第二十一条，第一款修改为：“开具发票应当按照规定的时限、顺序、栏目，全部联次一次性如实开具，开具纸质发票应当加盖发票专用章。”

第二十三条改为第二十二条，第三款修改为：“单位和个人开发电子发票信息系统自用或者为他人提供电子发票服务的，应当遵守国务院税务主管部门的规定。”

第二十四条改为第二十三条，增加一项，作为第一款第六项：“（六）窃取、截留、篡改、出售、泄露发票数据。”

第二十七条改为第二十六条，修改为：“开具发票的单位和个人应当建立发票使用登记制度，配合税务机关进行身份验证，并定期向主管税务机关报告发票使用情况。”

第二十九条改为第二十八条，修改为：“开具发票的单位和个人应当按照国家有关规定存放和保管发票，不得擅自损毁。已经开具的发票存根联，应当保存5年。”

删去第三十四条。

第三十八条改为第三十六条，在第一款中的“伪造发票监制章”后增加“窃取、截留、篡改、出售、泄露发票数据”，删去第一款中的“对印制发票的企业，可以并处吊销发票准印证”。

第三章名称以及第二条、第十七条、第二十五条、第三十条中的“领购”修改为“领用”。

第二十五条中的“发票”修改为“纸质发票”。

删去第二十八条中的“和发票领购簿”。

删去第三十七条第一款中的“第二十二条第二款”。

## （二）《发票管理办法》修订前后对照比对表（见表3-1）

表3-1　《发票管理办法》修订前后对照比对表

| 《中华人民共和国发票管理办法》 | 《中华人民共和国发票管理办法》<br>（2023年7月20日修订后） |
|---|---|
| **第一章　总　则** | **第一章　总　则** |
| **第一条**　为了加强发票管理和财务监督，保障国家税收收入，维护经济秩序，根据《中华人民共和国税收征收管理法》，制定本办法。 | **第一条**　为了加强发票管理和财务监督，保障国家税收收入，维护经济秩序，根据《中华人民共和国税收征收管理法》，制定本办法。 |
| **第二条**　在中华人民共和国境内印制、领购、开具、取得、保管、缴销发票的单位和个人（以下称印制、使用发票的单位和个人），必须遵守本办法。（原条款有修订） | **第二条**　在中华人民共和国境内印制、领用、开具、取得、保管、缴销发票的单位和个人（以下称印制、使用发票的单位和个人），必须遵守本办法。<br>（注意：根据国务院令第764号，本条款中原“领购”修改为“领用”，自2023年7月20日起施行。） |
| **第三条**　本办法所称发票，是指在购销商品、提供或者接受服务以及从事其他经营活动中，开具、收取的收付款凭证。<br>（原条款有新增） | **第三条**　本办法所称发票，是指在购销商品、提供或者接受服务以及从事其他经营活动中，开具、收取的收付款凭证。<br>发票包括纸质发票和电子发票。电子发票与纸质发票具有同等法律效力。国家积极推广使用电子发票。<br>（注意：此项为新增条款，根据国务院令第764号修订，自2023年7月20日起施行。） |
| **第四条**　国务院税务主管部门统一负责全国的发票管理工作。省、自治区、直辖市税务机关依据职责做好本行政区域内的发票管理工作。<br>财政、审计、市场监督管理、公安等有关部门在各自的职责范围内，配合税务机关做好发票管理工作。<br>（原条款有修订） | **第四条**　发票管理工作应当坚持和加强党的领导，为经济社会发展服务。<br>国务院税务主管部门统一负责全国的发票管理工作。省、自治区、直辖市税务机关依据职责做好本行政区域内的发票管理工作。<br>财政、审计、市场监督管理、公安等有关部门在各自的职责范围内，配合税务机关做好发票管理工作。 |
| **第五条**　发票的种类、联次、内容以及使用范围由国务院税务主管部门规定。<br>（原条款有修订） | **第五条**　发票的种类、联次、内容、编码规则、数据标准、使用范围等具体管理办法由国务院税务主管部门规定。<br>（注意：此条为修订条款，根据国务院令第764号修改，自2023年7月20日起施行。） |
| **第六条**　对违反发票管理法规的行为，任何单位和个人可以举报。税务机关应当为检举人保密，并酌情给予奖励。 | **第六条**　对违反发票管理法规的行为，任何单位和个人可以举报。税务机关应当为检举人保密，并酌情给予奖励。 |

续表

| 《中华人民共和国发票管理办法》 | 《中华人民共和国发票管理办法》<br>（2023 年 7 月 20 日修订后） |
|---|---|
| **第二章　发票的印制** | **第二章　发票的印制** |
| **第七条**　增值税专用发票由国务院税务主管部门确定的企业印制；其他发票，按照国务院税务主管部门的规定，由省、自治区、直辖市税务机关确定的企业印制。禁止私自印制、伪造、变造发票。 | **第七条**　增值税专用发票由国务院税务主管部门确定的企业印制；其他发票，按照国务院税务主管部门的规定，由省、自治区、直辖市税务机关确定的企业印制。禁止私自印制、伪造、变造发票。 |
| **第八条**　印制发票的企业应当具备下列条件：<br>（一）取得印刷经营许可证和营业执照；<br>（二）设备、技术水平能够满足印制发票的需要；<br>（三）有健全的财务制度和严格的质量监督、安全管理、保密制度。<br>税务机关应当以招标方式确定印制发票的企业，并发给发票准印证。<br>（原条款有修订） | **第八条**　印制发票的企业应当具备下列条件：<br>（一）取得印刷经营许可证和营业执照；<br>（二）设备、技术水平能够满足印制发票的需要；<br>（三）有健全的财务制度和严格的质量监督、安全管理、保密制度。<br>税务机关应当按照政府采购有关规定确定印制发票的企业。<br>（注意：该项为修改条款，根据国务院令第 764 号修订，自 2023 年 7 月 20 日起施行。） |
| **第九条**　印制发票应当使用国务院税务主管部门确定的全国统一的发票防伪专用品。禁止非法制造发票防伪专用品。 | **第九条**　印制发票应当使用国务院税务主管部门确定的全国统一的发票防伪专用品。禁止非法制造发票防伪专用品。 |
| **第十条**　发票应当套印全国统一发票监制章。全国统一发票监制章的式样和发票版面印刷的要求，由国务院税务主管部门规定。发票监制章由省、自治区、直辖市税务机关制作。禁止伪造发票监制章。<br>发票实行不定期换版制度。 | **第十条**　发票应当套印全国统一发票监制章。全国统一发票监制章的式样和发票版面印刷的要求，由国务院税务主管部门规定。发票监制章由省、自治区、直辖市税务机关制作。禁止伪造发票监制章。<br>发票实行不定期换版制度。 |
| **第十一条**　印制发票的企业按照税务机关的统一规定，建立发票印制管理制度和保管措施。<br>发票监制章和发票防伪专用品的使用和管理实行专人负责制度。 | **第十一条**　印制发票的企业按照税务机关的统一规定，建立发票印制管理制度和保管措施。<br>发票监制章和发票防伪专用品的使用和管理实行专人负责制度。 |
| **第十二条**　印制发票的企业必须按照税务机关~~批准~~的式样和数量印制发票。<br>（原条款有修订） | **第十二条**　印制发票的企业必须按照税务机关确定的式样和数量印制发票。<br>（注意：根据国务院令第 764 号，本条“批准”修改为“确定”，自 2023 年 7 月 20 日起施行。） |
| **第十三条**　发票应当使用中文印制。民族自治地方的发票，可以加印当地一种通用的民族文字。有实际需要的，也可以同时使用中外两种文字印制。 | **第十三条**　发票应当使用中文印制。民族自治地方的发票，可以加印当地一种通用的民族文字。有实际需要的，也可以同时使用中外两种文字印制。 |
| **第十四条**　各省、自治区、直辖市内的单位和个人使用的发票，除增值税专用发票外，应当在本省、自治区、直辖市内印制；确有必要到外省、自治区、直辖市印制的，应当由省、自治区、直辖市税务机关商印制地省、自治区、直辖市税务机关同意，由印制地省、自治区、直辖市税务机关确定的企业印制。<br>禁止在境外印制发票。<br>（原条款有修订） | **第十四条**　各省、自治区、直辖市内的单位和个人使用的发票，除增值税专用发票外，应当在本省、自治区、直辖市内印制；确有必要到外省、自治区、直辖市印制的，应当由省、自治区、直辖市税务机关商印制地省、自治区、直辖市税务机关同意后确定印制发票的企业。<br>禁止在境外印制发票。<br>（注意：此条为修订条款，根据国务院令第 764 号修改，自 2023 年 7 月 20 日起施行。） |

续表

| 《中华人民共和国发票管理办法》 | 《中华人民共和国发票管理办法》<br>（2023年7月20日修订后） |
| --- | --- |
| **第三章　发票的领购**<br>（原条款有修订） | **第三章　发票的领用**<br>（注意：根据国务院令第764号将原“领购”修订为领用。） |
| **第十五条**　需要领购发票的单位和个人，应当持税务登记证件、经办人身份证明、按照国务院税务主管部门规定式样制作的发票专用章的印模，向主管税务机关办理发票领购手续。主管税务机关根据领购单位和个人的经营范围和规模，确认领购发票的种类、数量以及领购方式，在5个工作日内发给发票领购簿。<br>单位和个人领购发票时，应当按照税务机关的规定报告发票使用情况，税务机关应当按照规定进行查验。<br>（原条款有修订） | **第十五条**　需要领用发票的单位和个人，应当持设立登记证件或者税务登记证件，以及经办人身份证明，向主管税务机关办理发票领用手续。领用纸质发票的，还应当提供按照国务院税务主管部门规定式样制作的发票专用章的印模。主管税务机关根据领用单位和个人的经营范围、规模和风险等级，在5个工作日内确认领用发票的种类、数量以及领用方式。<br>单位和个人领用发票时，应当按照税务机关的规定报告发票使用情况，税务机关应当按照规定进行查验。<br>（注意：此条为修订条款，根据国务院令第764号修改，自2023年7月20日起施行。） |
| **第十六条**　需要临时使用发票的单位和个人，可以凭购销商品、提供或者接受服务以及从事其他经营活动的书面证明、经办人身份证明，直接向经营地税务机关申请代开发票。依照税收法律、行政法规规定应当缴纳税款的，税务机关应当先征收税款，再开具发票。税务机关根据发票管理的需要，可以按照国务院税务主管部门的规定委托其他单位代开发票。<br>禁止非法代开发票。<br>**第十七条**　临时到本省、自治区、直辖市以外从事经营活动的单位或者个人，应当凭所在地税务机关的证明，向经营地税务机关领购经营地的发票。<br>临时在本省、自治区、直辖市以内跨市、县从事经营活动领购发票的办法，由省、自治区、直辖市税务机关规定。<br>（原条款有修订） | **第十六条**　需要临时使用发票的单位和个人，可以凭购销商品、提供或者接受服务以及从事其他经营活动的书面证明、经办人身份证明，直接向经营地税务机关申请代开发票。依照税收法律、行政法规规定应当缴纳税款的，税务机关应当先征收税款，再开具发票。税务机关根据发票管理的需要，可以按照国务院税务主管部门的规定委托其他单位代开发票。<br>禁止非法代开发票。<br>**第十七条**　临时到本省、自治区、直辖市以外从事经营活动的单位或者个人，应当凭所在地税务机关的证明，向经营地税务机关领用经营地的发票。<br>临时在本省、自治区、直辖市以内跨市、县从事经营活动领用发票的办法，由省、自治区、直辖市税务机关规定。<br>（注意：根据国务院令第764号，本条款中原“领购”修改为“领用”，自2023年7月20日起施行。） |
| ~~**第十八条**　税务机关对外省、自治区、直辖市来本辖区从事临时经营活动的单位和个人领购发票的，可以要求其提供保证人或者根据所领购发票的票面限额以及数量交纳不超过1万元的保证金，并限期缴销发票。~~<br>~~按期缴销发票的，解除保证人的担保义务或者退还保证金；未按期缴销发票的，由保证人或者以保证金承担法律责任。~~<br>~~税务机关收取保证金应当开具资金往来结算票据。~~<br>（原条款已删除） | （注意：本条规定根据国务院令第764号删除，自2023年7月20日起施行，后续条款的序号发生变化。） |

续表

| 《中华人民共和国发票管理办法》 | 《中华人民共和国发票管理办法》<br>（2023 年 7 月 20 日修订后） |
| --- | --- |
| **第四章　发票的开具和保管** | **第四章　发票的开具和保管** |
| **第十九条**　销售商品、提供服务以及从事其他经营活动的单位和个人，对外发生经营业务收取款项，收款方应当向付款方开具发票；特殊情况下，由付款方向收款方开具发票。 | **第十八条**　销售商品、提供服务以及从事其他经营活动的单位和个人，对外发生经营业务收取款项，收款方应当向付款方开具发票；特殊情况下，由付款方向收款方开具发票。<br>（注意：将原第十九条改为第十八条。） |
| **第二十条**　所有单位和从事生产、经营活动的个人在购买商品、接受服务以及从事其他经营活动支付款项，应当向收款方取得发票。取得发票时，不得要求变更品名和金额。 | **第十九条**　所有单位和从事生产、经营活动的个人在购买商品、接受服务以及从事其他经营活动支付款项，应当向收款方取得发票。取得发票时，不得要求变更品名和金额。<br>（注意：将原第二十条改为第十九条。） |
| **第二十一条**　不符合规定的发票，不得作为财务报销凭证，任何单位和个人有权拒收。 | **第二十条**　不符合规定的发票，不得作为财务报销凭证，任何单位和个人有权拒收。<br>（注意：将原第二十一条改为第二十条。） |
| **第二十二条**　开具发票应当按照规定的时限、顺序、栏目，全部联次一次性如实开具，并加盖发票专用章。<br>任何单位和个人不得有下列虚开发票行为：<br>（一）为他人、为自己开具与实际经营业务情况不符的发票；<br>（二）让他人为自己开具与实际经营业务情况不符的发票；<br>（三）介绍他人开具与实际经营业务情况不符的发票。<br>（原条款有修订） | **第二十一条**　开具发票应当按照规定的时限、顺序、栏目，全部联次一次性如实开具，开具纸质发票应当加盖发票专用章。<br>任何单位和个人不得有下列虚开发票行为：<br>（一）为他人、为自己开具与实际经营业务情况不符的发票；<br>（二）让他人为自己开具与实际经营业务情况不符的发票；<br>（三）介绍他人开具与实际经营业务情况不符的发票。<br>（注意：此条为修订条款，并将原第二十二条改为第二十一条，根据国务院令第 764 号修改，自 2023 年 7 月 20 日起施行。） |
| **第二十三条**　安装税控装置的单位和个人，应当按照规定使用税控装置开具发票，并按期向主管税务机关报送开具发票的数据。<br>使用非税控电子器具开具发票的，应当将非税控电子器具使用的软件程序说明资料报主管税务机关备案，并按照规定保存、报送开具发票的数据。<br>国家推广使用网络发票管理系统开具发票，具体管理办法由国务院税务主管部门制定。<br>（原条款有修订） | **第二十二条**　安装税控装置的单位和个人，应当按照规定使用税控装置开具发票，并按期向主管税务机关报送开具发票的数据。<br>使用非税控电子器具开具发票的，应当将非税控电子器具使用的软件程序说明资料报主管税务机关备案，并按照规定保存、报送开具发票的数据。<br>单位和个人开发电子发票信息系统自用或者为他人提供电子发票服务的，应当遵守国务院税务主管部门的规定。<br>（注意：此条为修订条款，并将原第二十三条改为第二十二条，根据国务院令第 764 号修改，自 2023 年 7 月 20 日起施行。） |
| **第二十四条**　任何单位和个人应当按照发票管理规定使用发票，不得有下列行为：<br>（一）转借、转让、介绍他人转让发票、发票监制章和发票防伪专用品；<br>（二）知道或者应当知道是私自印制、伪造、变造、非法取得或者废止的发票而受让、开具、存放、携带、邮寄、运输； | **第二十三条**　任何单位和个人应当按照发票管理规定使用发票，不得有下列行为：<br>（一）转借、转让、介绍他人转让发票、发票监制章和发票防伪专用品；<br>（二）知道或者应当知道是私自印制、伪造、变造、非法取得或者废止的发票而受让、开具、存放、携带、邮寄、运输； |

续表

| 《中华人民共和国发票管理办法》 | 《中华人民共和国发票管理办法》<br>（2023 年 7 月 20 日修订后） |
| --- | --- |
| （三）拆本使用发票；<br>（四）扩大发票使用范围；<br>（五）以其他凭证代替发票使用。<br>税务机关应当提供查询发票真伪的便捷渠道。<br>（原条款有新增） | （三）拆本使用发票；<br>（四）扩大发票使用范围；<br>（五）以其他凭证代替发票使用。<br>（六）窃取、截留、篡改、出售、泄露发票数据。<br>（注意：该项为新增条款，并将原第二十四条改为第二十三条，根据国务院令第 764 号修订，自 2023 年 7 月 20 日起施行。）<br>税务机关应当提供查询发票真伪的便捷渠道。 |
| **第二十五条**　除国务院税务主管部门规定的特殊情形外，发票限于领购单位和个人在本省、自治区、直辖市内开具。<br>省、自治区、直辖市税务机关可以规定跨市、县开具发票的办法。<br>（原条款有修订） | **第二十四条**　除国务院税务主管部门规定的特殊情形外，纸质发票限于领用单位和个人在本省、自治区、直辖市内开具。<br>省、自治区、直辖市税务机关可以规定跨市、县开具纸质发票的办法。<br>（注意：根据国务院令第 764 号，本条款中原"领购"修改为"领用"、"发票"修改为"纸质发票"，并将原第二十五条改为第二十四条，自 2023 年 7 月 20 日起施行。） |
| **第二十六条**　除国务院税务主管部门规定的特殊情形外，任何单位和个人不得跨规定的使用区域携带、邮寄、运输空白发票。<br>禁止携带、邮寄或者运输空白发票出入境。 | **第二十五条**　除国务院税务主管部门规定的特殊情形外，任何单位和个人不得跨规定的使用区域携带、邮寄、运输空白发票。<br>禁止携带、邮寄或者运输空白发票出入境。<br>（注意：将原第二十六条改为第二十五条。） |
| **第二十七条**　开具发票的单位和个人应当建立发票使用登记制度，设置发票登记簿，并定期向主管税务机关报告发票使用情况。<br>（原条款有修订） | **第二十六条**　开具发票的单位和个人应当建立发票使用登记制度，配合税务机关进行身份验证，并定期向主管税务机关报告发票使用情况。<br>（注意：此条为修订条款，并将原第二十七条改为第二十六条，根据国务院令第 764 号修改，自 2023 年 7 月 20 日起施行。） |
| **第二十八条**　开具发票的单位和个人应当在办理变更或者注销税务登记的同时，办理发票和发票领购簿的变更、缴销手续。<br>（原条款有修订） | **第二十七条**　开具发票的单位和个人应当在办理变更或者注销税务登记的同时，办理发票的变更、缴销手续。<br>（注意：根据国务院令第 764 号，并将原第二十八条改为第二十七条，本条款中原"和发票领购簿"删除，自 2023 年 7 月 20 日起施行。） |
| **第二十九条**　开具发票的单位和个人应当按照税务机关的规定存放和保管发票，不得擅自损毁。已经开具的发票存根联和发票登记簿，应当保存 5 年。保存期满，报经税务机关查验后销毁。<br>（原条款有修订） | **第二十八条**　开具发票的单位和个人应当按照国家有关规定存放和保管发票，不得擅自损毁。已经开具的发票存根联，应当保存 5 年。<br>（注意：此条为修订条款，并将原第二十九条改为第二十八条，根据国务院令第 764 号修改，自 2023 年 7 月 20 日起施行。） |
| **第五章　发票的检查**<br>**第三十条**　税务机关在发票管理中有权进行下列检查： | **第五章　发票的检查**<br>**第二十九条**　税务机关在发票管理中有权进行下列检查： |

续表

| 《中华人民共和国发票管理办法》 | 《中华人民共和国发票管理办法》<br>（2023年7月20日修订后） |
| --- | --- |
| （一）检查印制、领购、开具、取得、保管和缴销发票的情况；<br>（二）调出发票查验；<br>（三）查阅、复制与发票有关的凭证、资料；<br>（四）向当事各方询问与发票有关的问题和情况；<br>（五）在查处发票案件时，对与案件有关的情况和资料，可以记录、录音、录像、照像和复制。<br>（原条款有修订） | （一）检查印制、领用、开具、取得、保管和缴销发票的情况；<br>（二）调出发票查验；<br>（三）查阅、复制与发票有关的凭证、资料；<br>（四）向当事各方询问与发票有关的问题和情况；<br>（五）在查处发票案件时，对与案件有关的情况和资料，可以记录、录音、录像、照像和复制。<br>（注意：根据国务院令第764号，本条款中原“领购”修改为“领用”，并将原第三十条改为第二十九条，自2023年7月20日起施行。） |
| **第三十一条**　印制、使用发票的单位和个人，必须接受税务机关依法检查，如实反映情况，提供有关资料，不得拒绝、隐瞒。<br>税务人员进行检查时，应当出示税务检查证。 | **第三十条**　印制、使用发票的单位和个人，必须接受税务机关依法检查，如实反映情况，提供有关资料，不得拒绝、隐瞒。<br>税务人员进行检查时，应当出示税务检查证。<br>（注意：将原第三十一条改为第三十条。） |
| **第三十二条**　税务机关需要将已开具的发票调出查验时，应当向被查验的单位和个人开具发票换票证。发票换票证与所调出查验的发票有同等的效力。被调出查验发票的单位和个人不得拒绝接受。<br>税务机关需要将空白发票调出查验时，应当开具收据；经查无问题的，应当及时返还。 | **第三十一条**　税务机关需要将已开具的发票调出查验时，应当向被查验的单位和个人开具发票换票证。发票换票证与所调出查验的发票有同等的效力。被调出查验发票的单位和个人不得拒绝接受。<br>税务机关需要将空白发票调出查验时，应当开具收据；经查无问题的，应当及时返还。<br>（注意：将原第三十二条改为第三十一条。） |
| **第三十三条**　单位和个人从中国境外取得的与纳税有关的发票或者凭证，税务机关在纳税审查时有疑义的，可以要求其提供境外公证机构或者注册会计师的确认证明，经税务机关审核认可后，方可作为记账核算的凭证。 | **第三十二条**　单位和个人从中国境外取得的与纳税有关的发票或者凭证，税务机关在纳税审查时有疑义的，可以要求其提供境外公证机构或者注册会计师的确认证明，经税务机关审核认可后，方可作为记账核算的凭证。<br>（注意：将原第三十三条改为第三十二条。） |
| ~~**第三十四条**　税务机关在发票检查中需要核对发票存根联与发票联填写情况时，可以向持有发票或者发票存根联的单位发出发票填写情况核对卡，有关单位应当如实填写，按期报回。~~<br>（原条款已删除） | （注意：本条规定根据国务院令第764号删除，自2023年7月20日起施行，后续条款的序号发生变化。） |
| **第六章　罚　　则**<br>**第三十五条**　违反本办法的规定，有下列情形之一的，由税务机关责令改正，可以处1万元以下的罚款；有违法所得的予以没收：<br>（一）应当开具而未开具发票，或者未按照规定的时限、顺序、栏目，全部联次一次性开具发票，或者未加盖发票专用章的； | **第六章　罚　　则**<br>**第三十三条**　违反本办法的规定，有下列情形之一的，由税务机关责令改正，可以处1万元以下的罚款；有违法所得的予以没收：<br>（一）应当开具而未开具发票，或者未按照规定的时限、顺序、栏目，全部联次一次性开具发票，或者未加盖发票专用章的； |

续表

| 《中华人民共和国发票管理办法》 | 《中华人民共和国发票管理办法》<br>（2023 年 7 月 20 日修订后） |
| --- | --- |
| （二）使用税控装置开具发票，未按期向主管税务机关报送开具发票的数据的；<br>（三）使用非税控电子器具开具发票，未将非税控电子器具使用的软件程序说明资料报主管税务机关备案，或者未按照规定保存、报送开具发票的数据的；<br>（四）拆本使用发票的；<br>（五）扩大发票使用范围的；<br>（六）以其他凭证代替发票使用的；<br>（七）跨规定区域开具发票的；<br>（八）未按照规定缴销发票的；<br>（九）未按照规定存放和保管发票的。 | （二）使用税控装置开具发票，未按期向主管税务机关报送开具发票的数据的；<br>（三）使用非税控电子器具开具发票，未将非税控电子器具使用的软件程序说明资料报主管税务机关备案，或者未按照规定保存、报送开具发票的数据的；<br>（四）拆本使用发票的；<br>（五）扩大发票使用范围的；<br>（六）以其他凭证代替发票使用的；<br>（七）跨规定区域开具发票的；<br>（八）未按照规定缴销发票的；<br>（九）未按照规定存放和保管发票的。<br>（注意：将原第三十五条改为第三十三条。） |
| **第三十六条**　跨规定的使用区域携带、邮寄、运输空白发票，以及携带、邮寄或者运输空白发票出入境的，由税务机关责令改正，可以处 1 万元以下的罚款；情节严重的，处 1 万元以上 3 万元以下的罚款；有违法所得的予以没收。<br>丢失发票或者擅自损毁发票的，依照前款规定处罚。 | **第三十四条**　跨规定的使用区域携带、邮寄、运输空白发票，以及携带、邮寄或者运输空白发票出入境的，由税务机关责令改正，可以处 1 万元以下的罚款；情节严重的，处 1 万元以上 3 万元以下的罚款；有违法所得的予以没收。<br>丢失发票或者擅自损毁发票的，依照前款规定处罚。<br>（注意：将原第三十六条改为第三十四条。） |
| **第三十七条**　违反本办法~~第二十二条第二款~~的规定虚开发票的，由税务机关没收违法所得；虚开金额在 1 万元以下的，可以并处 5 万元以下的罚款；虚开金额超过 1 万元的，并处 5 万元以上 50 万元以下的罚款；构成犯罪的，依法追究刑事责任。<br>非法代开发票的，依照前款规定处罚。<br>（原条款有修订） | **第三十五条**　违反本办法的规定虚开发票的，由税务机关没收违法所得；虚开金额在 1 万元以下的，可以并处 5 万元以下的罚款；虚开金额超过 1 万元的，并处 5 万元以上 50 万元以下的罚款；构成犯罪的，依法追究刑事责任。<br>非法代开发票的，依照前款规定处罚。<br>（注意：根据国务院令第 764 号，本条规定中原“第二十二条第二款”删除，并将原第三十七条改为第三十五条，自 2023 年 7 月 20 日起施行。） |
| **第三十八条**　私自印制、伪造、变造发票，非法制造发票防伪专用品，伪造发票监制章的，由税务机关没收违法所得，没收、销毁作案工具和非法物品，并处 1 万元以上 5 万元以下的罚款；情节严重的，并处 5 万元以上 50 万元以下的罚款；~~对印制发票的企业，可以并处吊销发票准印证；~~构成犯罪的，依法追究刑事责任。<br>前款规定的处罚，《中华人民共和国税收征收管理法》有规定的，依照其规定执行。<br>（原条款有修订） | **第三十六条**　私自印制、伪造、变造发票，非法制造发票防伪专用品，伪造发票监制章，窃取、截留、篡改、出售、泄露发票数据的，由税务机关没收违法所得，没收、销毁作案工具和非法物品，并处 1 万元以上 5 万元以下的罚款；情节严重的，并处 5 万元以上 50 万元以下的罚款；构成犯罪的，依法追究刑事责任。<br>前款规定的处罚，《中华人民共和国税收征收管理法》有规定的，依照其规定执行。<br>（注意：根据国务院令第 764 号，本条款中原“对印制发票的企业，可以并处吊销发票准印证；”已删除，并增加“窃取、截留、篡改、出售、泄露发票数据”等内容，并将原第三十八条改为第三十六条，自 2023 年 7 月 20 日起施行。） |

续表

| 《中华人民共和国发票管理办法》 | 《中华人民共和国发票管理办法》<br>（2023年7月20日修订后） |
| --- | --- |
| **第三十九条** 有下列情形之一的，由税务机关处1万元以上5万元以下的罚款；情节严重的，处5万元以上50万元以下的罚款；有违法所得的予以没收：<br>（一）转借、转让、介绍他人转让发票、发票监制章和发票防伪专用品的；<br>（二）知道或者应当知道是私自印制、伪造、变造、非法取得或者废止的发票而受让、开具、存放、携带、邮寄、运输的。<br><br>**第四十条** 对违反发票管理规定2次以上或者情节严重的单位和个人，税务机关可以向社会公告。<br><br>**第四十一条** 违反发票管理法规，导致其他单位或者个人未缴、少缴或者骗取税款的，由税务机关没收违法所得，可以并处未缴、少缴或者骗取的税款1倍以下的罚款。<br><br>**第四十二条** 当事人对税务机关的处罚决定不服的，可以依法申请行政复议或者向人民法院提起行政诉讼。<br><br>**第四十三条** 税务人员利用职权之便，故意刁难印制、使用发票的单位和个人，或者有违反发票管理法规行为的，依照国家有关规定给予处分；构成犯罪的，依法追究刑事责任。 | **第三十七条** 有下列情形之一的，由税务机关处1万元以上5万元以下的罚款；情节严重的，处5万元以上50万元以下的罚款；有违法所得的予以没收：<br>（一）转借、转让、介绍他人转让发票、发票监制章和发票防伪专用品的；<br>（二）知道或者应当知道是私自印制、伪造、变造、非法取得或者废止的发票而受让、开具、存放、携带、邮寄、运输的。<br>（注意：将原第三十九条改为第三十七条。）<br>**第三十八条** 对违反发票管理规定2次以上或者情节严重的单位和个人，税务机关可以向社会公告。<br>（注意：将原第四十条改为第三十八条。）<br>**第三十九条** 违反发票管理法规，导致其他单位或者个人未缴、少缴或者骗取税款的，由税务机关没收违法所得，可以并处未缴、少缴或者骗取的税款1倍以下的罚款。<br>（注意：将原第四十一条改为第三十九条。）<br>**第四十条** 当事人对税务机关的处罚决定不服的，可以依法申请行政复议或者向人民法院提起行政诉讼。<br>（注意：将原第四十二条改为第四十条。）<br>**第四十一条** 税务人员利用职权之便，故意刁难印制、使用发票的单位和个人，或者有违反发票管理法规行为的，依照国家有关规定给予处分；构成犯罪的，依法追究刑事责任。<br>（注意：将原第四十三条改为第四十一条。） |
| **第七章 附 则**<br>**第四十四条** 国务院税务主管部门可以根据有关行业特殊的经营方式和业务需求，会同国务院有关主管部门制定该行业的发票管理办法。<br>国务院税务主管部门可以根据增值税专用发票管理的特殊需要，制定增值税专用发票的具体管理办法。<br><br>**第四十五条** 本办法自发布之日起施行。财政部1986年发布的《全国发票管理暂行办法》和原国家税务局1991年发布的《关于对外商投资企业和外国企业发票管理的暂行规定》同时废止。 | **第七章 附 则**<br>**第四十二条** 国务院税务主管部门可以根据有关行业特殊的经营方式和业务需求，会同国务院有关主管部门制定该行业的发票管理办法。<br>国务院税务主管部门可以根据增值税专用发票管理的特殊需要，制定增值税专用发票的具体管理办法。<br>（注意：将原第四十四条改为第四十二条。）<br>**第四十三条** 本办法自发布之日起施行。财政部1986年发布的《全国发票管理暂行办法》和原国家税务局1991年发布的《关于对外商投资企业和外国企业发票管理的暂行规定》同时废止。<br>（注意：将原第四十五条改为第四十三条。） |

## 二、《发票管理办法实施细则》修订及说明

《发票管理办法实施细则》于2011年2月14日以国家税务总局令第25号公布。根据2014年12月27日《国家税务总局关于修改〈中华人民共和国发票管理办法实施细则〉的决定》第一次修正，根据2018年6月15日《国家税务总局关于修改部分税务部门规章的决定》第二次修正，根据2019年7月24日《国家税务总局关于公布取消一批税务证明事项以及废止和修改部分规章规范性文件的决定》第三次修正，根据2024年1月15日《国家税务总局关于修改〈中华人民共和国发票管理办法实施细则〉的决定》第四次修正，于2024年1月15日以国家税务总局令第56号公布，自2024年3月1日起施行。目前，已由原来的七章三十八条款，修订为新的七章四十四条款。其修订对照如下：

### （一）修订说明

《国家税务总局关于修改〈中华人民共和国发票管理办法实施细则〉的决定》规定，为保障新《发票管理办法》颁布后有效实施，国家税务总局决定对《发票管理办法实施细则》作如下修改：

1. 增加一条，作为第三条："《办法》第三条所称电子发票是指在购销商品、提供或者接受服务以及从事其他经营活动中，按照税务机关发票管理规定以数据电文形式开具、收取的收付款凭证。

"电子发票与纸质发票的法律效力相同，任何单位和个人不得拒收。"

2. 增加一条，作为第四条："税务机关建设电子发票服务平台，为用票单位和个人提供数字化等形态电子发票开具、交付、查验等服务。"

3. 增加一条，作为第五条："税务机关应当按照法律、行政法规的规定，建立健全发票数据安全管理制度，保障发票数据安全。

"单位和个人按照国家税务总局有关规定开展发票数据处理活动，依法承担发票数据安全保护义务，不得超过规定的数量存储发票数据，不得违反规定使用、非法出售或非法向他人提供发票数据。"

4. 第四条改为第七条，第一款修改为："发票的基本内容包括：发票的名称、发票代码和号码、联次及用途、客户名称、开户银行及账号、商品名称或经营项目、计量单位、数量、单价、大小写金额、税率（征收率）、税额、开票人、开票日期、开票单位（个人）名称（章）等。"

5. 第五条改为第八条，修改为："领用发票单位可以书面向税务机关要求使用印有本单位名称的发票，税务机关依据《办法》第十五条的规定，确

认印有该单位名称发票的种类和数量。”

6. 第六条改为第九条，修改为：“税务机关根据政府采购合同和发票防伪用品管理要求对印制发票企业实施监督管理。”

7. 第十条改为第十三条，第一款修改为：“监制发票的税务机关根据需要下达发票印制通知书，印制企业必须按照要求印制。”

8. 第十三条改为第十六条，第一款修改为：“《办法》第十五条所称发票专用章是指领用发票单位和个人在其开具纸质发票时加盖的有其名称、统一社会信用代码或者纳税人识别号、发票专用章字样的印章。”

9. 第十五条改为第十八条，修改为：“《办法》第十五条所称领用方式是指批量供应、交旧领新、验旧领新、额度确定等方式。

“税务机关根据单位和个人的税收风险程度、纳税信用级别、实际经营情况确定或调整其领用发票的种类、数量、额度以及领用方式。”

10. 删除第十六条、第十八条、第二十一条、第二十二条、第二十三条、第三十七条。

11. 增加一条，作为第二十五条：“《办法》第十九条规定的不得变更金额，包括不得变更涉及金额计算的单价和数量。”

12. 第二十七条改为第二十六条，修改为：“开具纸质发票后，如发生销售退回、开票有误、应税服务中止等情形，需要作废发票的，应当收回原发票全部联次并注明‘作废’字样后作废发票。

“开具纸质发票后，如发生销售退回、开票有误、应税服务中止、销售折让等情形，需要开具红字发票的，应当收回原发票全部联次并注明‘红冲’字样后开具红字发票。无法收回原发票全部联次的，应当取得对方有效证明后开具红字发票。”

13. 增加一条，作为第二十七条：“开具电子发票后，如发生销售退回、开票有误、应税服务中止、销售折让等情形的，应当按照规定开具红字发票。”

14. 第二十八条修改为：“单位和个人在开具发票时，应当填写项目齐全，内容真实。

“开具纸质发票应当按照发票号码顺序填开，字迹清楚，全部联次一次打印，内容完全一致，并在发票联和抵扣联加盖发票专用章。”

15. 增加一条，作为第二十九条：“《办法》第二十一条所称与实际经营业务情况不符是指具有下列行为之一的：

“（1）未购销商品、未提供或者接受服务、未从事其他经营活动，而开具或取得发票；

“（2）有购销商品、提供或者接受服务、从事其他经营活动，但开具或取得的发票载明的购买方、销售方、商品名称或经营项目、金额等与实际情况不符。”

16. 增加一条，作为第三十一条：“单位和个人向委托人提供发票领用、开具等服务，应当接受税务机关监管，所存储发票数据的最大数量应当符合税务机关的规定。”

17. 增加一条，作为第三十二条：“开发电子发票信息系统为他人提供发票数据查询、下载、存储、使用等涉税服务的，应当符合税务机关的数据标准和管理规定，并与委托人签订协议，不得超越授权范围使用发票数据。”

18. 增加一条，作为第三十四条：“《办法》第二十六条所称身份验证是指单位和个人在领用、开具、代开发票时，其经办人应当实名办税。”

19. 增加一条，作为第三十六条：“税务机关在发票检查中，可以对发票数据进行提取、调出、查阅、复制。”

20. 第三十四条改为第三十九条，修改为：“税务机关对违反发票管理法规的行为依法进行处罚的，由县以上税务机关决定；罚款额在2000元以下的，可由税务所决定。”

21. 增加一条，作为第四十条：“《办法》第三十三条第六项规定以其他凭证代替发票使用的，包括：

“（一）应当开具发票而未开具发票，以其他凭证代替发票使用；

“（二）应当取得发票而未取得发票，以发票外的其他凭证或者自制凭证用于抵扣税款、出口退税、税前扣除和财务报销；

“（三）取得不符合规定的发票，用于抵扣税款、出口退税、税前扣除和财务报销。

“构成逃避缴纳税款、骗取出口退税、虚开发票的，按照《中华人民共和国税收征收管理法》《办法》相关规定执行。”

22. 第三十五条改为第四十一条，修改为：“《办法》第三十八条所称的公告是指，税务机关应当在办税场所或者广播、电视、报纸、期刊、网络等新闻媒体上公告纳税人发票违法的情况。公告内容包括：纳税人名称、统一社会信用代码或者纳税人识别号、经营地点、违反发票管理法规的具体情况。”

23. 增加一条，作为第四十三条：“计划单列市税务局参照《办法》中省、自治区、直辖市税务局的职责做好发票管理工作。”

24. 第三条、第七条、第十四条、第三十一条中的“发票”修改为“纸质发票”。

25. 第三章名称以及第十四条中的“领购”修改为“领用”。

此外，对条文顺序和个别文字作相应调整和修改。

该决定自2024年3月1日起施行。

《发票管理办法实施细则》根据该决定作相应修改，重新公布。

**（二）《发票管理办法实施细则》修订前后对照比对表（见表3－2）**

**表3－2 《发票管理办法实施细则》修订前后对照比对表**

| 《中华人民共和国发票管理办法实施细则》<br>2019年7月24日第三次修正 | 《中华人民共和国发票管理办法实施细则》<br>2024年1月15日第四次修正 |
|---|---|
| **第一章 总 则** | **第一章 总 则** |
| **第一条** 根据《中华人民共和国发票管理办法》（以下简称《办法》）规定，制定本实施细则。 | **第一条** 根据《中华人民共和国发票管理办法》（以下简称《办法》）规定，制定本实施细则。 |
| **第二条** 在全国范围内统一式样的发票，由国家税务总局确定。<br>在省、自治区、直辖市范围内统一式样的发票，由省、自治区、直辖市税务局（以下简称省税务局）确定。 | **第二条** 在全国范围内统一式样的发票，由国家税务总局确定。<br>在省、自治区、直辖市范围内统一式样的发票，由省、自治区、直辖市税务局（以下简称省税务局）确定。 |
| 新增→ | **第三条** 《办法》第三条所称电子发票是指在购销商品、提供或者接受服务以及从事其他经营活动中，按照税务机关发票管理规定以数据电文形式开具、收取的收付款凭证。<br>电子发票与纸质发票的法律效力相同，任何单位和个人不得拒收。<br>（注意：根据国家税务总局令第56号，增加本条款，作为第三条。） |
| 新增→ | **第四条** 税务机关建设电子发票服务平台，为用票单位和个人提供数字化等形态电子发票开具、交付、查验等服务。<br>（注意：根据国家税务总局令第56号，增加本条款，作为第四条。） |
| 新增→ | **第五条** 税务机关应当按照法律、行政法规的规定，建立健全发票数据安全管理制度，保障发票数据安全。<br>单位和个人按照国家税务总局有关规定开展发票数据处理活动，依法承担发票数据安全保护义务，不得超过规定的数量存储发票数据，不得违反规定使用、非法出售或非法向他人提供发票数据。<br>（注意：根据国家税务总局令第56号，增加本条款，作为第五条。） |

续表

| 《中华人民共和国发票管理办法实施细则》<br>2019 年 7 月 24 日第三次修正 | 《中华人民共和国发票管理办法实施细则》<br>2024 年 1 月 15 日第四次修正 |
|---|---|
| **第三条**　发票的基本联次包括存根联、发票联、记账联。存根联由收款方或开票方留存备查；发票联由付款方或受票方作为付款原始凭证；记账联由收款方或开票方作为记账原始凭证。<br>省以上税务机关可根据发票管理情况以及纳税人经营业务需要，增减除发票联以外的其他联次，并确定其用途。<br>（原条款有修订） | **第六条**　纸质发票的基本联次包括存根联、发票联、记账联。存根联由收款方或开票方留存备查；发票联由付款方或受票方作为付款原始凭证；记账联由收款方或开票方作为记账原始凭证。<br>省以上税务机关可根据纸质发票管理情况以及纳税人经营业务需要，增减除发票联以外的其他联次，并确定其用途。<br>（注意：根据国家税务总局令第 56 号，将原第三条改为第六条，发票修改为“纸质发票”。） |
| **第四条**　发票的基本内容包括：发票的名称、发票代码和号码、联次及用途、客户名称、开户银行及账号、商品名称或经营项目、计量单位、数量、单价、大小写金额、开票人、开票日期、开票单位（个人）名称（公章）等。<br>省以上税务机关可根据经济活动以及发票管理需要，确定发票的具体内容。<br>（原条款有修订） | **第七条**　发票的基本内容包括：发票的名称、发票代码和号码、联次及用途、客户名称、开户银行及账号、商品名称或经营项目、计量单位、数量、单价、大小写金额、税率（征收率）、税额、开票人、开票日期、开票单位（个人）名称（章）等。<br>省以上税务机关可根据经济活动以及发票管理需要，确定发票的具体内容。<br>（注意：根据国家税务总局令第 56 号，将原第四条改为第七条，增加“税率（征收率）、税额、”内容。） |
| **第五条**　用票单位可以书面向税务机关要求使用印有本单位名称的发票，税务机关依据《办法》第十五条的规定，确认印有该单位名称发票的种类和数量。<br>（原条款有修订） | **第八条**　领用发票单位可以书面向税务机关要求使用印有本单位名称的发票，税务机关依据《办法》第十五条的规定，确认印有该单位名称发票的种类和数量。<br>（注意：根据国家税务总局令第 56 号，将原第五条改为第八条，将原“用票单位”修订为“领用发票单位”。） |
| **第二章　发票的印制**<br>**第六条**　发票准印证由国家税务总局统一监制，省税务局核发。<br>税务机关应当对印制发票企业实施监督管理，对不符合条件的，应当取消其印制发票的资格。<br>（原条款有修订） | **第二章　发票的印制**<br>**第九条**　税务机关根据政府采购合同和发票防伪用品管理要求对印制发票企业实施监督管理。<br>（注意：根据国家税务总局令第 56 号，将原第六条改为第九条，将原“发票准印证由国家税务总局统一监制，省税务局核发”修订为“税务机关根据政府采购合同和发票防伪用品管理要求对印制发票企业实施监督管理”。） |
| **第七条**　全国统一的发票防伪措施由国家税务总局确定，省税务局可以根据需要增加本地区的发票防伪措施，并向国家税务总局备案。<br>发票防伪专用品应当按照规定专库保管，不得丢失。次品、废品应当在税务机关监督下集中销毁。<br>（原条款有修订） | **第十条**　全国统一的纸质发票防伪措施由国家税务总局确定，省税务局可以根据需要增加本地区的纸质发票防伪措施，并向国家税务总局备案。<br>纸质发票防伪专用品应当按照规定专库保管，不得丢失。次品、废品应当在税务机关监督下集中销毁。<br>（注意：根据国家税务总局令第 56 号，将原第七条改为第十条，将原“发票”修订为“纸质发票”。） |

续表

| 《中华人民共和国发票管理办法实施细则》2019年7月24日第三次修正 | 《中华人民共和国发票管理办法实施细则》2024年1月15日第四次修正 |
| --- | --- |
| **第八条** 全国统一发票监制章是税务机关管理发票的法定标志，其形状、规格、内容、印色由国家税务总局规定。 | **第十一条** 全国统一发票监制章是税务机关管理发票的法定标志，其形状、规格、内容、印色由国家税务总局规定。<br>（注意：根据国家税务总局令第56号，将原第八条改为第十一条。） |
| **第九条** 全国范围内发票换版由国家税务总局确定；省、自治区、直辖市范围内发票换版由省税务局确定。<br>发票换版时，应当进行公告。 | **第十二条** 全国范围内发票换版由国家税务总局确定；省、自治区、直辖市范围内发票换版由省税务局确定。<br>发票换版时，应当进行公告。<br>（注意：根据国家税务总局令第56号，将原第九条改为第十二条。） |
| **第十条** 监制发票的税务机关根据需要下达发票印制通知书，被指定的印制企业必须按照要求印制。<br>发票印制通知书应当载明印制发票企业名称、用票单位名称、发票名称、发票代码、种类、联次、规格、印色、印制数量、起止号码、交货时间、地点等内容。 | **第十三条** 监制发票的税务机关根据需要下达发票印制通知书，印制企业必须按照要求印制。<br>发票印制通知书应当载明印制发票企业名称、用票单位名称、发票名称、发票代码、种类、联次、规格、印色、印制数量、起止号码、交货时间、地点等内容。<br>（注意：根据国家税务总局令第56号，将原第十条改为第十三条。） |
| **第十一条** 印制发票企业印制完毕的成品应当按照规定验收后专库保管，不得丢失。废品应当及时销毁。 | **第十四条** 印制发票企业印制完毕的成品应当按照规定验收后专库保管，不得丢失。废品应当及时销毁。<br>（注意：根据国家税务总局令第56号，将原第十一条改为第十四条。） |
| **第三章 发票的领购**<br>（原条款有修订） | **第三章 发票的领用**<br>（注意：根据国家税务总局令第56号，将原“领购”修订为“领用”。） |
| **第十二条** 《办法》第十五条所称经办人身份证明是指经办人的居民身份证、护照或者其他能证明经办人身份的证件。 | **第十五条** 《办法》第十五条所称经办人身份证明是指经办人的居民身份证、护照或者其他能证明经办人身份的证件。<br>（注意：根据国家税务总局令第56号，将原第十二条改为第十五条。） |
| **第十三条** 《办法》第十五条所称发票专用章是指~~用~~票单位和个人在其开具~~发票~~时加盖的有其名称、~~税务登记号~~、发票专用章字样的印章。<br>发票专用章式样由国家税务总局确定。<br>（原条款有修订） | **第十六条** 《办法》第十五条所称发票专用章是指领用发票单位和个人在其开具纸质发票时加盖的有其名称、统一社会信用代码或者纳税人识别号、发票专用章字样的印章。<br>发票专用章式样由国家税务总局确定。<br>（注意：根据国家税务总局令第56号，将原第十三条改为第十六条，第一款修改为：“《办法》第十五条所称发票专用章是指领用发票单位和个人在其开具纸质发票时加盖的有其名称、统一社会信用代码或者纳税人识别号、发票专用章字样的印章。”） |

续表

| 《中华人民共和国发票管理办法实施细则》2019年7月24日第三次修正 | 《中华人民共和国发票管理办法实施细则》2024年1月15日第四次修正 |
| --- | --- |
| **第十四条** 税务机关对领购发票单位和个人提供的发票专用章的印模应当留存备查。<br>（原条款有修订） | **第十七条** 税务机关对领用纸质发票单位和个人提供的发票专用章的印模应当留存备查。<br>（注意：根据国家税务总局令第56号，将原第十四条改为第十七条，将原“领购发票”修订为“领用纸质发票”。） |
| **第十五条** 《办法》第十五条所称领购方式是指批量供应、交旧购新或者验旧购新等方式。<br>（原条款有修订） | **第十八条** 《办法》第十五条所称领用方式是指批量供应、交旧领新、验旧领新、额度确定等方式。<br>税务机关根据单位和个人的税收风险程度、纳税信用级别、实际经营情况确定或调整其领用发票的种类、数量、额度以及领用方式。<br>（注意：根据国家税务总局令第56号，将原第十五条改为第十八条，内容修改为：“《办法》第十五条所称领用方式是指批量供应、交旧领新、验旧领新、额度确定等方式”。同时，增加“税务机关根据单位和个人的税收风险程度、纳税信用级别、实际经营情况确定或调整其领用发票的种类、数量、额度以及领用方式。”条款。） |
| ~~**第十六条** 《办法》第十五条所称发票领购簿的内容应当包括用票单位和个人的名称、所属行业、购票方式、核准购票种类、开票限额、发票名称、领购日期、准购数量、起止号码、违章记录、领购人签字（盖章）、核发税务机关（章）等内容。~~<br>（原条款已删除） | （注意：根据国家税务总局令第56号，将原第十六条删除。） |
| **第十七条** 《办法》第十五条所称发票使用情况是指发票领用存情况及相关开票数据。 | **第十九条** 《办法》第十五条所称发票使用情况是指发票领用存情况及相关开票数据。<br>（注意：根据国家税务总局令第56号，将原第十七条改为第十九条。） |
| ~~**第十八条** 税务机关在发售发票时，应当按照核准的收费标准收取工本管理费，并向购票单位和个人开具收据。发票工本费征缴办法按照国家有关规定执行。~~<br>（原条款已删除） | （注意：根据国家税务总局令第56号，将原第十八条删除。） |
| **第十九条** 《办法》第十六条所称书面证明是指有关业务合同、协议或者税务机关认可的其他资料。 | **第二十条** 《办法》第十六条所称书面证明是指有关业务合同、协议或者税务机关认可的其他资料。<br>（注意：根据国家税务总局令第56号，将原第十九条改为第二十条。） |
| **第二十条** 税务机关应当与受托代开发票的单位签订协议，明确代开发票的种类、对象、内容和相关责任等内容。 | **第二十一条** 税务机关应当与受托代开发票的单位签订协议，明确代开发票的种类、对象、内容和相关责任等内容。<br>（注意：根据国家税务总局令第56号，将原第二十条改为第二十一条。） |

续表

| 《中华人民共和国发票管理办法实施细则》2019年7月24日第三次修正 | 《中华人民共和国发票管理办法实施细则》2024年1月15日第四次修正 |
| --- | --- |
| ~~**第二十一条** 《办法》第十八条所称保证人，是指在中国境内具有担保能力的公民、法人或者其他经济组织。~~<br>~~保证人同意为领购发票的单位和个人提供担保的，应当填写担保书。担保书内容包括：担保对象、范围、期限和责任以及其他有关事项。~~<br>~~担保书须经购票人、保证人和税务机关签字盖章后方为有效。~~<br>（原条款已删除） | （注意：根据国家税务总局令第56号，将原第二十一条删除。） |
| ~~**第二十二条** 《办法》第十八条第二款所称由保证人或者以保证金承担法律责任，是指由保证人缴纳罚款或者以保证金缴纳罚款。~~<br>（原条款已删除） | （注意：根据国家税务总局令第56号，将原第二十二条删除。） |
| ~~**第二十三条** 提供保证人或者交纳保证金的具体范围由省税务局规定。~~<br>（原条款已删除） | （注意：根据国家税务总局令第56号，将原第二十三条删除。） |
| **第四章 发票的开具和保管** | **第四章 发票的开具和保管** |
| **第二十四条** 《办法》~~第十九条~~所称特殊情况下，由付款方向收款方开具发票，是指下列情况：<br>（一）收购单位和扣缴义务人支付个人款项时；<br>（二）国家税务总局认为其他需要由付款方向收款方开具发票的。<br>（原条款有修订） | **第二十二条** 《办法》第十八条所称特殊情况下，由付款方向收款方开具发票，是指下列情况：<br>（一）收购单位和扣缴义务人支付个人款项时；<br>（二）国家税务总局认为其他需要由付款方向收款方开具发票的。<br>（注意：根据国家税务总局令第56号，将原第二十四条改为第二十二条，将原内容中第十九条修订为第十八条。） |
| **第二十五条** 向消费者个人零售小额商品或者提供零星服务的，是否可免予逐笔开具发票，由省税务局确定。 | **第二十三条** 向消费者个人零售小额商品或者提供零星服务的，是否可免予逐笔开具发票，由省税务局确定。<br>（注意：根据国家税务总局令第56号，将原第二十五条改为第二十三条。） |
| **第二十六条** 填开发票的单位和个人必须在发生经营业务确认营业收入时开具发票。未发生经营业务一律不准开具发票。 | **第二十四条** 填开发票的单位和个人必须在发生经营业务确认营业收入时开具发票。未发生经营业务一律不准开具发票。<br>（注意：根据国家税务总局令第56号，将原第二十六条改为第二十四条。） |
| 新增→ | **第二十五条** 《办法》第十九条规定的不得变更金额，包括不得变更涉及金额计算的单价和数量。<br>（注意：根据国家税务总局令第56号，增加本条款，作为第二十五条。） |

续表

| 《中华人民共和国发票管理办法实施细则》<br>2019 年 7 月 24 日第三次修正 | 《中华人民共和国发票管理办法实施细则》<br>2024 年 1 月 15 日第四次修正 |
| --- | --- |
| **第二十七条**　开具发票后，如发生销货退回~~需开红字发票的~~，~~必须~~收回原发票并注明“作废”字样~~或取得对方有效证明~~。<br>开具发票后，如发生销售折让的，必须在收回原发票并注明“作废”字样后重新开具销售发票或取得对方有效证明后开具红字发票。<br>（原条款有修订） | **第二十六条**　开具纸质发票后，如发生销售退回、开票有误、应税服务中止等情形，需要作废发票的，应当收回原发票全部联次并注明“作废”字样后作废发票。<br>开具纸质发票后，如发生销售退回、开票有误、应税服务中止、销售折让等情形，需要开具红字发票的，应当收回原发票全部联次并注明“红冲”字样后开具红字发票。无法收回原发票全部联次的，应当取得对方有效证明后开具红字发票。<br>（注意：根据国家税务总局令第 56 号，将原第二十七条改为第二十六条，内容修改为：“开具纸质发票后，如发生销售退回、开票有误、应税服务中止等情形，需要作废发票的，应当收回原发票全部联次并注明‘作废’字样后作废发票。<br>“开具纸质发票后，如发生销售退回、开票有误、应税服务中止、销售折让等情形，需要开具红字发票的，应当收回原发票全部联次并注明‘红冲’字样后开具红字发票。无法收回原发票全部联次的，应当取得对方有效证明后开具红字发票。”） |
| 新增→ | **第二十七条**　开具电子发票后，如发生销售退回、开票有误、应税服务中止、销售折让等情形的，应当按照规定开具红字发票。<br>（注意：根据国家税务总局令第 56 号，增加本条款，作为第二十七条。） |
| **第二十八条**　单位和个人在开具发票时，~~必须做到~~按照号码顺序填开，填写项目齐全，内容真实，字迹清楚，全部联次一次打印，内容完全一致，并在发票联和抵扣联加盖发票专用章。<br>（原条款有修订） | **第二十八条**　单位和个人在开具发票时，应当填写项目齐全，内容真实。<br>开具纸质发票应当按照发票号码顺序填开，字迹清楚，全部联次一次打印，内容完全一致，并在发票联和抵扣联加盖发票专用章。<br>（注意：根据国家税务总局令第 56 号，将第二十八条修改为：“单位和个人在开具发票时，应当填写项目齐全，内容真实。<br>“开具纸质发票应当按照发票号码顺序填开，字迹清楚，全部联次一次打印，内容完全一致，并在发票联和抵扣联加盖发票专用章。”） |
| 新增→ | **第二十九条**　《办法》第二十一条所称与实际经营业务情况不符是指具有下列行为之一的：<br>（一）未购销商品、未提供或者接受服务、未从事其他经营活动，而开具或取得发票；<br>（二）有购销商品、提供或者接受服务、从事其他经营活动，但开具或取得的发票载明的购买方、销售方、商品名称或经营项目、金额等与实际情况不符。<br>（注意：根据国家税务总局令第 56 号，增加本条款，作为第二十九条。） |

续表

| 《中华人民共和国发票管理办法实施细则》<br>2019 年 7 月 24 日第三次修正 | 《中华人民共和国发票管理办法实施细则》<br>2024 年 1 月 15 日第四次修正 |
|---|---|
| **第二十九条** 开具发票应当使用中文。民族自治地方可以同时使用当地通用的一种民族文字。 | **第三十条** 开具发票应当使用中文。民族自治地方可以同时使用当地通用的一种民族文字。<br>（注意：根据国家税务总局令第 56 号，将原第二十九条改为第三十条。） |
| 新增→ | **第三十一条** 单位和个人向委托人提供发票领用、开具等服务，应当接受税务机关监管，所存储发票数据的最大数量应当符合税务机关的规定。<br>（注意：根据国家税务总局令第 56 号，增加本条款，作为第三十一条。） |
| 新增→ | **第三十二条** 开发电子发票信息系统为他人提供发票数据查询、下载、存储、使用等涉税服务的，应当符合税务机关的数据标准和管理规定，并与委托人签订协议，不得超越授权范围使用发票数据。<br>（注意：根据国家税务总局令第 56 号，增加本条款，作为第三十二条。） |
| **第三十条** 《办法》~~第二十六条~~所称规定的使用区域是指国家税务总局和省税务局规定的区域。<br>（原条款有修订） | **第三十三条** 《办法》第二十五条所称规定的使用区域是指国家税务总局和省税务局规定的区域。<br>（注意：根据国家税务总局令第 56 号，将原第三十条改为第三十三条，将原内容中“第二十六条”修订为“第二十五条”。） |
| 新增→ | **第三十四条** 《办法》第二十六条所称身份验证是指单位和个人在领用、开具、代开发票时，其经办人应当实名办税。<br>（注意：根据国家税务总局令第 56 号，增加本条款，作为第三十四条。） |
| **第三十一条** 使用~~发票~~的单位和个人应当妥善保管发票。发生发票丢失情形时，应当于发现丢失当日书面报告税务机关。<br>（原条款有修订） | **第三十五条** 使用纸质发票的单位和个人应当妥善保管发票。发生发票丢失情形时，应当于发现丢失当日书面报告税务机关。<br>（注意：根据国家税务总局令第 56 号，将原第三十一条改为第三十五条，将原内容中“发票”修订为“纸质发票”。） |
| **第五章 发票的检查** | **第五章 发票的检查** |
| 新增→ | **第三十六条** 税务机关在发票检查中，可以对发票数据进行提取、调出、查阅、复制。<br>（注意：根据国家税务总局令第 56 号，增加本条款，作为第三十六条。） |
| **第三十二条** 《办法》~~第三十二条~~所称发票换票证仅限于在本县（市）范围内使用。需要调出外县（市）的发票查验时，应当提请该县（市）税务机关调取发票。<br>（原条款有修订） | **第三十七条** 《办法》第三十一条所称发票换票证仅限于在本县（市）范围内使用。需要调出外县（市）的发票查验时，应当提请该县（市）税务机关调取发票。<br>（注意：根据国家税务总局令第 56 号，将原第三十二条改为第三十七条，将原内容中“第三十二条”修订为“第三十一条”。） |

续表

| 《中华人民共和国发票管理办法实施细则》<br>2019 年 7 月 24 日第三次修正 | 《中华人民共和国发票管理办法实施细则》<br>2024 年 1 月 15 日第四次修正 |
|---|---|
| **第三十三条**　用票单位和个人有权申请税务机关对发票的真伪进行鉴别。收到申请的税务机关应当受理并负责鉴别发票的真伪；鉴别有困难的，可以提请发票监制税务机关协助鉴别。<br>在伪造、变造现场以及买卖地、存放地查获的发票，由当地税务机关鉴别。 | **第三十八条**　用票单位和个人有权申请税务机关对发票的真伪进行鉴别。收到申请的税务机关应当受理并负责鉴别发票的真伪；鉴别有困难的，可以提请发票监制税务机关协助鉴别。<br>在伪造、变造现场以及买卖地、存放地查获的发票，由当地税务机关鉴别。<br>（注意：根据国家税务总局令第 56 号，将原第三十三条改为第三十八条。） |
| **第六章　罚　　则**<br>**第三十四条**　税务机关对违反发票管理法规的行为进行处罚，应当将行政处罚决定书面通知当事人；对违反发票管理法规的案件，应当立案查处。<br>~~对违反发票管理法规的行政处罚，~~由县以上税务机关决定；罚款额在 2000 元以下的，可由税务所决定。<br>（原条款有修订） | **第六章　罚　　则**<br>**第三十九条**　税务机关对违反发票管理法规的行为依法进行处罚的，由县以上税务机关决定；罚款额在 2000 元以下的，可由税务所决定。<br>（注意：根据国家税务总局令第 56 号，将原第三十四条改为第三十九条，内容修改为“税务机关对违反发票管理法规的行为依法进行处罚的，由县以上税务机关决定；罚款额在 2000 元以下的，可由税务所决定。”） |
| 新增→ | **第四十条**　《办法》第三十三条第六项规定以其他凭证代替发票使用的，包括：<br>（一）应当开具发票而未开具发票，以其他凭证代替发票使用；<br>（二）应当取得发票而未取得发票，以发票外的其他凭证或者自制凭证用于抵扣税款、出口退税、税前扣除和财务报销；<br>（三）取得不符合规定的发票，用于抵扣税款、出口退税、税前扣除和财务报销。<br>构成逃避缴纳税款、骗取出口退税、虚开发票的，按照《中华人民共和国税收征收管理法》《办法》相关规定执行。<br>（注意：根据国家税务总局令第 56 号，增加本条款，作为第四十条。） |
| **第三十五条**　《办法》~~第四十条~~所称的公告是指，税务机关应当在办税场所或者广播、电视、报纸、期刊、网络等新闻媒体上公告纳税人发票违法的情况。公告内容包括：纳税人名称、纳税人识别号、经营地点、违反发票管理法规的具体情况。<br>（原条款有修订） | **第四十一条**　《办法》第三十八条所称的公告是指，税务机关应当在办税场所或者广播、电视、报纸、期刊、网络等新闻媒体上公告纳税人发票违法的情况。公告内容包括：纳税人名称、统一社会信用代码或者纳税人识别号、经营地点、违反发票管理法规的具体情况。<br>（注意：根据国家税务总局令第 56 号，将原第三十五条改为第四十一条，在原内容中增加“统一社会信用代码”。） |
| **第三十六条**　对违反发票管理法规情节严重构成犯罪的，税务机关应当依法移送司法机关处理。 | **第四十二条**　对违反发票管理法规情节严重构成犯罪的，税务机关应当依法移送司法机关处理。<br>（注意：根据国家税务总局令第 56 号，将原第三十六条改为第四十二条。） |

续表

| 《中华人民共和国发票管理办法实施细则》2019 年 7 月 24 日第三次修正 | 《中华人民共和国发票管理办法实施细则》2024 年 1 月 15 日第四次修正 |
|---|---|
| **第七章 附　则** | **第七章 附　则** |
| **第三十七条** 《办法》和本实施细则所称“以上”“以下”均含本数。 | （注意：根据国家税务总局令第 56 号，将原第三十七条删除。） |
| 新增→ | **第四十三条** 计划单列市税务局参照《办法》中省、自治区、直辖市税务局的职责做好发票管理工作。<br>（注意：根据国家税务总局令第 56 号，增加本条款，作为第四十三条。） |
| **第三十八条** 本实施细则自~~2011 年 2 月 1 日~~起施行。<br>（原条款有修订） | **第四十四条** 本实施细则自 2024 年 3 月 1 日起施行。<br>（注意：根据国家税务总局令第 56 号，将原第三十八条改为第四十四条，将原内容中“2011 年 2 月 1 日”修订为“2024 年 3 月 1 日”。） |

# 第五节　其他与发票相关的税收政策

## 一、关于企业所得税税前扣除的规定

### （一）不得在企业所得税税前扣除的规定

《中华人民共和国企业所得税法》（以下简称《企业所得税法》）第八条规定：“企业实际发生的与取得收入有关的、合理的支出，包括成本、费用、税金、损失和其他支出，准予在计算应纳税所得额时扣除。”这是虚开增值税发票不得在企业所得税税前扣除的政策依据之一。

根据《国家税务总局关于发布〈企业所得税税前扣除凭证管理办法〉的公告》（国家税务总局公告 2018 年第 28 号）第十二条规定，企业取得虚开发票不得作为税前扣除凭证。

### （二）可以在企业所得税税前扣除的规定

根据国家税务总局公告 2018 年第 28 号第十五条规定，税务机关发现企业取得不合规发票，企业应当自被告知之日起 60 日内补开、换开符合规定的发票或者按照规定提供相关资料证实其支出真实性后，相应支出可以在发生年度税前扣除。

需要注意的是，在处理取得虚开发票案件时，即使是善意取得虚开发票的，也需要在规定的期限补开、换开符合规定的发票，或者按照规定提供相关资料证实其支出真实性，否则相应支出不得在发生年度税前扣除。

国家税务总局公告 2018 年第 28 号第十四条规定，企业在补开、换开发票、其他外部凭证过程中，因对方注销、撤销、依法被吊销营业执照、被税务机关认定为非正常户等特殊原因无法补开、换开发票、其他外部凭证的，可凭以下资料证实支出真实性后，其支出允许税前扣除：

（1）无法补开、换开发票、其他外部凭证原因的证明资料（包括工商注销、机构撤销、列入非正常经营户、破产公告等证明资料）；

（2）相关业务活动的合同或者协议；

（3）采用非现金方式支付的付款凭证；

（4）货物运输的证明资料；

（5）货物入库、出库内部凭证；

（6）企业会计核算记录以及其他资料。

上述第（1）—（3）项为必备资料。

## 二、异常发票的税收处理规定

2019 年 11 月，国家税务总局出台《关于异常增值税扣税凭证管理等有关事项的公告》（国家税务总局公告 2019 年第 38 号，以下简称 38 号公告），对增值税异常凭证的范围进行了归纳与整合，并规定自 2020 年 2 月 1 日起施行。

### （一）增值税异常凭证的六类情形

增值税扣税凭证一直是税务机关的管控重点，也是纳税人抵扣增值税的必备条件。一旦纳税人对增值税异常凭证处理不妥，就会带来一定的税收风险，也会造成国家税款流失。38 号公告从防范税收风险的前置环节入手，最大限度地遏制不法分子虚开增值税发票、恶意逃避税收监管行为的发生，为税务机关加强税收管理和提升税收执法效率提供了依据。笔者归纳了六类列入增值税异常凭证的情形，这些情形不得抵扣增值税税款和办理出口退税及留抵退税业务。

1. 防伪税控系统“失控发票”

38 号公告第一条第（一）项将纳税人丢失、被盗税控专用设备中未开具或已开具未上传的增值税专用发票列入异常凭证范围。应结合防伪税控系统的实时比对、在线上传等功能，加强“失控”状态下增值税专用发票的管理，防止不法分子利用系统设置间隙骗取抵扣税款。

2. 未按规定纳税的非正常户

38号公告第一条第（二）项将非正常户纳税人未向税务机关申报或未按规定缴纳税款的增值税专用发票列入异常凭证范围。将《国家税务总局关于建立增值税失控发票快速反应机制的通知》（国税发〔2004〕123号）[①] 规定的一些尚未办理增值税纳税申报或缴纳税款的企业，开具发票可能存在虚假行为，但税收征管部门只有采集失控发票数据上传或移交稽查部门处理的功能（含稽查部门案件查处中发现的走逃企业），而不能在前置环节有效快速地处理异常发票的税收问题，调整为税收管理部门对上述情形可以直接进行处理，及时防范虚开发票行为的发生。

3. 比对不符或不通过的发票

38号公告第一条第（三）项将增值税发票管理系统稽核比对发现“比对不符”“缺联”“作废”的增值税专用发票列入异常凭证范围。主要考虑到《国家税务总局关于金税工程增值税征管信息系统发现的涉嫌违规增值税专用发票处理问题的通知》（国税函〔2006〕969号）规定的增值税专用发票稽核系统发现涉嫌违规发票分“比对不符”“缺联”和“作废”等类型，暂不得作为增值税进项税额的抵扣凭证（此部分内容已于2020年2月1日起废止），应由管理部门按照审核检查的有关规定进行核查，并按有关规定进行处理，在税收处理方式上表述过于模糊。现在将这些类型列入异常凭证的范围，有利于税务机关行政执法。

4. 涉嫌虚开或未缴消费税的发票

38号公告第一条第（四）项将经税务总局、省税务局大数据分析发现，纳税人开具的增值税专用发票存在涉嫌虚开、未按规定缴纳消费税等情形列入异常凭证范围。此项属于新增条款，是税务机关通过大数据风险防控比对系统，为及时发现和识别涉嫌虚开增值税专用发票及未按规定缴纳消费税而采取的主动预防措施。

5. 走逃（失联）企业开具的发票

38号公告第一条第（五）项将属于《国家税务总局关于走逃（失联）企业开具增值税专用发票认定处理有关问题的公告》（国家税务总局公告2016年第76号）第二条第（一）项规定情形的增值税专用发票列入异常凭证范围。具体来说，商贸企业购进、销售货物名称严重背离的；生产企业无实际

① 国税发〔2004〕123号文件2020年2月1日起废止。

生产加工能力且无委托加工，或生产能耗与销售情况严重不符的，或购进货物并不能直接生产其销售的货物且无委托加工的；直接走逃失踪不纳税申报，或虽然申报但通过填列增值税纳税申报表相关栏次，规避税务机关审核比对，进行虚假申报的均属于异常凭证范围。38号公告第一条第（五）项重申了走逃（失联）企业开具的异常凭证是防范税收风险的重点。

6. 增扩一项异常凭证的范围

38号公告第二条将增值税一般纳税人申报抵扣异常凭证，同时符合下列情形的，其对应开具的增值税专用发票列入异常凭证范围：一是异常凭证进项税额累计占同期全部增值税专用发票进项税额70%（含）以上的；二是异常凭证进项税额累计超过5万元的。纳税人尚未申报抵扣、尚未申报出口退税或已作进项税额转出的异常凭证，其涉及的进项税额不计入异常凭证进项税额的计算。应当注意的是，该条款所述只限于增值税专用发票，不包括其他凭证抵扣进项税额70%比例和累计超过5万元的异常凭证。

**（二）列入异常凭证范围的税收处理**

38号公告第三条针对纳税人取得的增值税异常凭证，规定了下列不同的税收处理方式。

1. 异常凭证抵扣进项税额的处理

对尚未申报抵扣增值税进项税额的暂缓抵扣，已抵扣进项税额的一律做转出处理（另有规定除外）。

2. 异常凭证办理出口退税的处理

对尚未申报出口退税或者已申报但尚未办理出口退税的，暂不允许办理出口退税（另有规定除外）。如果适用增值税免抵退税办法的纳税人已经办理出口退税的，应根据列入异常凭证范围的增值税专用发票上注明的增值税税额作进项税额转出处理；适用增值税免退税办法的纳税人已经办理出口退税的，税务机关应按照现行规定对列入异常凭证范围的增值税专用发票对应的已退税款追回；纳税人因骗取出口退税停止出口退（免）税期间取得的增值税专用发票列入异常凭证范围的，尚未申报抵扣增值税进项税额的，暂不允许抵扣；已经申报抵扣增值税进项税额的，除另有规定外，一律作进项税额转出处理。

3. 异常凭证用于抵扣消费税的处理

消费税纳税人以外购或委托加工收回的已税消费品为原料连续生产应税消费品，尚未申报扣除原料已纳消费税税款的，暂不允许抵扣；已经申报抵扣的，冲减当期允许抵扣的消费税税款，当期不足冲减的应当补缴税款。

4. 采用信用企业特殊对待原则

纳税信用A级纳税人取得异常凭证且已经申报抵扣增值税、办理出口退税或抵扣消费税的，可以自接到税务机关通知之日起10个工作日内，向主管税务机关提出核实申请。经税务机关核实，符合相关规定的，可不作进项税额转出、追回已退税款、冲减当期允许抵扣的消费税税款等处理。纳税人逾期未提出核实申请的，应于期满后按照上述异常凭证的税收规定处理。该项处理与《国家税务总局关于纳税信用修复有关事项的公告》（国家税务总局公告2019年第37号）前后协调、相辅相成，以推动企业纳税信用等级管理的升级，让纳税人切实体验到依法纳税、信用第一的重要性。

5. 充分发挥税收救济手段

纳税人对税务机关认定的异常凭证存有异议，可以向主管税务机关提出核实申请。经税务机关核实符合相关规定的，纳税人可以继续申报抵扣、申请出口退税或申报抵扣消费税。

## 三、查处虚开发票案件的相关规定

根据《意见》要求，要充分发挥税收大数据作用，依托税务网络可信身份体系对发票开具、使用等进行全环节即时验证和监控，实现对虚开骗税等违法犯罪行为惩处从事后打击向事前事中精准防范转变。健全违法查处体系，充分依托国家“互联网+监管”系统多元数据汇聚功能，精准有效打击“假企业”虚开发票、“假出口”骗取退税、“假申报”骗取税费优惠等行为，保障国家税收安全。对重大涉税违法犯罪案件，依法从严查处曝光并按照有关规定纳入企业和个人信用记录，共享至全国信用信息平台。

### （一）最高人民法院的规定

根据《最高人民法院关于在司法机关对当事人虚开增值税专用发票罪立案侦查之后刑事判决之前，税务机关又以同一事实以偷税为由对同一当事人能否作出行政处罚问题的答复》（〔2008〕行他字第1号）规定：税务机关在发现涉嫌犯罪并移送公安机关进行刑事侦查后，不再针对同一违法行为作出行为罚和申诫罚以外的行政处罚；刑事被告人构成涉税犯罪并被处以人身和财产的刑罚后，税务机关不应再作出罚款的行政处罚。

### （二）《税务稽查案件办理程序》的规定

根据《税务稽查案件办理程序规定》（国家税务总局令第52号）规定，

稽查局可以在立案前进行检查。同时，明确税务稽查案件办理期限，稽查局应当自立案之日起 90 日内作出行政处理、处罚决定或者无税收违法行为结论。案情复杂需要延期的，经税务局局长批准，可以延长不超过 90 日；特殊情况或者发生不可抗力需要继续延期的，应当经上一级税务局分管副局长批准，并确定合理的延长期限。

**（三）《重大税务案件审理办法》的规定**

根据《国家税务总局关于修改〈重大税务案件审理办法〉的决定》（国家税务总局令第51号）规定，自2021年8月1日起施行，有下列情形之一的案件，不属于重大税务案件审理范围：

1. 公安机关已就税收违法行为立案的；

2. 公安机关尚未就税收违法行为立案，但被查对象为走逃（失联）企业，并且涉嫌犯罪的；

3. 国家税务总局规定的其他情形。

**（四）骗取留抵退税的相关规定**

根据《国家税务总局关于办理增值税期末留抵税额退税有关事项的公告》（国家税务总局公告2019年第20号）第十六条规定，纳税人以虚增进项、虚假申报或其他欺骗手段骗取留抵退税的，由税务机关追缴其骗取的退税款，并按照《税收征管法》等有关规定处理。

## 四、税务行政处罚裁量权规定

国家税务总局公告2016年第78号第十三条第二项规定，对当事人的同一个税收违法行为不得给予两次以上罚款的行政处罚。当事人同一个税收违法行为违反不同行政处罚规定且均应处以罚款的，应当选择适用处罚较重的条款。该条款与现行《中华人民共和国行政处罚法》（以下简称《行政处罚法》）第二十九条规定“对当事人的同一个违法行为，不得给予两次以上罚款的行政处罚”是一脉相承的，即行政处罚“一事不二罚”原则。上述“同一个违法行为”是指当事人实施了一个违反行政法规范的行为或者说一个违反行政管理秩序的行为，当事人在客观上仅有一个独立完整的违法事实。该原则的本质是，不能对同一当事人的同一违法行为，以同一事实和同一理由给予两次以上的行政处罚，防止重复处罚、多头处罚，强调了一事不二罚、责令限期改正、不予处罚、从轻及减轻处罚等裁量规则适用。而在实务中，当同一个违法行为同时触犯不同的法律规范时，税务机关可能会有不同的处罚规定，并出现对同一个违法事实按照多个相同类型进行处罚的情形。比如，纳税人编造虚假计税依据导致少缴税款，可能会触犯《税收征管法》第六十三条和第六十四条相关规定，涉及两类罚款规定，对纳税人同一事件采取重复性执法处罚。对此，新《行政处罚法》在第二十九条增加了“同一个违法行为违反多个法律规范应当给予罚款处罚的，按照罚款数额高的规定处罚”的规定，即“从一重处”原则，为上述税务处罚条款提供了上位法依据，使“一事不二罚”原则在税务执法过程中得到更好的应用。

综上分析，在理解概念上需要把握以下几点：一是同一个违法行为是指一个独立的违法行为而非一类违法行为。二是同一个违法行为在实施的主体上，是同一违法行为人。三是同一个违法行为是指一个违法事实而非一次违法事件。四是同一个违法行为，指的是该违法行为的全貌，如果违法行为人针对该行为向行政处罚主体作了重大欺瞒，且该欺瞒导致处罚主体对该违法行为的定性和施罚产生重大影响，则处罚主体在第一次处罚后可以根据新查明的事实情况对违法当事人追加处罚。比如，某企业在首次虚开增值税发票受到处罚后，仍采取非法手段继续对外虚开增值税发票屡犯不止的，应追加处罚。

## 五、联合惩戒措施的相关规定

国家发展改革委、税务总局等部门印发《关于对重大税收违法案件当事人实施联合惩戒措施的合作备忘录（2016 版）》（发改财金〔2016〕2798 号），规定了 28 项联合惩戒措施，惩戒对象为包括虚开在内的重大税收违法案件信息中所列明的当事人。28 项联合惩戒措施如下：

1. 纳税信用级别直接判定为 D 级，适用《纳税信用管理办法（试行）》关于 D 级纳税人的管理措施，通报有关部门；

2. 阻止出境；

3. 限制担任相关职务；

4. 金融机构融资授信参考；

5. 禁止部分高消费行为；

6. 向社会公示；

7. 限制取得政府供应土地；

8. 强化检验检疫监督管理，直接列为出入境检验检疫信用 D 级，实行限制性管理措施；

9. 依法禁止参加政府采购活动；

10. 禁止适用海关认证企业管理；

11. 限制证券期货市场部分经营行为；

12. 限制保险市场部分经营行为；

13. 禁止受让收费公路权益；

14. 依法依规限制政府性资金支持；

15. 从严审核企业债券发行、依法限制公司债券发行；

16. 依法限制进口关税配额分配；

17. 通过主要新闻网站向社会公布；

18. 从严控制生产许可证发放；

19. 限制从事互联网信息服务；

20. 依法限制参与有关公共资源交易活动；

21. 依法限制参与基础设施和公用事业特许经营；

22. 对失信注册执业人员等实施市场和行业禁入；

23. 撤销荣誉称号，取消参加评先评优资格；

24. 支持行业协会商会对失信会员实行警告、行业内通报批评、公开谴责、不予接纳、劝退等；

25. 强化外汇管理；

26. 限制在认证行业执业；

27. 限制取得认证机构资质，限制获得认证证书；

28. 其他。

对公布的重大税收违法案件当事人，相关部门和社会组织在行政许可、新增项目审批核准、强制性产品认证、授予荣誉等方面予以参考，进行必要的限制或者禁止。

## 六、重大税收违法失信主体的相关规定

根据《重大税收违法失信主体信息公布管理办法》（国家税务总局令第54号）规定，重大税收违法失信案件（黑名单）的标准，其中涉及虚开发票的有：

1. 虚开增值税专用发票或者虚开用于骗取出口退税、抵扣税款的其他发票的；

2. 虚开增值税普通发票100份以上或者金额400万元以上的；

3. 具有偷税、逃避追缴欠税、骗取出口退税、抗税、虚开发票等行为，在稽查案件执行完毕前，不履行税收义务并脱离税务机关监管，经税务机关检查确认走逃（失联）的；

对税收违法“黑名单”虚开发票案件当事人，依法采取以下措施：

1. 纳税信用级别直接判为D级，适用相应的D级纳税人管理措施；

2. 税务机关将当事人信息提供给参与实施联合惩戒的相关部门，由相关部门依法对当事人采取联合惩戒和管理措施；

3. 税务机关依法采取的其他严格管理措施。

D级纳税人管理措施如下：

（1）公开D级纳税人及其直接责任人员名单，对直接责任人员注册登记或者负责经营的其他纳税人纳税信用直接判定为D级。

（2）增值税专用发票领用按辅导期一般纳税人政策办理，普通发票的领用实行交（验）旧供新、严格限量供应。

（3）出口企业退税管理类别直接定为四类，并按《出口退（免）税企业分类管理办法》中对四类出口企业申报退税审核管理的规定从严审核办理退税。

（4）缩短纳税评估周期，严格审核其报送的各种资料。

（5）列入重点监控对象，提高监督检查频次，发现税收违法违规行为的，不得适用规定处罚幅度内的最低标准。

（6）将纳税信用评价结果通报相关部门，按照法律法规等有关规定，在经营、投融资、取得政府供应土地、进出口、出入境、注册新公司、工程招投标、政府采购、获得荣誉、安全许可、生产许可、从业任职资格、资质审核等方面予以限制或禁止。

（7）D级评价保留2年，第三年纳税信用不得评价为A级。

（8）税务机关与相关部门实施的联合惩戒措施，以及结合实际情况依法采取的其他严格管理措施。

（9）列入稽查随机抽查对象异常名录。[《税务稽查随机抽查对象名录库管理办法（试行）》（税总发〔2016〕73号）]

（10）不得申请享受资源综合利用项目增值税即征即退政策。[《资源综合利用产品和劳务增值税优惠目录》（财税〔2015〕78号）]

（11）销售自产新型墙体材料，D级纳税人不得申请享受增值税即征即退50%的政策。[《财政部　国家税务总局关于新型墙体材料增值税政策的通知》

（财税〔2015〕73号）]

（12）不得成为退税商店。[《境外旅客购物离境退税管理办法（试行）》（国家税务总局公告2015年第41号）]

（13）不得选择使用网上申领方式领用增值税发票。[《国家税务总局关于全面推行增值税发票网上申领有关问题的通知》（税总函〔2016〕638号）]

（14）对安置残疾人的纳税人，以及特殊教育学校举办的企业，实行限额即征即退增值税的办法，D级纳税人不得享受。[《财政部　国家税务总局关于促进残疾人就业增值税优惠政策的通知》（财税〔2016〕52号）]

（15）已认定的享受免税优惠政策的非营利组织，如果被认定为D级纳税人，应自该情形发生年度起取消其资格。[《财政部　税务总局关于非营利组织免税资格认定管理有关问题的通知》（财税〔2018〕13号）]

（16）申请注销时，不能采取"承诺制"容缺办理。[《国家税务总局关于进一步优化办理企业税务注销程序的通知》（税总发〔2018〕149号）]

（17）从事污染防治的第三方企业近3年内纳税信用等级被评定为D级不能够减按15%的税率征收企业所得税。[《财政部　税务总局　国家发展改革委　生态环境部关于从事污染防治的第三方企业所得税政策问题的公告》（财政部　税务总局　国家发展改革委　生态环境部公告2019年第60号）、《财政部　税务总局关于延长部分税收优惠政策执行期限的公告》（财政部　税务总局公告2022年第4号）]

（18）不能申请退还留抵税额。[《财政部　税务总局　海关总署关于深化增值税改革有关政策的公告》（财政部　税务总局　海关总署公告2019年第39号）]

（19）不得申请"税银互动"贷款。[《国家税务总局　中国银行保险监督管理委员会关于深化和规范"银税互动"工作的通知》（税总发〔2019〕113号）]

# 下　篇

# 税收监管典型案例剖析

# 第四章　虚开发票典型案例剖析

本章选取虚开增值税发票涉税典型案例，解读“暴力虚开”“富余票虚开”等虚开类型的特征手段，聚焦当前虚开增值税专用发票的新形式、新特点、新趋势，深入开展案件剖析，引导税务执法人员重塑税收监管理念、防范税收重大执法风险，切实保障国家税收安全，推动构建公平有序的税收营商环境。

## 案例 1

### “暴力虚开”增值税发票案例剖析

本案例中，A 市税务局稽查局（以下简称 A 市稽查局）以税源管理部门移送的甲纺织有限公司（以下简称甲公司）发票开具异常情况为案源，以涉案关联人员为引线，从案件根源查起，顺藤摸瓜发现并快速摧毁一个“暴力虚开”增值税发票（本案以下简称虚开发票）犯罪团伙。通过案例解析，帮助税务执法人员了解“暴力虚开”案件的特点及手段，有利于税务执法人员理清检查思路，拓展检查方法，提升案件查办质效。

#### 一、基本案情

甲公司于 2022 年 8 月登记注册，注册资本为 50 万元人民币，登记注册地址及生产经营地址均为 A 市 M 区 N 街道丁社区居民委员会（以下简称丁居委会）附属用房，主要经营针纺织品及辅料、床上用品销售，系增值税一般纳税人，企业所得税征收方式为查账征收。

甲公司 2022 年 8—10 月申报增值税合计为 833710.80 元、城市维护建设税合计为58359.76元、教育费附加合计为25011.32元、地方教育附加合计为16674.22元，且以上所申报税款均未缴纳入库，税务机关催缴时，甲公司以新办企业资金紧张等理由拖延缓缴，形成欠税，再次被催缴后走逃。

A市稽查局根据税源管理部门移送的线索，于2022年12月对甲公司的经营情况进行了初步核实，并成立A市稽查局专项检查组（以下简称检查组）立案检查。经查确定甲公司所开具的增值税发票全部为虚开，已出具《已证实虚开通知单》并附相关资料清单，并发往下游受票企业所在地税务机关依法处理，对涉案的其他28家空壳公司进行立案查处。

同时，将甲公司移交司法机关进行查处，最终发现该公司为空壳公司，犯罪嫌疑人通过非法控制包括甲公司在内的全市29家空壳公司，对外虚开发票2136份，价税合计2.01亿元，受票企业涉及全国17个省（市）共157家，存在涉及虚开增值税发票的事实，抓获虚开团伙的23名犯罪嫌疑人。

## 二、查办情况

### （一）案源分析

根据案源情况，检查组依据金税三期以及数据平台进行分析，发现甲公司存在下列疑点：一是有销无进。销售开具货物名称主要为棉纱、棉麻织布、针织布，税率为13%，但没有相应的生产和购进货物及凭证。二是集中开具发票。甲公司在2022年8—10月领购增值税专用发票75份，已开具73份，即领即开，基本每月将领用的发票一次性顶格开完。三是异常欠税。甲公司办理纳税申报后，没有将税款缴纳入库，形成欠税。

综合以上分析，甲公司具有明显的对外虚开发票的特征，应当立案查处。

### （二）调查取证

1. 查找失联（走逃）企业

检查组在稽查过程中，为了便于取证和了解情况，通过各种方式寻找甲公司：一是电话查找。甲公司办理税务登记时提供的法定代表人周某电话一直无人接听；拨打财务负责人孙某以及办税人员的联系电话，均已停机。二是实地查找。按照税务登记信息，检查组来到丁居委会附属用房查找，检查组向房屋出租方丁居委会出示了工商注册档案资料所附“房屋租赁协议”及“住所（经营场所）权属证明”的复印件，居委会主任称，在2022年7月中旬，两个外地口音的陌生人找到丁居委会说要租办公室，其中的金某当时就支付定金1000元，以甲公司名义签订了租赁合同，之后未付租金，且一直无法联系到人，甲公司未在该登记注册地址内办公经营。

2. 查找涉案嫌疑人员

主要采取以下方式找人：一是信息关联寻找涉税疑点。检查组核实信息后，确认金某是甲公司的监事，金某和甲公司财务负责人孙某在A市14家公司投资或任职。从这些公司登记信息以及开票信息看，疑点与甲公司高度相似，并且基本在1个月内将当月领用的增值税专用发票顶格开具，开具发票申报后未将税款缴纳入库。对此，检查组初步判断这很可能是虚开发票的团伙作案。二是部门联手寻找涉案人员。2023年1月，A市稽查局迅速向公安机关经侦部门移送涉案线索，在原检查组的基础上又成立"2·10"联合专案检查组（以下简称专案组）。专案组通过公安等部门依法调取相关资料，确认2022年7月中旬到丁居委会租赁办公室的正是金某和孙某。专案组及时应用技侦手段查找两人的同行同住人员，发现卞某多次为金某、孙某支付住宿费用。三是信息分析寻找涉税代理。专案组对卞某的基本信息进行分析，发现卞某是一家名为乙涉税代理有限公司（以下简称乙公司）的法人代表，核查发现上述14家公司由乙公司人员参与代理注册公司、办理税务登记、领票、开票。

3. 排查确定"假企业"

专案组从人与人之间的关联关系入手，顺藤摸瓜继续跟踪查询：一是锁定交叉任职。专案组根据金某和孙某任职的14家公司关键信息，通过税收风险分析模型发现，14家公司均成立于2022年1月之后，法定代表人、投资人、财务负责人、办税人员、领票人、开票人在各个公司之间交叉任职。二是锁定虚假信息。为了进一步确定14家公司的经营状态，寻找更多线索，专案组人员在核实登记注册地址真实情况时发现，这些公司的登记注册、生产经营地址均为虚假地址，公司"六员"（即企业法定代表人、财务负责人、办税人员、领票人、开票人、投资人）联系电话均无法拨通，并且有11家公司已处于非正常状态。三是锁定资金异常。专案组在检查14家公司的银行账户时发现，这些公司开设的银行账户内无任何资金流动信息。四是锁定无货销售。14家公司的经营范围涉及交通运输、建材、现代服务、纺织服装等多个行业，但14家公司均没有取得相应购进货物或接受劳务的增值税进项发票，属于典型的有销无进情形。五是锁定无货受票。专案组梳理下游接受虚开发票的企业信息后，进行反向核查，从中选择了4家位于A市的纺织行业、3家运输行业的受票企业实施实地协查。在专案组询问受票企业过程中，企业人员声称，他们在纺织面料市场进货、拉货运输时，某刘姓人员私下主动询问是否需要发票，只要支付一定的手续费就可以开具使用。

4. 斩断虚开黑色链条

2023 年 2 月 27 日，专案组在 A 市某小区当场抓获金某、孙某、卞某等人，现场查获营业执照、大量公章、银行卡、身份证、电脑、税控盘、空白发票、手机、打印机等作案工具。金某等 3 人对虚开发票的犯罪事实供认不讳，交代了幕后主谋高某联合不良涉税中介，在 A 市先后利用他人身份信息登记注册并控制包括上述 14 家公司在内的共计 29 家空壳公司虚开发票的行为。专案组对涉案的 29 家公司逐一建档，深入调查，确定了高某等人通过设立空壳公司虚开发票收取手续费的事实。该犯罪团伙组织架构、运转模式清晰，是一条完整的黑色产业链。随后，专案组对案件涉及的其他嫌疑人依法进行抓捕，包括高某、刘某在内的 23 名嫌疑人悉数落网，并被依法移送审查起诉。

**（三）违法手段**

从本案例看，高某等不法分子利用空壳公司虚开发票，其违法手段主要有以下四个方面：

一是设立空壳公司虚开。自 2022 年起，高某伙同金某、孙某购置了作案工具，采取虚假租赁场地、购买或骗取他人身份信息在 A 市先后登记注册 29 家空壳公司。

二是虚开手法简单直接。没有编造任何经营行为，没有伪造虚假的资金流、货物流，也没有制作账册凭证留存备查，仅是通过设立空壳公司向下游企业大肆虚开发票、申报后没有将税款缴纳入库，形成欠税后走逃。

三是虚开团伙化特征明确。整个案件呈现出比较明显的组织性、计划性。高某利用交通通信、网络技术飞速发展带来的便利，隐匿身份，在幕后遥控指挥、操控各个环节；短期内领票开票之后，即开即逃、不断转换区域，增加税收监管难度。

四是不良中介参与度较高。为了利用涉税中介的专业性和服务企业的便利，高某拉拢卞某及其涉税代理公司相关人员参与虚开，成为虚开发票的关键环节。不良涉税中介帮助虚开团伙非法设立空壳公司，制造虚假信息，牟取非法利益。

## 三、案例点评

当前在巨额利益的诱惑下，虚开发票案件日益增多，并且呈现出分工专业化、手段隐蔽化、作案智能化等发展趋势。因此，针对类似案件，税务执法人员需凭借高度的使命感以及稽查专业技能，积极主动迎难而上、攻坚克难。具体应做到五个方面：

一是强化数据赋能。税务执法人员要紧盯案件线索，从不法分子的信息关联入手循序渐进、抽丝剥茧进行排查和勾稽关系分析。通过案源扩展，斩断串联虚开发票的链条，揪出隐匿于涉案公司背后的不法黑手。新办注册企业越来越便利的同时，利用空壳公司“暴力虚开”的违法成本在不断降低、犯罪周期也在大幅缩短，犯罪手段复制性强、极易蔓延。因此，税务机关要加强对新办企业的欠税管理，根据“暴力虚开”企业短时间内集中开票的特征，调取在1个月以内甚至更短时间将发票全部开完的记录、纳税申报后不缴纳税款的记录，筛选出可疑虚开发票公司，快速启动相关阻断措施，实现虚开违法行为早发现、早打击，提升管控质效。

二是打击团伙作案。对虚开发票特征明显的新办企业实施差异化管理，对从事过涉嫌虚开发票的相关人员进行办税信用跟踪管理。同时，重点关注开票异常、同一登记注册地址、相近登记注册地址的企业，将这些零散企业利用“六员”关联画像联系起来，主动深挖细查，开展全方位涉税风险分析，实现由自然人行为透视企业行为，快速准确识别空壳公司、团伙性虚开发票的特征，审查是否构成虚开团伙，实现对“暴力虚开”不法团伙的全链条、全环节查处。

三是深化精诚共治。“暴力虚开”企业存活期较短，走逃失联方式更为直接，查证难度大，税务机关检查时，企业往往已经走逃。在税务执法人员检查手段有限的条件下，税务机关应充分发挥全国八部门联合打击涉税违法犯罪工作机制的作用，利用信息化手段、数据化资源相互合作、共享共治，综合以往虚开发票案件的违法特征和手段，开展大数据综合分析，多维度建立预警指标，探索标本兼治，以案促查、以查促治。

四是提升监管效能。注重分析涉税违法犯罪的新特点、新动向、新趋势，及时研究提出堵塞漏洞、加强管理的对策，疏通制约税收监管质效提升的卡点、堵点。同时，要聚焦精准监管，积极构建事前防住大多数、事中控住少数、事后打击极少数的闭环监管模式，始终以“零容忍”的态度预防、打击虚开发票行为，实现从传统监管向智慧监管转变，监管手段朝着精准化、高效化、信息化、智能化方向发展，促进税收监管效能的全面提升。

五是开展普法宣传。不法分子掩护身份的手段越发多样化，个人身份信息遭遇被外借、被骗、被卖的风险，甚至有中介团伙专门从事提供人员信息的非法活动，这为不法分子设立空壳公司搭建了便捷的平台，使其更加有机可乘。税务机关应有针对性地开展税收普法宣传工作，用真实案例引导帮助广大群众强化个人信息保密意识、增强涉税风险防范意识。

## 案例2

# “富余票虚开”增值税发票案例剖析

本案例中，B市税务局稽查局（以下简称B市稽查局）以接到的举报案源为引线，对B市甲纺织品有限公司（以下简称甲公司）开展税务检查，通过核实个人账户资金流向，从点到面进行资金追踪分析，发现甲公司利用“富余票”向下游企业虚开增值税专用发票（本案以下简称虚开发票）。通过本案例解析，旨在帮助税务执法人员了解和掌握“富余票虚开”的特点，以提高此类案件查处的业务技能和工作效率。

## 一、基本案情

甲公司于2017年12月登记注册，注册资本为3000万元人民币，登记注册地址及生产经营地址均为B市J镇H村29组，经营范围主要为纺织制成品、棉纱、棉线、棉布、服装辅料、床上用品的生产加工、销售等业务，产品全部内销，从业人数大于300人，系增值税一般纳税人，企业所得税征收方式为查账征收。

2023年4月，B市稽查局接到王某的实名举报，反映甲公司在2022年1—3月向其下游企业乙纺织品有限公司（以下简称乙公司）销售棉布约80万元，付款方式为微信支付，但一直未开具增值税发票，王某举报其有重大偷税漏税嫌疑。据此，B市稽查局于2023年5月成立检查组对甲公司立案检查。

经查，确定甲公司向5省（市）的21家企业虚开发票436份，金额合计为3261万元，税额合计为423.93万元，所开具的增值税专用发票全部为虚开，已出具《已证实虚开通知单》并附相关资料清单，并发往下游受票企业所在地税务机关依法处理。同时，将甲公司移交司法机关进行查处。

## 二、查办情况

### （一）案源分析

检查组首先分析了甲公司的行业特点、人员信息、申报情况、开票信息，主要有以下四个方面：

一是经营环境情况。甲公司是当地小有名气的家纺企业，紧邻某国际家纺城，与周边零散的中小纺织公司共同形成相应的产业集群。该产业集群从原料供应、要素投入到产品销售具有成熟的市场配置，产业链体系完整。二是公司登记情况。检查组通过查询金税三期系统、税收大数据管理平台等获悉，甲公司法定代表人、财务负责人、办税人均为B市当地人，自成立以来未进行过税务登记变更。三是发票开具情况。通过对甲公司上下游交易信息进行分析，上游主要购进棉纱、棉线，税率为13%，大多从B市当地购进；下游主要销售坯布、针织布、涤纶布等，税率为13%，销售覆盖区域较广，开票收入金额与申报销售情况基本一致，但未能查询到甲公司与乙公司交易的开票记录。四是纳税申报情况。分析该公司2020—2022年增值税、企业所得税入库明细，增值税实际税负、企业所得税应税所得率与同行业对比没有明显异常。

### （二）调查取证

检查组根据各种疑点展开了调查取证工作，主要从以下五个方面突破：

一是实地核查。检查组实地查看了甲公司的生产加工车间，有工人正在生产加工产品，仓库堆满了棉纱、棉线等原材料；检查组对公司的账册凭证进行了检查，财务核算初看较为规范。对此，检查组进一步核实了举报人的付款记录，发现举报人货款分笔支付给收款名称为“甲公司”的微信账户，经查询名称为“甲公司”的微信账户实际为法人代表周某妻子张某的私人微信账户。

二是突击询问。检查组当即决定对周某、财务负责人王某以及相关人员进行约谈，同时依法申请调取甲公司的银行账户资金信息以及周某、张某的银行卡账户、支付宝、微信收付信息。检查组亮出疑点后，周某声称，有次遇到妻子张某的同学陈某，陈某说自己所在的丙家用纺织品有限公司（以下简称丙公司）需要增值税发票抵扣税款，周某想到乙公司正好没有索要发票，而销售收入已经申报缴纳了税款，所以就将应该开给乙公司的增值税发票转开给丙公司。

检查组接着询问了财务负责人王某，王某称财务部门开票存在根据周某提供的收款凭证、销售合同、出库单等资料来开具发票的情况，这部分业务的开票过程不直接接触具体客户；询问张某，张某称不知情，自己从未使用名称为“甲公司”的微信账户。检查组分析，财务管理的脱节现象提示该公司可能存在利用“富余票”虚开发票的情况。

三是查证回流。检查组为核实周某、王某等人笔录的真实性，前往丙公司协查，陈某已经从丙公司离职。检查组多方寻找，未能找到陈某；检查组调取了甲公司、丙公司之间的付款记录、记账凭证，未发现明显异常。但在对甲公司、丙公司以及陈某银行卡账户资金往来穿透式检查中发现：2022 年 1—3 月，丙公司分 5 次合计汇款 796070. 00 元至甲公司工商银行对公账户，然后经由陈某银行卡快速汇回到丙公司法定代表人林某的银行卡。

经检查陈某银行卡还发现，M 省丁公司分 7 次合计汇款 2321300. 00 元至甲公司工商银行对公账户，再经由陈某银行卡快速汇到乔某、秦某个人银行卡。上述款项在受票方账户、开票方账户、个人银行账户之间快速流动，存在回流可能。

四是部门联办。针对以上线索，检查组认为案情重大，B 市稽查局和公安机关经侦部门在第一时间成立联合专项检查组（以下简称专案组）。专案组从 M 省外调归来，调查取证证实 M 省丁公司通过中间人陈某介绍，接受甲公司虚开发票金额合计 2054247. 79 元、税额合计 267052. 21 元，与甲公司实际并无真实业务往来，蔡某为丁公司的法定代表人，乔某、秦某为蔡某亲属，两人均在丁公司财务室工作。同时，专案组从 M 省某服装市场找到陈某，陈某交代，其帮助约 20 家公司从甲公司开具增值税发票，并协助这些公司伪造了购销合同，资金流、货物流信息，入库单。

同时，专案组分别对周某、张某、王某以及公司销售主管、生产主管等人进行了询问调查，向周某出示了其通过资金回流收取开票手续费的记录，在确凿证据面前，周某承认了其将“富余票”销售给了陈某联系的下游企业，并收取手续费。

五是固定证据。经过与公安部门协作，专案组顺利地对涉案人员进行询问，制作了《询问（调查）笔录》；与银行协作，调取了涉案人员的银行资金信息，通过对涉案人员的银行资金信息，微信、支付宝收付款信息，开票信息，账外账进行比对分析，把甲公司与下游受票企业“资金旅游”的时间、金额与进销项发票的开具时间相互比较、相互印证，发现甲公司购进业务较为规范，销售业务则面向大量不需要发票的单位和个人。在剔除退货、违约、订金返回等因素造成的反向资金流动后，厘清了涉案业务所对应的发票、资金回流情况，画出“资金回流线路图”，计算归集开票手续费，确定甲公司利用“富余票”以收取发票总额4%左右手续费的形式向21家下游企业虚开发票，虚开金额合计为3261万元，税额合计为423.93万元。

为了进一步固定证据链，专案组在当地税务机关的协助下，对另外19家下游受票企业进行了核查，检查了与受票相关的账务、凭证、合同等资料，对受票企业法人代表、财务负责人分别进行了询问，获取证人证言，最终确认21家下游受票企业由陈某牵线，支付手续费取得甲公司开具的增值税专用发票，其与甲公司均无真实业务往来。

案件调查取证结束后，专案组将证据资料移交司法部门审查起诉。

**（三）违法手段**

本案例中，由于下游个体经营户往往通过微信、支付宝进行付款，不经过公司对公账户，不需要发票，甲公司积累了多余的发票，周某逐渐产生了侥幸心理，认为只要虚开发票票面金额不大，且开票手段隐蔽，就不易被税务机关发现。其主要违法手段表现为以下四种：

一是账外“经营”。甲公司是纺织行业中具有一定规模的企业，地处纺织企业集中区域，周边有很多个体经营户不需要开具发票。周某则通过设置账外账记录已经申报纳税但未开票的收入，方便虚开发票给无真实交易的第三方企业。

二是真中有假。甲公司平时正常生产经营，周某以真实业务为掩护，将积累的“富余票”通过中间人陈某介绍销售给下游有需要发票抵扣税款、虚增成本的企业，甲公司业务有真有假，比较隐蔽，日常监管过程中很难发现其存在的问题。

三是伪造资料。为了防止被税务机关稽查，周某等人伪造销售合同、发货记录、物流信息，通过邮寄等方式传递给下游受票企业。

四是收取手续费。周某伙同陈某通过资金账面收付来进行掩护，伪造资金流，收取开票手续费，陈某则从中取得好处费。

## 三、案例点评

本案例是一起典型的利用应开而未开发票的“富余票虚开”案件。它与“暴力虚开”增值税发票相比，有自身的特点。

一是“富余票虚开”表现为增值税链条断点。“富余票虚开”大多发生在销售业务面向不需要增值税专用发票的小规模纳税人、自然人消费者较多或个体工商户密集的行业，比如加油站、住宿、餐饮、手机批发、建材、家纺等行业。不法分子利用下游企业不主动索要发票的机会，将发票开具给没有真实货物交易的第三方，增值税抵扣链条发生错位，违背了增值税发票开具最基本的法律规定。

二是支付方式多样化带来新的挑战。除了企业、个人通过银行账户支付外，首先现金支付无痕可查，如果企业现金收入不入账，税务执法人员很难查到相关证据；其次通过微信、支付宝等平台支付，款项先支付至微信或支付宝平台暂存，之后可以选择提现至某个银行卡，追踪资金去向面临困难，资金数据量大且无明显规律，对税务执法人员的资金分析能力以及税务机关的监管效率提出了更高要求。

三是纳税人防范风险的法律意识薄弱。少数纳税人错误地认为，只要对自己的收入进行申报缴税，就不会有税收风险。他们在没有真实业务支撑或者在与真实业务不符的条件下，为其他企业开具发票，并且对虚开发票的法律后果认识不足。

针对“富余票虚开”案件的特征，税务机关在监管过程中，应注意以下事项：

一是重点关注未开票收入。有些企业发生销售业务但未对外开具发票，通过不申报或少申报相关销售收入，以达到偷逃税的目的；有些企业则选择将“富余票”对外虚开，从中赚取手续费，虽然“富余票”产生时存在真实业务，但企业对外虚开发票时并无真实业务交易发生。

二是建立税收数据监管模型。通过收集、整理、分析税收数据，实现税收监管的信息化、智能化和自动化。从行业特点、区域特征、业务特性等方面进行系统性风险评估，总结规律，选取风险指标，建立税收数据监管模型，实时预警，提高风险识别精准度，提升税收监管的科学性和准确性，根据税收征管数字化和智能化要求，对发票虚开进行全周期监管。

三是加强宣传和舆论引导。对企业法定代表人、财务负责人、办税人员、领票人、开票人、投资人定期进行税收法律、法规培训，增强他们的专业素养和风险意识；积极组织开展“以案说法”活动，加大典型案件的曝光力度，做实以案促查促管促治、发挥警示震慑作用，依托“信用＋风险”税收监管体制实施联合惩戒，让失信企业和个人寸步难行，同时对涉嫌犯罪的企业和个人，及时移交公安、司法部门依法查处。

另外，从税务稽查的角度分析，也可以将稽查此类案件的独有特点归纳为：首先，税务执法人员通过数据平台对涉税企业基本情况进行分析摸排是首要手段。同时，对注册、生产经营地址进行实地调查，查看、了解其生产产品的生产经营规模、产品的销售模式等具体经营情况是必要手段。其次，税务执法人员对涉税企业的交易开票情况、销售收入、有无不开票收入以及是否存在隐瞒收入，销售未入账、财务造假等情况都要进行分析研判。再次，税务执法人员要掌握约谈技巧，根据约谈信息，以资金核查为重点检查方向，检查是否存在取得收入不入账、不申报；检查个人银行卡资金流向，按时间轴进行流向分析，找出资金异常信息，与接受虚开发票的下游受票企业相互印证，挖掘出来深藏在资金流背后的秘密——资金回流，进而综合分析确定存在虚开可能。最后，税务机关与公安部门联手办案效果会事半功倍，如本案例中通过公安部门找到陈某使案情有了突破性进展，通过资金数据分析、外调核查确定涉案金额，依法将不法分子移送公安部门进行审查，接受法律应有的制裁。

## 案例 3

# 变票虚开增值税发票案例剖析

本案例中，H 省税务部门以农产品领域虚开增值税发票骗取出口退税为引线，通过联合多部门开展违法态势研判后，精准挖掘了辖区内一批利用“除味包”等涉农产品进行变票虚开骗税的职业化犯罪团伙，并及时开展专项整治，铲除了“除味包”产品虚开骗税的毒瘤。本案例旨在为税收执法人员进行案件分析和部门联合打击违法犯罪活动提供有益的借鉴。

### 一、基本案情

H 省税务局牵头联合六部门对“除味包”产品涉嫌骗取出口退税重大线

索开展研判，发现一个疑似骗税团伙。该团伙利用生产企业虚开中草药类、木材等农产品收购发票，大肆向“WZ 贸易有限公司”“PAZ 贸易有限公司”等50余户出口企业开具“除味包”“香囊”“家具制品”等增值税专用发票，出口企业随后采取“低值高报”“道具出口”“买单配票”等多种手段，通过营造假报出口、假报自营出口等方式骗取出口退税。自2022年9月28日起，H省C、S、L三市开展统一专项行动，聚焦打击利用“除味包”等农产品虚开发票骗取出口退税违法犯罪行为。专项行动共立案检查119户企业，共查实虚开企业55户，定性虚开发票5.04万份、涉及金额43.12亿元；查实出口企业47户，共计挽损金额6.49亿元，其中骗税1.99亿元，违规退税4.50亿元。

## 二、查办情况

### （一）案源分析

H省C、S、L三市组成联合检查组调取涉案企业的税务登记、纳税申报、财务资料、发票购销、出口报关、申报退税、资金流转、人员信息等数据资料，结合G海关缉私局、人民银行反洗钱中心、C市海关缉私局等单位移交的风险线索，由H省六部门开展联合案源研判分析，发现在H省内存在团伙性质的虚开骗税违法团伙。该案件主要有以下两个特点：

一是供货企业虚开发票风险高。供货企业注册区域高度集中，且存在一址多企、联系方式同号不同人等情况。供货企业和出口企业注册时间集中，上述企业注册成立时间在2021年4月至2022年6月之间，每个月均有新企业成立，新企业成立以后业务量迅速激增，随后注销。检查时有部分企业已经注销，有部分企业处于清算状态。检查组对疑点企业的发票品名及流向进行分析后发现，上述企业的发票流向轨迹一致，主要是通过在源头企业收购农产品后销售给出口企业，并开具发票，随后出口企业以此报关出口并退税。该团伙主要出口的产品涉及中草药、木材两类产品。其中：40户源头企业从自然人手中收购中草药材，然后向出口企业出售“除味包、香包”等，出口企业以此报关出口并退税；17户源头企业从自然人手中收购木材，然后向出口企业出售“木板”“木柜板”等，出口企业以此报关出口并退税，该17户木制品企业中有9户企业购进巨额的“工业白油”，这与产量、销量不符，存在购销明显不匹配特征。同时，检查组对自开的收购发票自然人进行分析时发现，中草药涉及自然人503人，木材涉及自然人146人，籍贯集中在SD

市、LS县、SF县，地域性明显，存在一个身份证号码对应多人的情况。

二是出口企业骗取出口退税风险高。主要是出口产品呈现低值高报或道具循环的特征。出口产品全部为涉农加工产品，主要品类是“除味包、香包”，其次是人造板、纺织品、鞋类等产品。以“除味包”为例，出口货物报关单显示，每公斤“除味包”的出口价格约100美元（约合人民币680元），而电商平台国内销售的除甲醛炭包，每公斤仅数十元，出口价格和国内售价差距较大，存在买单配票的风险。根据所收集的线索分析，H省F贸易有限公司、D贸易有限公司、T科技有限公司、Y保健用品有限公司等4户企业出口货物涉嫌买单配票，涉及25张报关单，出口货物美元离岸价263.5万元，计人民币离岸价1730.65万元，申报出口产品为枕头，填充物为茶叶。另外，出口收汇交易资金存在异常风险，通过对部分涉案出口企业的资金流转进行分析比对发现，出口收汇交易资金异常，流向“地下钱庄”特征明显。Y供应链有限公司、PAZ贸易有限公司等出口企业将资金转出至H省疑似虚开发票企业，这些企业银行账户资金全部转出至个人账户，在个人账户过渡后转出至“地下钱庄”账户，“公转私”特征明显。

**（二）调查取证**

根据分析研判情况，H省税务、公安、海关等多部门联合行动开展检查。通过对该团伙进行现场突击检查、财务会计核算检查、生产能力调查、农产品收购发票实地核查、涉案资金检查及询问当事人等方式，查实了上游生产企业虚假收购农产品、虚开农产品发票、虚假生产、虚开增值税专用发票的违法事实，下游出口企业利用没有实际价值的“除味包”产品进行出口，从而骗取出口退税的违法事实也昭然若揭。

一是挂名注册、注册地址与实际生产地不符。通过对涉案人吕某、张某、贺某等的询问，调取工商登记信息和实地调查，发现23户上游生产企业的实际控制人是吕某，涉案企业的法人均无企业经营能力，实际控制人吕某聘请他人为自己企业挂名注册、担任挂名法人，注册地址与实际生产地址也不在同一地点。

二是无生产经营能力。通过突击检查、生产场地调查、水电费调查、企业支付工资和固定资产核算等检查，发现该团伙企业基本无相应的生产能力，他们通过租赁场地，购置低值小额固定资产制造伪造生产现场。

三是无真实的农产品收购业务。通过对增值税普通发票记载的农户户籍信息进行实地调查，并联合公安机关进行排查，发现其所开具的增值税普通发票记载的农户信息均为虚假信息。

四是资金收付异常。通过对企业和法人涉案资金账户的检查，发现资金收付存在异常。首先，一进一出转账明显，收到款项后立即取现，或转给与公司无业务往来的其他个人，卡上一般不留余额，且均为企业账户向个人账户转账的单项资金流出，未见“公对公”的资金流出。其次，大额现金交易明显（炒汇标志为现钞），通过取现完成款项支付，单笔最高金额达 130 万元。最后，有大量开票不收款行为，货款长期挂账“应收账款”科目，所支付的款项与企业业务不相关。

五是虚开发票金额巨大。2021 年 5 月至 2022 年 9 月，23 户企业开具增值税专用发票 1.37 万份，价税合计 13.63 亿元，其中，除味包价税合计 7.10 亿元，木桌板价税合计 2.37 亿元，其他品类价税合计 4.16 亿元，以除味包和木桌板为主的商品占到了开票总额一半以上。23 户企业开具增值税普通发票（收购农产品发票）1.50 万份，发票金额 13.32 亿元，涉及“中草药材”等 8 种农产品，并按 10% 申报抵扣进项税额。

### （三）违法手段

违法犯罪分子大肆注册虚假企业进行发票虚开的违法犯罪行为，其主要特点如下：

一是利用当地的特色产业进行掩护。比如“除味包”产品利用当地大型中药收购市场作为掩护，鱼目混珠、真假难辨，以躲避税务机关的监管。

二是购买他人身份证信息进行虚假注册。大部分虚开骗税企业的法人代表、财务负责人等均为“挂名”人员，其身份信息都是企业幕后实际控制人员通过各种渠道购买获得。

三是假借他人的生产场地营造生产假象。团伙成员通过租赁场地、购置小额固定资产等手段制造虚假生产现场，企图躲避税务机关的日常监管。

四是虚构农产品业务、虚开农产品收购发票抵扣进项。增值税普通发票记载的农户信息均为虚假信息，且无资金支付记录。

五是发票所载货物无价值或价值低。向下游出口企业开具发票，金额大、份数多，货物实际价值低，比如，出口企业利用无实际价值的“除味包”等进行出口骗税。

## 三、案例点评

近年来，各级税务机关不断强化对虚开骗税违法行为的打击力度，并取得了一定成效。但是，由于税收政策有待完善、税收日常管理仍须加强，种种因素叠加，使不法分子从中找到可乘之机，他们借此机会利用农产品进行虚开骗税的违法活动。此类违法行为始终高发频发，给税收监管带来了巨大挑战。通过解析本案例，为有效打击虚开发票违法犯罪行为提供以下两点启发：

一是注重多部门联合，形成打防结合的共治局面。从本案例前期的选案、研判，到中期的检查、调查，再到后期的处理、处罚等全流程工作中，多部门联合贯穿始终，税务、公安、检察、法院、海关、人民银行等多部门精诚合作，共享涉税数据、开展联合研判。尤其是在检查过程中，检察、法院等部门提前介入，为案件后续移送司法机关处理提供了重要支撑。

二是善于利用税收大数据开展税收违法态势分析和案源线索集中研判。本案例中，税务执法人员对各部门数据进行整合、加工、分析，调取了涉案企业的税务登记、纳税申报、财务资料、发票购销、出口报关、申报退税等数据资料，结合特派办、海关缉私局、人民银行反洗钱中心等单位移交的风险线索，对H省的“除味包”系列产品虚开增值税发票骗税的违法态势进行了全面透彻的分析，研判出一个以三个市州为主要作案地点，以“除味包”为主要出口产品的虚开农产品增值税发票、骗取出口退税的职业化犯罪团伙，为后续有效打击提供了精准制导。

## 案例4

# 海关增值税专用缴款书变票虚开案例剖析

本案例中，S市税务局稽查部门（以下简称S市税务稽查部门）通过运用海关共享数据及稽查信息化手段，发现部分海关增值税专用缴款书（以下简称海关缴款书）被企业抵扣后开具的发票存在品名明显不匹配的情况，并以此为线索深挖扩线，最终成功斩断一条冒用他人海关缴款书、虚抵税款虚开发票的犯罪链条，为税务执法人员提供了针对不法分子利用海关缴款书虚假抵扣增值税识别风险的参考路径。

### 一、基本案情

S市税务稽查部门运用电子底账系统及“智慧稽查”项目的分析优势，

发现部分企业在以防疫物资的海关缴款书抵扣税款后，大肆开具与防疫物资毫无关联的品名发票，存在明显品名不匹配的异常情况。根据这一线索，S市税务稽查部门联合公安机关经侦部门（以下简称经侦部门）组建专案组深挖疑点，结合资金、发票、货物等信息研判，快速查清了虚开团伙为应对税务机关在海关缴款书载明企业名称上的稽核比对措施，与信息中介、进口报关公司相互勾结，事先把控制的空壳公司信息提供信息中介、进口报关公司，将虚开企业名称加入海关缴款书"双抬头"报关进口，以达到虚抵税款、虚开发票的目的。随后，S市税务稽查部门联合公安在S市、Y市连续两波次开展统一行动，摧毁犯罪团伙4个，抓获犯罪嫌疑人58名。

S市税务稽查部门根据犯罪嫌疑人的供述、资金回流情况、现场查获的资料等证据，依据《税收征管法》《发票管理办法》等有关条款规定，对涉案的25户虚开企业，定性开具与实际经营业务情况不符的增值税专用发票8346份，虚开发票金额4.13亿元，税额5569.57万元，价税合计4.68亿元。

## 二、查办情况

### （一）案源分析

S市税务稽查部门充分运用税收大数据，对企业开票、申报等数据及税收优惠政策深入开展涉税犯罪态势分析，主动排查税收风险。在全面筛查涉及防疫物资的异常海关缴款书信息的过程中，运用电子底账系统升级后可查询海关缴款书载明货物品名中文信息的便利条件，发现部分载明货物品名为防疫物资的海关缴款书被X公司等25家公司用于税款抵扣后开出电子产品、钢铁等品名发票，进销项严重背离。除了防疫物资外，25家企业在此期间还取得大量水果、护肤品等品名的海关缴款书，并进行了认证抵扣。S市税务稽查部门结合征管数据、团伙虚开特征进一步深入分析发现，X公司等25家公司在生产经营期间未取得过水电、物业等发票进项，在短期内集中大量开票后即走逃失联，存在利用海关缴款书变票虚开的重大风险。

### （二）调查取证

首先，S市税务稽查部门从资金支付分析取得了突破。S市税务稽查部门调取了X公司等25家公司及其关联人员、上下游企业的银行流水，分析交易数据后发现，相关公司的银行账户中从未有过与境外公司或代理贸易公司的付款记录，也未支付过相应的报关或代理进口等中介服务费、货运费用等款项，且系统内也无相关公司缴纳进口环节增值税及关税的税款申报及入库信息，明显不符合经营常规。其次，从资金具体流向看，X公司等25家公司在收到备注为“货款”的资金后，于当日全部转给Y市的企业，而Y市的企业与X公司等25家公司之间并没有发票来往。当款项进入Y市企业的账户后，又都在短时间内转入个人账户快速分散，存在快进快出的特点，且流入的个人账户相互间存在关联或重叠。在资金流向上与以往的虚开案件相似。

根据当地海关反馈的信息，S市税务稽查部门发现X公司等25家公司在增值税发票综合服务平台上勾选抵扣的海关缴款书信息与海关提供的海关缴款书信息一致，并非以往直接盗用海关缴款书变票的违法行为。为进一步印证虚开事实，S市税务稽查部门根据异常海关缴款书上“双抬头”的特点，对海关缴款书中缴款单位的进口企业进行外调取证。经实地核查，相关进口企业承认与X公司等25家公司无任何业务往来，系经中介介绍收取服务费后，将X公司等25家公司列入海关缴款书的缴款单位，涉及货物则流向L市等地的农贸市场。S市税务稽查部门马上前往L市等地的农贸市场开展调查，发现货物确实已在市场销售，而并非流向X公司等25家公司，取得了“票货分离”的证据。同时，结合对进口企业核查取得的证据资料，进一步获取以周某为首的倒卖信息中介团伙信息。在调取周某等人银行账户资金流水后，发现相关中介与X公司等25家公司的关联人员来往密切，存在大量转账记录。结合进口报关单载明金额开展研判，判断为将虚开企业名称加入海关缴款书“双抬头”报关进口收取的手续费，比例为载明金额的5%～6%。

根据已有的线索资料，S市税务稽查部门联合经侦部门继续深挖扩线，逐步锁定虚开团伙、倒卖信息中介团伙、报关进口团伙及其成员架构。随后，S市税务稽查部门联合经侦部门开展两波次统一行动，成功摧毁以陈某、马某及颜某为首的2个虚开团伙、以周某为首的倒卖信息中介团伙以及以卢某、黄某、单某为首的报关进口团伙，捣毁犯罪窝点18个，现场查获大量空白发票、公章、身份证、记账凭证及代理进口协议合同。

**（三）违法手段**

经查，以陈某、马某及颜某为首的2个虚开团伙，在非法获取大量空壳企业后，通过向倒卖信息中介团伙支付手续费，将控制的空壳企业名称加入海关缴款书“双抬头”，取得抵扣资质。而后，用其控制企业抵扣税款，并继续往下游多个省市大肆虚开钢铁、电子产品等品名发票。

以周某为首的倒卖信息中介团伙，通过支付手续费协助报关或直接勾结进口企业的方式，掌握了一批无须海关缴款书抵扣的拟进口货物信息。之后通过聊天软件寻找有需求的虚开团伙，并联系报关进口团伙以虚开团伙企业作为货主报关进口，按海关缴款书上载明税款的5%～6%收取手续费。

以卢某、黄某、单某为首的报关进口团伙，在卢某找到进口货源后，由黄某联系国内货主购买，并将无须海关缴款书抵扣的货主信息贩卖给周某的中介团伙，由其寻找虚开团伙。之后由单某在S市以团伙控制的进口企业为经营单位、虚开团伙控制的空壳企业为货主单位申报进口，获取“双抬头”海关缴款书，并交由虚开团伙抵扣税款，每单收取一定手续费。

## 三、案例点评

随着税务机关与海关数据交换的力度加大，特别是针对经营单位、货主单位中文信息采取稽核比对措施的升级，对海关增值税专用缴款书的监管质效得到显著提升，虚开团伙利用海关缴款书变票虚开的空间被进一步压缩，但以往直接盗用变票的手法也随之“升级”，给监管带来新的挑战。

从本案例看，主要有以下特征表现：一是虚开团伙“冒用前移”，利用“双抬头”制造真实进口假象的手法值得警惕。此类海关缴款书多涉及水果、护肤品等无须抵扣商品，对于其真实货主而言，只需完成报关入境手续并完成交货便达到目的，相关海关缴款书成为“富余票”，给虚开分子提供了可乘之机。为逃避监管，虚开团伙提前将控制的空壳企业中文抬头提供给掌握真实进口货源信息的倒卖信息中介，假装完成购货程序，并由该中介联系进口企业将虚开企业名称加入“双抬头”报关进口，制造虚开企业有真实货物进口的假象。货物进口后，海关缴款书与其载明货物完成“票货分离”，货物按真实货主要求运往农贸市场，虚开团伙按票面比例支付手续费取得海关缴款书后抵扣税款。二是中介团伙与进口企业相互勾结，增加监管难度。本案例中，报关进口团伙高度参与其中，既掌握进口货物信息，又利用其控制企业报关进口，成为其中重要一环。同时，中介团伙与进口企业相互勾结，不断增加中介团伙“信息仓”存量，当虚开团伙有相关需求时，既可解决货物进口问题，又可开出以虚开企业作为货主的“双抬头”海关缴款书，为涉海关缴款书虚开提供便利。三是变票虚开仍是涉海关缴款书虚开的主要趋势。以往虚开团伙利用税务机关缺乏海关缴款书货物品名中文信息的风险点，大肆联系不法中介取得海关缴款书，并在销项品名与海关缴款书进项品名不一致情况下，虚抵税款逃避监管。相关情况虽在税务机关获得进口货物品名中文信息后有所改善，但由于相关风控监管措施还没有完全到位，虚抵税款情况仍时有发生。

为此，税务机关应结合海关缴款书变票虚开出现的新特点、新趋势，持续完善监管体系。

一是实现海关缴款书涉税风险的自动比对。目前，税务机关已可通过电子底账系统了解到海关缴款书上载明的货物品名信息，在监管上应将海关缴款书的进项纳入增值税专用发票的进销项的自动化风控比对中，及时预警品名、税率不一致等情况。应进一步扩大数据来源，加强与外汇管理等部门的合作，在“增值税发票税控系统 2.0”实现付汇等信息与海关票抵扣信息的风险比对，降低利用海关缴款书虚开犯罪的可能性。同时，将海关缴款书载明数据以可视化的方式予以展示，更为直观地了解趋势变化，有针对性地制定防范措施。

二是加强敏感进口商品海关缴款书监管。从本案例看，被虚开企业利用抵扣的海关缴款书涉及的货品多为水果、冷冻食品、海鲜、护肤品、电子产品等商品。此类商品都可以直接面向消费者销售，很多真实货主单位并不需要海关缴款书抵扣进项，容易成为“富余票”被虚假抵扣。在监管上应予以重视，建立、完善针对性的风控指标，以快速反应机制加强对此类进口商品海关缴款书的监管，及时实施风险控制。

三是加大对黑中介机构的整治。由于信息中介、报关行等掌握了大量拟进口货物信息，部分黑中介出于利益驱动，通过出售信息获取不正当利益，滋生了大量的虚开犯罪。应积极利用部门共治机制，协调海关部门联手开展对黑中介的专项整治行动，切断虚开团伙获取海关缴款书的渠道，形成综合防治局面。

四是与海关共享进口企业申请开具海关缴款书的物理信息。由于进口企业无须向税务机关缴纳税款，所以，税务机关并不掌握其申请开具海关缴款书的物理信息，在风险管控时难以锁定参与涉税犯罪的进口企业。因此，应加强与海关部门的数据交换，建立定期共享进口企业申请海关缴款书物理信息的机制，共同打击涉税违法犯罪的进口企业。

## 案例5

# “环开”“对开”虚开增值税发票案例剖析

本案例中，C市税务局稽查局（以下简称C市稽查局）在对乙公司2020—2022年业务检查中，发现乙公司接受甲公司发票，同时以相同的金额开具发票给丙公司，最终查明甲公司、乙公司、丙公司三方之间并没有进行真实货物交易，只是存在相互开具同等金额的增值税专用发票的违法操作事实。通过本案分析，旨在帮助税务执法人员了解“环开”“对开”这种特殊的虚开形式，为维护发票正常管理秩序，引导纳税人规范合法操作打好基础。

## 一、基本案情

乙公司于2015年7月登记注册为有限责任公司，登记注册地址及生产经营地址均为C市Y镇某路180号，注册资本为4000万元人民币。公司主要经营范围为建材批发、建筑材料、建筑设备、电子产品批发；自有建筑设备出租；自营和代理各类商品和技术的进出口，但国家限定公司经营或禁止进出口的商品和技术除外；石材、水泥砌块砖加工、销售；等等。其中，部分项目须经相关部门批准后方可开展经营活动。投资方为丁公司，投资比例100%，乙公司系增值税一般纳税人，企业所得税征收方式为查账征收。

2023年3月，C市稽查局接到举报称乙公司有虚开增值税发票行为，随后成立专项检查组进行调查取证。2023年5月，C市稽查局依据《发票管理办法》第二十二条第二款、第三十七条第一款的规定，确认乙公司开具的增值税专用发票为虚开，对乙公司处50万元罚款，并建议对甲公司、丙公司立案检查。

## 二、查办情况

### （一）案源分析

检查组对乙公司登记信息、生产经营规模、上下游交易信息等进行了分析，发现2021年乙公司开具给丙公司的增值税专用发票金额高达373423008.85元，交易金额超出乙公司正常的生产经营和生产规模应有的交易金额，同时发现了下列异常开票信息：

乙公司于2021年7月30日开具24份增值税专用发票给丙公司、2021年9月23日开具11份增值税专用发票给丙公司，金额合计为373423008.85元，并于当期计提销项税额合计为48544991.15元。

同时，乙公司接受甲公司在2021年7月30日开具的24份增值税专用发票、2021年9月23日开具的11份增值税专用发票，金额合计为373423008.85元，甲公司于当期计提销项税额合计为48544991.15元。

检查组调取甲公司上游交易情况，发现丙公司于2021年7月30日开具24份增值税专用发票给甲公司、2021年9月23日开具11份增值税专用发票给甲公司，金额合计为373423008.85元，丙公司于当期计提销项税额合计为48544991.15元。

上述开票流程为：甲公司→乙公司→丙公司→甲公司，形成闭环。

**（二）调查取证**

检查组在检查乙公司的同时，前往甲公司、丙公司进行协查。协查主要从以下几个方面入手：

1. 查看合同。检查组分别调取了甲公司、乙公司、丙公司相关购销合同，发现3家公司之间签订了下列合同：

（1）2021年7月，甲公司与丙公司签订合同，从丙公司采购空调室外机设备含税金额为33995600元，采购电梯含税金额为198304990元，购进货物进项税额合计为26724846.64元。

2021年9月，甲公司与丙公司签订合同，从丙公司采购电梯含税金额为66731900元，采购空调室外机设备含税金额为122935510元，购进货物进项税额合计为21820144.51元。

综上，2021年7—9月甲公司与丙公司签订合同，合计从丙公司购进货物含税金额为421968000元、进项税额为48544991.15元。

（2）2021年7月，丙公司与乙公司签订合同，从乙公司采购一批电梯和空调，不含税金额为205575743.36元，进项税额为26724846.64元，价税合计金额为232300590元。

2021年9月，丙公司与乙公司签订合同，从乙公司采购一批电梯和空调，不含税金额为167847265.49元，进项税额为21820144.51元，价税合计金额为189667410元。

综上，2021年7—9月丙公司与乙公司签订合同，合计从乙公司购进货物不含税金额为 373423008. 85 元，进项税额为 48544991. 15 元。

（3）2021 年 7 月，乙公司与甲公司签订合同，从甲公司采购一批电梯和空调，不含税金额为 205575743. 36 元，进项税额为 26724846. 64 元，价税合计金额为 232300590 元。

2021 年 9 月，乙公司与甲公司签订合同，从甲公司采购一批电梯和空调，采购不含税金额为 167847265. 49 元，进项税额为 21820144. 51 元，价税合计为 189667410 元。

综上，2021 年 7—9 月乙公司与甲公司签订合同，合计从甲公司购进货物不含税金额为 373423008. 85 元，进项税额为 48544991. 15 元。

2. 检查资金。检查组调取了甲公司、乙公司、丙公司银行账户资金信息，未查询到 3 家公司之间涉及上述业务的资金交易记录。

3. 检查货物。检查组分别前往甲公司、乙公司、丙公司实地核查，3 家公司均未能提供相应的运输记录、货物出入库流程记录，也未能看到销售、购进的空调、电梯实物。

4. 制作《询问（调查）笔录》。针对异常开票信息，检查组办理手续后对乙公司相关人员进行询问，并制作了《询问（调查）笔录》。其中，乙公司采购部经理李某、采购部员工袁某等人均未能讲清事实真相，乙公司法人代表龙某讲述了事情的来龙去脉，证实乙公司开具的销售发票，以及采购取得的进项发票均未实际交付货物。

据龙某陈述，甲公司是成立于 C 市 Y 镇的工业企业，需要完成达产验收。因此，2021 年 7 月甲公司提交了采购计划，与丙公司（集团内专门从事设备采购的企业）签订了采购合同，要求丙公司提供相应的电梯与空调，由于验收时间紧，要求丙公司提前开具发票，甲公司发票认证后提交相关部门作为达产指标验收。丙公司由于规模不大，现金流达不到要求，与供应商的议价能力不够，因此向乙公司提交了采购申请，要求乙公司同样先开具发票并同步认证，避免税款支出。乙公司立即组织供应商报价采购，但如此大金额的采购不能在当月完成，时近月底，如果不能及时取得采购发票，乙公司将有大额税款支出。

当期，甲公司提出取消该笔采购业务，而此时相关发票都已做认证处理，发票作废可能会导致异常信息的产生，如果取消该笔采购业务只能申请开具红字发票，而大量的红字发票申请很难得到税务机关的支持。另外，该笔金额已确认收入，如果取消会对丁公司（上市公司）营收产生一定的影响。经协商，由甲公司将所购买的电梯与空调销售给乙公司，考虑到该业务未引起国家的税收损失，不存在偷税漏税的情况，对该笔业务未做红冲处理。

2021 年 9 月，基于同样的方式，乙公司接收到采购部门移交的电梯、空调进项发票，发票由甲公司提供，乙公司当月同步开具了销售发票，但未能实现货物的交付。

在此过程中，甲公司一直要求丙公司实际提供相关商品货物以供验收，丙公司向乙公司提交采购申请后，乙公司也一直组织力量进行询价、比价，但直至 2021 年 11 月才协商终止合同。

2021 年 12 月，乙公司准备作废发票，如果作废，第四季度营收为负值，影响相关财务指标；同时，数据已报入统计系统，发票作废会影响相关考核指标，综合考虑，未进行作废。

2021 年，甲公司、乙公司、丙公司除了上述没有真实货物交易开具空调、电梯发票外，没有其他业务往来。

询问甲公司、丙公司相关人员，与乙公司法人代表龙某陈述基本一致，均证实甲公司、乙公司、丙公司 3 家公司于 2021 年互开增值税专用发票，未进行实际货物交割，也未进行相应的资金收付。

最后，2023 年 5 月 C 市稽查局对乙公司作出《税务处理决定书》《税务行政处罚决定书》，根据《发票管理办法》第二十二条第二款、第三十七条第一款的规定，确认 2021 年乙公司开具给丙公司的增值税专用发票为虚开，对乙公司虚开发票的行为处罚款 50 万元；根据《行政执法机关移送涉嫌犯罪案件的规定》（国务院令第 730 号）第三条及公通字〔2022〕12 号文件第五十六条的规定，建议将乙公司移送公安机关处理。

**（三）违法手段**

从本案例看，甲公司、乙公司、丙公司之间“环开”“对开”发票的违法手段脉络已十分清晰，其违法手段特点为：一是闭环开票。甲公司、乙公司、丙公司于 2021 年互相开具增值税专用发票，3 家公司互为开票方和受票方。二是闭环申报。甲公司、乙公司、丙公司所开具的增值税专用发票的票面金额相同，所对应的增值税税额也相同，形成发票开具与接收、申报与抵扣的封闭循环圈。三是虚假交易。甲公司、乙公司、丙公司相互之间只签订了购销合同，没有进行电梯与空调的实际交易、相互之间没有实际付款，互相也未支付开票的手续费。

## 三、案例点评

在本案例中，2021 年乙公司开具给丙公司增值税专用发票的同时，接受甲公司同等金额增值税专用发票，没有资金流、没有货物流，只有合同层面的商品所有权转移，调查发现本案例“环开”增值税专用发票的原因并非以骗税为目的，是因为甲公司需要完成达产验收。

从上述“环开”案例可以看出，“环开”“对开”表现得与众不同，“环开”是在没有真实经营业务的情况下，通过货物空转，三个及以上的企业之间循环开具金额相等或相近的增值税专用发票（见图 4－1）。“对开”是在没有真实经营业务的情况下，两个企业互相开具金额相等或相近的增值税专用发票（见图 4－2）。

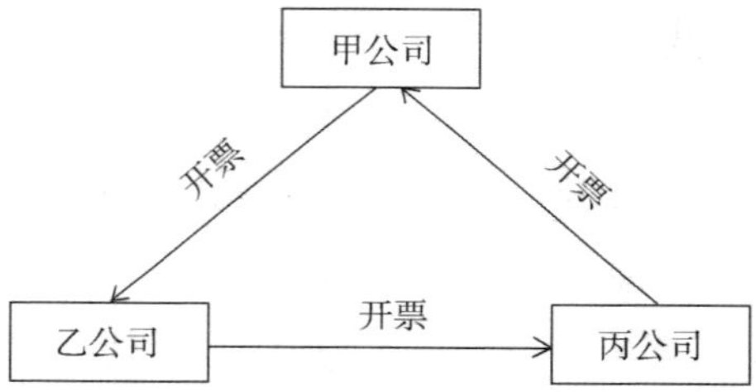


**图 4－1　“环开”发票**

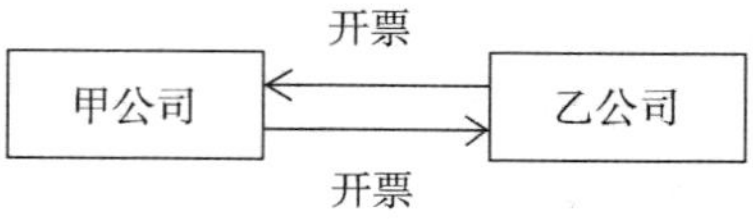


**图 4－2　“对开”发票**

因为没有货物购销或者没有提供或接受应税劳务，“环开”和“对开”没有真实互来互往业务，不符合经济运行常理，是扰乱发票管理秩序的不当手法之一，且符合虚开增值税专用发票的表现特征。通过“环开”“对开”带来的负面影响主要有：一是实现税负调控。开具发票的企业虚增了销售收入，可能导致多扣除了业务招待费、广告费、福利费等，或者造成有的企业应收、应付或预收账款特别多，财务费用、管理费用畸高，销售利润率明显偏低。二是导致信息失实。扰乱了国家正常的税收征管和发票管理秩序、危害金融和经济安全，人为地调节了经济运行的主要指标。以虚假的统计数据、虚假的会计信息欺骗投资者、债权人，特别是与上市公司有关的“环开”“对开”，受害者更广、危害性更大。

另外，增值税专用发票“环开”“对开”属于采取一种形式上貌似合法，表象上不会造成纳税人少缴税款，实质上以虚开的方式虚增了收入或利润，来粉饰财务报表、经营业绩、虚增资产、夸大经济实力从而达到企业上市、融资、税收筹划等目的。税务执法人员若不能正确认识，对这种明显异常的经济行为及其危害性没有引起足够重视，则存在很大的执法风险。

因此，税务机关在监管过程中要切实增强增值税专用发票“环开”“对开”风险的应对与防范。一是筛查数据信息。拓宽增值税专用发票“环开”“对开”的识别方法，对交易发票的全过程进行数据分析、实现全方位实时监控，对在大数据分析中规则清晰的“环开”“对开”业务实现自动筛查，及时发现异常行为，对发现存在虚开风险的企业，建立快速核查处理的工作机制。二是串联交易分析。通过对上下游企业交易的调查分析，厘清企业的业务流、发票流、货物流、资金流脉络，对关联企业的纳税人、时间、货物品名、数量、单价等信息综合分析，查实是否具有真实的货物交易、资金收付，寻找企业“环开”“对开”发票的证据。三是分析锁定证据。结合企业上、下游的行业及区域特征，开展业务合理性分析，及时对企业开展税收检查，分析查找纳税人“环开”“对开”的真实意图、锁定纳税人“环开”“对开”的证据。四是宣传“环开”“对开”的危害性。进一步加强对企业法人代表、财务负责人、办税人员税收政策的宣传培训，向纳税人宣传“环开”“对开”的真实面貌、违法性和严重后果，强化审核监督，堵塞漏洞，从源头上杜绝“环开”“对开”增值税专用发票的行为。五是打击恶意“环开”“对开”。通过本案例让税务执法人员了解“环开”“对开”的欺骗性、危害性和执法风险，严厉打击“环开”“对开”违法虚开行为，营造良好的税收环境①。

---

① 胡巍．增值税专用发票“环开”的危害与防范［J］．税务研究，2016（9）：114－116.

## 案例6

# 虚开数电发票案例剖析

本案例中，S市税务局稽查局（以下简称S市税务稽查部门）依托信息化平台，紧盯风险苗头，前移阵地强化排查力度，快速锁定数电发票虚开企业和背后团伙为背景，以“排查虚开企业—拓展团伙企业—锁定幕后人员—开展联合收网”的“四步”稽查方法为指导方针，以打早打小坚决遏制数电发票虚开风险为基本原则。针对纳税人数电发票开具、交付、查验以及用途勾选等事项，不需要登录多个平台进行相关操作的特征，面对新的涉税风险点，找出防范和打击虚开数电发票等不法行为的路径，为加强税务监管提供可参考的经验。

## 一、基本案情

S市税务稽查部门经深入研究，结合数电发票特征，创新工作方法，快速锁定以沈某为首的家族式虚开团伙。该团伙通过向“注册中介”购买或雇用人员挂名法人等非法手段取得空壳企业后，大肆虚开餐饮、住宿等生活服务类数电发票①及税控发票②，按张收取手续费。S市税务稽查部门迅速行动、以快打快，联合公安机关出动警税力量30余人，分6个小组在S市、W市等地开展收网行动，抓获犯罪嫌疑人8人，成功摧毁该数电发票虚开团伙。

S市税务稽查部门根据犯罪嫌疑人的供述、资金回流、现场查获的资料等证据，依据《税收征管法》《发票管理办法》等有关规定，对涉案的67户小规模虚开企业，其中15户涉及数电发票虚开、52户涉及税控发票虚开，累计定性开具与实际经营业务情况不符的增值税发票1.66万份，虚开发票金额合计4.32亿元，税额合计696.2万元，价税合计4.4亿元；累计罚款金额1500余万元。

---

① 数电发票是指通过电子发票服务平台开具的发票。

② 税控发票是指需要通过税控设备（如税务UKey）开具的发票。

## 二、查办情况

### （一）案源分析

S 市税务稽查部门在收集线索后，采取以下步骤进行分析：

一是在案源分析环节注重织密防控链条，实时预警、排查虚开企业。主要围绕登记、绑定、开票三个关键环节，依托信息化平台进行全方位“画像”，精准筛查数电发票虚开风险企业。首先，紧盯登记环节，对实施数电发票单轨政策后的新办纳税人（只使用数电发票），注重以“假人员、假电话、假地址、假账户”为维度进行排查，及时发现新注册和新办理票种核定的疑点“种子”企业。其次，紧盯绑定环节，对疑点“种子”企业开票人员进行调取、归集，发现曾涉及绑定高风险企业，且相关人员绑定企业众多等疑点，印证企业的虚开嫌疑。最后，紧盯开票环节，针对上述疑点“种子”企业，排查突增开票、申报异常等特征的风险，成功锁定 15 户涉嫌虚开数电发票的疑点企业。

二是在疑点企业“浮出水面”后，从数电发票开票企业留存的涉税数据着手，通过比对、关联疑点企业间的共性特征，拓展团伙企业。根据疑点企业人员、申报等数据互为交叉重叠等特征，初步判断相关企业的团伙属性。随后，根据利用数电发票虚开骗税涉税违法犯罪的基本特点，充分运用大数据比对功能，构建开票关联关系网络，通过相关申报数据成功将疑点虚开企业拓展至 67 户。最终，以拓展的企业为重点，结合以往虚开案件查办经验，将开票数据相近的归集为同一团伙，初步锁定了团伙控制企业的户数。

### （二）调查取证

一是依托打击涉税违法犯罪工作机制，运用信息化方法强力打击躲藏在虚开企业背后的犯罪团伙。S 市税务稽查部门进一步调取了疑点企业的银行交易数据，并以银行交易流水为突破口，梳理涉案企业银行账户、转账信息，拓展嫌疑企业人员架构。但是在对海量的银行交易数据分析后发现，关键的买票手续费却不见踪迹。检查人员分析虚开团伙可能利用第三方支付收取买票手续费的作案手法，S 市税务稽查部门通过第三方支付机构调取了涉案人员在第三方支付平台的资金流水数据，准确厘清利益瓜分链条。在此基础上，结合公安机关提供的人员相关信息，点面结合开展人员轨迹调查，逐步锁定作案窝点。

二是完成摸排后，S 市税务稽查部门联合公安机关迅速组织收网。在收网过程中，利用指挥会商系统同步现场情况，指挥调度办案人员实时解决突发情况，确保犯罪嫌疑人逐一“落网”。配强取证设备，在收网现场提取现场纸质台账及电子资料，通过梳理证据以佐证犯罪的事实，实现精准取证。通过调取记账凭证、销售合同、资金流水记录等纸质、电子资料，打印、复印相关证据让嫌疑人签字确认，用于佐证虚假交易、虚开发票等违法犯罪事项。在收网行动后，S市税务稽查部门连夜联合公安机关通过对嫌疑人开展联合询问，获取主观控制空壳企业、虚开数电发票的供述。

**（三）违法手段**

经查，以沈某为控制人的虚开团伙采取家族式运营，通过向“注册中介”购买或雇用人员挂名法人等非法手段取得空壳企业后，大肆虚开餐饮、住宿等生活服务类数电发票和税控发票，按张收取手续费。相对而言，与传统的税控发票虚开案件相比，数电发票虚开手段有以下四个新特点：

一是转变手法，恶意利用“便利性”快速虚开。涉案团伙运用多种方式虚开发票，既涉及税控发票，又涉及数电发票。在数电发票上线后，该团伙利用数电发票“开业即开票”的特点，注册当天便首次虚开了7张数电发票，价税合计7万多元。在尝到便利性的“甜头”后，逐步减少开具税控发票的数量，将虚开的重心向数电发票转移，不断扩大数电发票虚开的规模。

二是跨区作案，恶意通过“去介质”异地虚开。以往异地虚开税控发票需经前台票种核定、领购UKey和发票、邮寄异地开票等环节。而数电发票只需通过网页浏览器登录电子税务局便可完成操作，虚开发票速度更快、交付买票方更为便捷。虚开团伙还试图以异地虚开的方式，躲避税务部门的监管。

三是绕开监控，恶意雇用“自然人”幕后虚开。涉案团伙为隐藏在幕后，通过哄骗的方式诱导一批法律意识淡薄的自然人出卖身份信息，成为企业开票人员。当涉案团伙获取他人的虚开发票用票需求时，便以开票人员（即上述自然人）身份登录电子税务局，只认证扫脸，而由幕后操控人进行填报发票信息，并传送至用票需求人，通过“人码分离”达到虚开发票的目的。

四是多户多开，恶意利用“赋额制”卡额虚开。根据现有规定，纳税人会根据其企业风险信用情况，结合其生产经营、开票和申报行为，按照发票赋额类别为Ⅰ、Ⅱ、Ⅲ、Ⅳ类企业。涉案的15户数电发票虚开企业均为小规模纳税人，在被赋额为Ⅲ类企业后，利用初始赋额额度大肆虚开。同时，通过增加控制的空壳企业户数的方式，提升总体虚开总额度。

## 三、案例点评

当前，在全国范围内推行数电发票已基本落地完成，这是贯彻执行《意见》要求和推进税收征管数字化升级、智能化改造的重要工作。自 2021 年 12 月 1 日起，税务机关在上海等地区开始试点推广使用数电发票以来，数电发票实施要素化、大数据的管理模式，以更多维度研判涉税风险，对高效防范和快速打击涉税违法犯罪行为发挥了积极的作用。但数电发票在增值税发票管理体系中的作用与传统税控发票基本一致，其推广应用并未改变增值税违法的基本格局和风险趋势，空壳企业虚开、“富余票”虚开等“顽疾”仍难以杜绝，且其便利性也为税收监管带来新的挑战。

从本案例看，主要呈现以下特点：一是数电发票“开业即开票”的特点，对空壳企业监管提出更高的要求。由于商事主体设立的简捷性、数电发票开具的便利性，虚开违法犯罪分子通过勾结黑中介控制空壳企业，在集中开票后迅速走逃失联，并换用新空壳企业实施犯罪。二是开票设备“去介质”特点，对日常监管手段提出更高的要求。开具数电发票摆脱了特定硬件的束缚，纳税人在开票时，不再需要预先领取专用税控设备和发票，只需通过登录新电子税务局，便可在线上完成开票。三是开票人员“授权式”的特点，对穿透打击提出了更高要求。数电发票“见人见票”的管理理念能快速锁定“幕前”开票人员，但犯罪团伙往往借助挂名“开票员”隐藏幕后，监管难度更大。四是发票流转“数字化”的特点，对退税监管提出更高的要求。数电发票全流程线上交付，其“开票速度快、交付更便捷”的特点，使得虚开的数电发票能够快速传导至退税环节，加快了涉税违法犯罪的作案速度，给退税监管带来了新的挑战。

因此，针对数电发票对税务监管和税务稽查带来的挑战，税务机关要进一步加强对企业、人、发票等数据事项的管理，从时间、物理、网络、行为习惯等维度进行一体化、立体式动态监管，注意从以下三点进行防范：

一是加强事前预警，前移防范阵地。一要拓展多部门数据来源。提升获取企业银行账户、资金交易信息、结汇及付汇信息等数据的共享力度，以更加丰富的数据为风险分析提供支撑。二要强化空壳企业排查力度。对“假人员、假电话、假地址、假账户”的企业实现“雷达式”的全景扫描，尤其关注相关企业“六员”曾绑定高风险企业、绑定企业众多的情况，精准识别空壳企业、团伙企业、疑点“六员”，强化事前预警。三要优化电子税务局登录模式。完善目前登录模式，实现登录验证信息的实时变动更新，防止虚开团伙隐藏幕后、远程操控。同时，在登录页面增加是否为企业开票员身份的提示提醒，明确相关法律风险，起到震慑作用。

二是推进事中监管，实现尽早阻断。一方面，加强智能监控，针对数电发票虚开行为习惯、作案手法等关键特征强化跟踪研究预判，建立相应的风险预警指标和筛查模型，对“六员”存疑、企业突增开票、开票品名敏感、上游开票企业风险大、有销无进等疑点进行实时扫描监测，更早阻断涉税违法行为。另一方面，提升一体防控，对中低风险线索，发挥征管部门和风险管理部门一线监管优势，及时对开具或者接受数电发票的疑点企业开展实地核查，发现苗头性风险。针对高风险线索，应及时移送税务稽查部门处理。

三是注重事后打击，强化警示震慑。一要深化内外协同。对外依托打击涉税违法犯罪工作机制，发挥八部门各自职能优势，健全线索移送、联合研判、共同查办等工作机制，共同查找团伙企业，延伸分析上下游资金、发票等数据拓展犯罪网络，开展常态化打击；对内强化与外地稽查部门的合作，对上下游链条进行跨省市联动分析，共同破获跨地区的涉税违法犯罪团伙。二要顺畅行刑衔接。发挥税务机关行政检查优势、公安机关刑事侦查优势和检察院、法院的法律监督优势，对疑难案件，提请检察、法院部门提前介入，加强对案件定性、法律适用、证据标准的指导，推动涉税违法犯罪案件快查、快移、快诉、快判。三要力争标本兼治。进一步坚持问题导向，根据最新查办案件及时更新制定检查指引、剖析总结最新手法、梳理分析苗头风险、研提有效稽查建议，切实发挥以查促管、以查促治作用。加大对典型案例的宣传曝光力度，展现工作成效，形成强大震慑，持续提升纳税遵从度。

# 第五章　出口骗税领域典型案例剖析

本章选取“买单配票”、低值高报和道具循环三种出口骗税典型案例，通过分析不同的作案手法及特点，进一步提升税务执法人员识别不法分子利用假报出口和其他欺骗手段骗取出口退税的能力，实现精准打击违法犯罪活动，加强税收重点领域监管，支持我国外贸经济稳定、健康、可持续地发展。

## 案例 7

## “买单配票”式出口骗税案例剖析

“买单配票”式出口骗税，是指不法分子将他人真实发生但不符合出口退税条件的货物，通过非法手段转至实施骗税的出口企业名下，这些出口企业通过配单、配票、配货、配汇的方式制造符合出口退税的条件，并申报出口退税，从而达到骗税目的。本案例中，不法分子利用大量有进项税额但无须开具相应销项发票（以下简称“富余发票”）的水果进口企业，进行增值税发票虚开，并进一步实施骗取出口退税。通过分析本案例，可以清晰地了解利用农产品“富余发票”进行虚开进而骗取出口退税的完整过程。在本案件的查办过程中，通过税务、公安、海关、人民银行等多部门的紧密协作，实现了对上游虚开团伙和下游骗税团伙的全链条打击。解析本案例，旨在帮助税务执法人员熟悉“买单配票”式骗取出口退税案件的特征、手段及运作模式，为多部门联合查办同类案件提供宝贵的经验和借鉴，从而进一步提升打击出口骗税的效率和精准度。

### 一、基本案情

2020 年初，人民银行 G 市分行向 G 市税务局稽查部门（以下简称税务稽查部门）移交了该市某企业公私账户循环转账、疑似涉税洗钱的线索。税务稽查部门立即通过大数据分析，迅速展开摸查行动，发现了一个集合财务中介、物业管理、货物代理、报关行、外贸出口企业等从业人员的犯罪团伙。该团伙控制G市大量空壳企业，通过低报价格走私进口，取得大量海关票虚抵进项，再实施虚开和骗税等违法犯罪行为。

经检查，上游70户开票企业全部定性为虚开空壳企业，涉及虚开发票15999份，金额15.49亿元，税额2.1亿元，价税合计17.54亿元；下游8户出口企业，虚假申报出口退税3040万元。最终，税务稽查部门根据《税收征管法》第六十六条“以假报出口或者其他欺骗手段，骗取国家出口退税款，由税务机关追缴其骗取的退税款，并处骗取税款1倍以上5倍以下的罚款；构成犯罪的，依法追究刑事责任”的规定，追缴全部已退税款，后按照规定移交司法部门进行处理。

## 二、查办情况

### （一）案头分析

该虚开骗税团伙控制上下游企业进行全链条“作案”，在上游以进口企业抵扣进口增值税缴款书，再由进口企业更改货物品目后向外虚开发票，经洗票变票最终流向下游出口企业实施出口骗税。具体特征如下：

1. 进销严重不匹配

以上游的25户涉嫌虚开企业为例，进项税额以海关进口增值税专用缴款书记载的“山竹、榴莲”等水果和“龙虾、海参”等海鲜为主；销售货物却以“照明装置”“连接线”为主，明显存在进销品名不一，“配票”虚开特征明显。自2019年11月起至2020年10月止，上述25户企业利用资金回流、大额资金未付款等方式，集中虚开发票用于下游出口企业虚假申报出口退税。

2. 下游出口企业“壳公司”特征明显

一是企业股权变更后集中退税再实施二次变更。在8户出口退税企业中，有7户企业均在2019年10—12月集中变更股权或法人，然后立即申请出口退税，在2020年4—7月获取退税后再次提请二次变更。二是资金往来异常。通过查询上述8户企业的对公银行账户，发现支付给上游企业的款项极少。在出口企业退税后，退税款主要由企业账户流向企业法人私人账户，随后在健身房、商店等商户以每笔约5万元进行POS机刷卡消费，存在洗钱的嫌疑。三是部分企业注册地址相同。比如，8户出口退税企业中的乙公司和丙公司注册经营地址相同，都是G市前P合作区前湾一路1号×栋×××室。通过“企查查”搜索上述地址，发现其注册经营地址注册有1万多家企业，初步判断该地址为集群注册。

3. 关键人员存在明显团伙特征

法定代表人年龄普遍偏低，最小的为乙公司法定代表人曾某，仅24岁；最大的为丙公司法定代表人唐某，32岁。部分企业关键人员身份重叠，比如，陈某是乙公司的财务负责人、办税员，又是丙公司以及其他公司的监事。

**（二）调查取证**

1. 组建专班，联合办案

为了对涉案团伙开展全链条、立体化打击，G市税务稽查部门牵头公安、海关、人民银行等部门联合成立“税警关银”专案组（以下简称专案组）。专案组迅速制定实施方案，并调配税务稽查骨干力量加入其中，全力推进专案侦办查处工作。首先，专案组明确了“上定虚开、下查货主、中查报关行和骗税团伙”的办案思路，“税警关银”联合突击，同向发力。其次，检查取证，分路出击，由G市税务稽查部门定性上游企业虚开增值税专用发票；由G特派办查实下游出口企业虚假报关、找出真实货主、调取退税证明、协助查证资金流向；由G市公安部门负责抓捕犯罪嫌疑人，固定刑事证据；由G市海关部门出具虚假报关的定性证明；由G市人民银行核实境外资金回流和虚假结汇证据。

2. 积极取证，批量定性

专案组对上游70户企业开展了3个多月的调查取证，由于该70户上游企业全部走逃失联，专案组组织力量集中查办，批量处理空壳开票公司，最终全部定性为虚开企业；下游经过层层追查码头、船舶代理公司、多级货物代理公司，在8天内找到了9个出口货柜的真实货主，提取了每个出口货主涉及的各环节证据，掌握了真实出口货物数量、单价、总价及真实货主信息，经与海关提供的报关单进行比对，确定了“假报出口”的确凿证据。

3. 由案到人，彻底打击

专案组按照“找到真实货主涉及的报关行”“货代指认买单出口的货柜”“报关出口期间涉及的法人、财务及办税员”“资金过账人员”等多合一指标进行筛选，将相关人员纳入嫌疑对象。调取19户出口企业的“税务登记变更清册”，将清册上涉及的人员和前述嫌疑对象进行比对，查找“买壳”后实施骗税再“卖壳”的人员。同时，专案组又找到真实货主货柜报关行的工商登记信息和税务登记信息，顺藤摸瓜找到重合人员的身份证号、手机号、任职单位及职务、涉及报关笔数等信息，制作了《骗税团伙成员关系说明表》。通过定位追踪技术，结合活动轨迹、银行资金流等信息，精准锁定以许某为首的A虚开骗税团伙、以林某为首的B走私进口配单团伙、以刘某团伙为首的C出口配单团伙，并对主要犯罪嫌疑人进行了布控，于2021年1月8日和4月8日分两波次开展集中收网和打击行动，成功抓获以许某、林某为首的犯罪嫌疑人，现场查获电子资料107GB，并查获一大批已开具发票、空白发票、印章、税控盘等作案设备。

针对检查发现的线索，专案组进一步开展检查，摸清作案模式。首先，将以A虚开骗税团伙企业与B走私进口配单团伙之间有买卖进口关单的违法行为作为突破口，税务和海关联合提审在押走私犯罪嫌疑人，取得报关行参与“配单配货”的证据，并且通过报关行寻根溯源找到真实货主。其次，根据A虚开骗税团伙企业与某中介公司联系紧密的线索，比对税务系统中的购票信息数据、嫌疑人活动范围，发现该中介公司以代理记账的名义注册或买进大量空壳企业用于虚开发票作案，并为虚开企业提供代理记账服务的事实。最后，根据发票流向，追踪发票下游企业，查实C出口配单团伙的犯罪事实，C出口配单团伙获取有真实货物出口但无出口退税的关单信息，通过报关行将报关单证上的真实货主名称更改为该团伙控制的空壳企业，再将篡改后的单证提供给A虚开骗税团伙。

综上所述，专案组成功摸清本案的犯罪手法：涉案团伙与报关行、代理记账公司相互配合，报关行负责低报价格走私进口并提供富余报关单，代理记账公司批量注册或买进“壳公司”并负责记账，虚开团伙利用“富余票”或“壳公司”进行洗票变票虚开和骗税，形成完整的“走私及配售进口海关票—洗票变票虚开—骗取出口退税”虚开骗税全链条作案模式。

**（三）违法手段**

涉案团伙主要采取以下模式实施虚开骗税：B走私进口配单团伙以G市注册的贸易公司作为进口经营单位，为G市水果市场和海鲜市场的货主代理进口水果、海鲜。进口时由G市B走私进口配单团伙以较低的价格报关缴纳了关税、进口增值税，上述货物的真实货主在批发零售时采取账外经营的形式，加上大部分客户不需要开具增值税发票，形成大量“富余发票”。B走私进口配单团伙将大量富余的报关单和发票卖给G市A虚开骗税团伙控制的70户企业，该70户企业以委托进口名义抵扣进项税额，形成巨额的虚抵进项。

A 虚开骗税团伙通过制作虚假购销合同、虚构账目形成虚假交易行为，向国内多地大肆虚开增值税专用发票，发票主要流向三类企业：一是以 Z 市的建设公司为代表的实体企业；二是以 G 市的建材公司为代表的二次洗票企业；三是以 S 市的贸易公司为代表的出口企业。同时，骗税团伙利用 H 省、S 市等地的资金池完成资金回流，造成“票流”和“资金流”一致的假象，涉及案值近 20 亿元。其中，发票下游的 8 户 S 市的出口贸易公司从 G 市的 25 户开票企业取得增值税专用发票，这部分出口贸易公司实际由 A 虚开骗税团伙控制，通过 C 出口配单团伙获得出口报关单证后申报出口退税，仅 2019 年 11 月至立案时就取得退税款 3040 万元。

## 三、案例点评

在骗税案件查处过程中，通常是上下游各自为战，取证困难，常因证据不足而导致定性困难，未能全案全结。本案例中，从进、销两方面入手，对上游虚开企业和下游骗税企业实行全链条打击，取得了良好的打击效果。

一是多部门深度合作。税务、公安、海关通力合作，相互支持定性，相互推送证据，密切刑事与行政案件衔接，充分发挥部门协作机制。在案源分析环节，人民银行移送的反洗钱线索与海关所查获的走私案件都指向走私涉案团伙同时涉嫌虚开发票，随后将线索移送税务机关。税务机关进行发票流分析后，发现虚开的发票流向出口企业，被用来实施出口骗税，随即将线索移送公安部门；在案件查办环节，各部门保持良好沟通、分工合作、共享线索，最终形成部门合力打掉虚开骗税团伙。

二是使用信息化协作方法。整个案件中涉及多部门数据，通过对税务发票流信息、退税信息、海关报关信息、人民银行资金信息、船务公司订舱信息等内外部数据进行全面检索、收集、整合，最终锁定了案件突破口和后续取证方向。在后续查办过程中，通过数据分析模型筛选资金线索，成功锁定了涉案人员，配合公安部门抓捕犯罪嫌疑人。

## 案例 8

# “道具循环”式出口骗税案例剖析

“道具循环”式出口骗税是指将已经出口至境外并退税的货物作为道具，通过走私等多种方式运回境内，重新包装或翻新后再出口，以此循环操作，反复以同一批货物取得虚开发票骗取出口退税的违法犯罪行为。本案例中，S市税务局稽查部门（以下简称S市税务稽查部门）从海关部门发现的多户出口企业（外贸型）出口报关单载明货物与实际查验不符的线索入手，牵出了一起涉及上游企业虚开发票、下游假报出口骗取退税、中介撮合配单、职业配货（道具）出口回流和道具走私的典型“道具循环”式出口骗税案，旨在帮助税务执法人员熟悉“道具循环”式骗取出口退税案件的特征及手段，为查办同类案件提供借鉴。

## 一、基本案情

S市海关部门在出口货物查验记录中发现，某外贸企业出口货物存在货不对板的问题，即出口报关单上申报的是手机，但在现场查验时变成了一堆手机模型和其他杂货。根据这一发现，S市海关部门梳理相关线索移交S市税务稽查部门。对此，S市税务稽查部门立即开展大数据分析，结合涉案企业的进销项发票及出口退税资料，筛选出具有较大出口骗税嫌疑的企业。随后，S市税务稽查部门联合公安、海关和人民银行四部门共同开展联合研判，快速摸清了骗税团伙以手机、路由器等货物为道具，出口后通过“水客”携带等方式走私回流，从而循环骗取出口退税的作案手法。经过周密部署，S市税务稽查部门联合公安、海关成立专案组在多地发起收网行动，一举抓获犯罪嫌疑人46名，捣毁团伙7个，端掉犯罪窝点22个，查封走私骗税道具手机、路由器16.5万个，冻结资金75万元，直接截停退库税额765万元。

S市税务稽查部门根据犯罪嫌疑人的供述、资金回流、出口报关情况、现场查获的资料、道具仓库出入仓记录等证据，依据《税收征管法》《发票管理办法》（按案件发生时的《发票管理办法》执行）等有关条款规定，对8户出口企业作出税务处理及处罚：追缴8家公司已骗取的出口退税款8232.86万元，并对其骗取出口退税行为处以 1 倍罚款 8232.86 万元；针对公司恶意接受上游企业虚开增值税专用发票行为各处以 50 万元罚款；针对出口时间在 2012 年 7 月 1 日以后的货物视同内销征收增值税 9784.79 万元；追缴城市维护建设税 684.93 万元、教育费附加 293.54 万元、地方教育附加 195.70 万元，并加收滞纳金；停止为涉案公司办理出口退税 1 年半至 3 年；对涉案公司取得已认证未退税的 2210 份增值税专用发票（税额 3469.83 万元）通知退税部门不予退税，按相关税收规定处理。

## 二、查办情况

### （一）案源分析

S 市海关部门通过大数据风险分析和出口货物抽查，发现涉案企业 Y 公司出口报关单载明货物与实际查验结果不符等疑点线索，经外围摸查存在利用手机、路由器等道具循环骗取出口退税嫌疑，遂将相关线索移交 S 市税务稽查部门分析研判。

S 市税务稽查部门首先从 Y 公司成立以来的进项发票数据入手分析，发现其手机、路由器等货物供应商共有 8 户外地企业，无本地供货企业。其中，Z 市 3 户、H 市 3 户、N 市 1 户和 G 市 1 户，均为大型品牌手机、电子产品批发商。根据供应商情况判断，N 市、G 市企业存在被“票货分离”的嫌疑，而 Z 市、H 市企业则存在“虚开发票”的疑点。通过调查相关供货商面向 S 市的销售对象，除 Y 公司外，还成功牵出了其余 7 户出口企业。经进一步核实，该 7 户出口企业的进项发票中可能存在 Z 市、H 市另外 3 户企业向其虚开发票。因此，S 市税务稽查部门对 Y 公司及其余 7 户出口企业的税务登记信息（法定代表人、财务负责人、报税员、退税经办人、股东、监事、办公地址、联系电话等）进行综合分析，初步判断此 8 户出口企业被同一骗税团伙控制。

### （二）调查取证

为进一步摸清骗税团伙情况，S 市税务稽查部门联合公安、人民银行、海关部门成立专案组共同开展调查分析。

首先，从资金流追查，对采集到的 8 户出口企业的 22 个公司银行账户进行详细分析，清分出口企业对公及对私账户 48 个、出口企业关联企业或个人的对公及对私账户 32 个、上游供货企业对公账户 12 个。其次，对清分的账户作二次查询，根据与 8 户出口企业有关系的资金轨迹，找出上游企业关联企业或个人的对公对私账户 96 个，以及相关的下一层账户 87 个。运用此方法作第三次、第四次、第五次的查询，经过层层推进、抽丝剥茧的梳理分析，最终将关联的 351 个账户的归属、用途以及疑似“地下钱庄”账户等全部标注清晰。梳理出出口企业“购货”的资金路径为：出口企业对公账号→上游供货企业对公账号→上游供货企业对私账号（法定代表人）→上游供货企业的关联企业对公对私账号→出口企业的关联企业对公对私账号→出口企业对私账号（法定代表人、股东、监事等）→出口企业对公账号，此路径存在明显的资金回流，取得出口企业获取发票为虚开发票的证据。

在虚开发票和资金回流的事实基本查实后，S 市税务稽查部门接下来将工作重心放在调查核实出口的货物到底是什么货、是谁的货，究竟是传统的“配货配单”出口还是“道具出口”。按照调查真实货主的常规流程，须从海运提单或跨境运输车辆入手调查，无论是海运还是陆运方式，在逐层推进过程中，很难绕开对货代公司的调查取证。但出于对出口手机可能是由货代公司提供并运作的考虑，不适宜正面调查货代公司。针对这一情况，S 市税务稽查部门充分发挥专业特长，联合公安、海关甄别核实利用技术手段获得的有关信息。经核查发现，出口企业仅仅提供了企业名称、品牌规格、数量金额等信息，而关于出口货物的品类、货物回流方式等主要由货代公司主导。因此，查找道具货物仓库的工作尤为重要。根据前期分析掌握的相关人员信息，专案组利用各种技术手段实时监控“水客”的走私卸货轨迹，并循此一路追踪，成功摸清了道具回流途径和道具仓库的所在位置。

为进一步分析骗税团伙的作案手法，专案组从锁定的虚开、骗税团伙网络特征，报关单上显示的出口报关行、跨境运输车辆等数据，以及退税、发票、物流等信息，迅速确认锁定相关的身份、角色及窝点所在地，并顺藤摸瓜分析出与虚开团伙、骗税团伙合作的配票中介，与骗税团伙、货代团伙合作的配货中介、报关行以及跨境运输行等角色。

此时，S 市税务稽查部门发现骗税团伙最近一期退税款已审批完成即将由国库转入出口企业退税账号，为避免税款的进一步流失，专案组经协商敲定立即收网。收网当天，S 市税务稽查部门除了对出口企业开展现场取证、调账检查外，还派出工作人员，协助公安、海关对异地虚开窝点、本地道具仓库、货代办公地址、配票中介、跨境运输行深圳办事处等地现场收集证据，随后还参与对涉案人员的审讯工作，推动案件快速突破。

### （三）违法手段

一是以吴某为首的出口骗税团伙。该团伙控制了8户外贸企业，通过购买或“票货分离”的方式，从Z市、H市等地虚开团伙非法取得手机、路由器等品名的虚开增值税专用发票，通过配单中介张某配“道具”假报出口，非法获取以其团伙控制企业的名义出口手机的报关单，向税务机关申报骗取出口退税。

二是以杨某、李某为首的虚开发票团伙。杨某在Z市控制3家公司，李某在H市控制5家公司，向品牌手机经销商购入手机后，采取票货分离的手段，实物手机在当地销售（隐瞒收入），为吴某控制的骗税团伙提供虚开增值税专用发票，收取款项后，通过关联的多个私人账户或“地下钱庄”将资金回流受票企业，虚开发票价税合计12亿元，税额1.77亿元。

三是以张某为首的配单中介。吴某确认收到上游虚开手机票后，将对应出口企业名称，应匹配出口的货物名称、金额、数量等信息发送给张某，由其联系下游配货团伙按照出口数据信息配货、配单。

四是以詹某为首的职业配货团伙。在收到张某配单信息后，该团伙通过按骗税企业出口信息报关、从仓库提货及联系跨境运输公司运载道具出口三步完成出口配货程序，并存放到境外的仓库。该团伙部分出口报关单最终流向出口骗税企业。

五是以林某为首的走私团伙。配货回流团伙为了达到长期使用道具出口造单的非法目的，勾结林某采用“蚂蚁搬家”的手段，不断通过“水客”携带、妇女婴儿车携带过境及两地私家车夹带的方式，将其走私运回S市，回流给配货团伙，实现道具的循环使用。

## 三、案例点评

本案例是借助手机等道具货物，通过报关程序出口，再走私回流，循环出口骗取出口退税的典型案例，涉及上游虚开、假出口骗税、中介撮合配单、职业配货出口回流和道具走私等多个环节、多种作案手法，具有作案手法隐蔽、涉案团伙众多、区域广泛等特点。

从此类案例呈现出来的特点看，税收监管在征退衔接、退税管理、中介监管等领域面临着严峻的挑战。一是征退环节需防范脱离。如本案例中出口企业无内销业务，因其不需要购买、开具增值税专用发票，往往难以关注到其在征管环节存在的异常，而退税部门业务重点在出口退税单据的审核管理上，就单审单造成管理工作脱节。二是退税管理需增强针对性。退税部门现有的调查手段较为有限，如对出口企业的实际生产经营情况和业务合理性调查不足，往往很难发现隐藏在背后的虚假业务行为，且监测分析主要侧重于本地，在利用跨区域数据开展分析预警上仍存在缺陷。三是中介机构监管困难。对于提供信息和中介服务的中介企业，其定位较为模糊，一直游离于监控之外，甚至出现出口企业和中介企业一体作案的情况，防范和打击难度更大。

因此，针对道具循环式出口骗税，税务机关应从以下四方面完善监管措施：

一是加强退税事项管理。进一步整合内部征退税业务流程，探索建立征退一体化管理模式，实现对出口企业征退税业务的无缝对接。同时，改变“退前审核，就单审单”的模式，加强事中监管，不定期地对出口企业进行“回头看”，及时掌握情况。

二是加强各部门信息共享与执法协作。其一，加强与海关的执法合作，收集出口货物检查情况，筛查是否存在货实不符的情况，并对高风险货物清单进行二次检查及适当提高该类产品的出口抽查率，及时发现异常动态；其二，加强与市场监管部门的合作，细化出口企业的注册要求，提高登记出口企业的质量；其三，加强与人民银行、外汇管理局的合作，了解出口企业的资金流向，掌握出口企业的外汇结汇情况，甄别虚假交易。

三是加强中介机构管理。对报关行、货代公司及其从业人员进行备案登记，明确出口报关行的报关资料、出口货代公司境内运输业务资料保管期限不少于一定年限（如 5 年）。加强制度完善管理，对于查实中介机构或从业人员参与出口骗税的，要予以严厉处罚，并限制相关人员继续从事涉税中介行业。联合有关部门对出口报关行、出口货代公司开展专项整治，打破以往查处骗税从出口企业入手查找真实货主的传统思路，转变思路着力找准出口货代公司、出口报关行相互勾结、套用他人出口货物信息、“买单报关”虚假贸易出口申报信息不实等关键点，对假报出口企业进行精准打击。

四是借力网格化管理手段。由于骗取出口退税的上游是虚开增值税专用发票违法犯罪行为，空壳企业是虚开发票的主要“作案工具”，因此，要加大对空壳企业的打击力度。同时，借助政府网格化管理手段，通过将城市管理辖区按照一定的标准划分成为单元网格，联合公安等部门加强对单元网格的巡查，及时掌握企业是否在注册地址办公，提高对虚假注册行为的发现效率。

## 案例9

# "低值高报"式出口骗税案例剖析

"低值高报"式出口骗税，指的是出口货物实质为低价值物品，但报关价格、数量却远高于其实际成交价格和数量，不法分子利用虚假数据向税务机关申报出口退税，从而达到骗取国家税款的目的。本案例中，涉及的出口货物主要为泡菜，是"低值高报"式出口骗税中的典型品类之一。在案件查办过程中，税务执法人员通过深入分析上下游发票信息，详尽审查银行账户流水，紧密结合出口报关相关数据，构建了一个全面而细致的证据链条。尤为关键的是，从"信用证"入手，成功破解了不法分子利用"低值高报"手法骗取出口退税的违法事实。通过解析本案例，深入分解了利用信用证破解"低值高报"式出口骗税的检查手法，为税务执法人员查办类似案件提供一个新颖且高效的检查思路，从而有助于提高办案质效，增强执法效能，进一步维护国家税收安全。

## 一、基本案情

甲企业注册时间为2021年2月7日，注册地址为H省X市，注册资本为1000万元，为生产型出口企业，是增值税一般纳税人，主要经营范围为食用农产品初加工，农产品的生产、销售、加工、运输及相关服务，初级农产品收购，农副产品销售，食品经营，食品进出口，货物进出口。据该公司出口货物报关单数额显示，从2021年9月至2023年7月，出口泡菜单价为2350～2563美元/吨，部分甚至高达5600美元/吨，而其他时间段正常出口价为600～690美元/吨，两者价格差距过大且不合理。

对此，X市税务局稽查部门根据上级部门下发的利用泡菜骗取出口退税案源线索，成立专案检查组。检查组对甲企业2021年9月至2023年7月的出口退税情况进行了全面检查。经查，甲企业在出口交易的76笔业务中有61笔已申报出口退税，发现该企业于2022年2月申报第一笔出口退税，直至2023年2月，共获得出口退税免抵退税额为人民币266.91万元，其中退税额为161.92万元，免抵税额104.99万元。在76笔业务中，涉及信用证交易的有21笔，且已申报出口退税，出口金额为118.45万美元，约为人民币797.63万元。该21笔信用证交易分别于2022年2月、5月、8月、9月、10月、11月、12月等7个月份申请了出口退税，共获得免抵退税额71.79万元，其中出口退税额47.47万元，免抵税额24.32万元。最终，认定甲企业虚开增值税发票1512.41万元，骗取出口退税款134.99万元。经过对该案件相关线索进行深挖扩线，摧毁骗税犯罪团伙4个，虚开团伙3个，洗钱犯罪团伙3个；发现利用类似作案手法骗取出口退税的企业共计30余户，涉及全国8个省份，抓获犯罪嫌疑人33名，采取强制措施28名，追缴涉案资金900余万元。

## 二、查办情况

### （一）案头分析

检查组通过梳理总结过往稽查案例、行业分析报告、税收政策等，详细深入了解泡菜出口的行业特点、财务核算特点和涉税风险点，形成了两大检查方向：一是对上下游企业所发生的销售业务、发票和资金流情况进行核查；二是对企业出口报关单等出口数据和企业收汇情况进行比对核实。

检查组提取了企业申报数据、财务报表、发票信息、银行资金流水、出口报关数据和企业收汇明细，进一步发现甲企业存在以下四大疑点：一是通过比对购进的原材料与运费，发现存在虚假购进嫌疑。甲企业取得蔬菜类发票金额3633.14万元，其中2088.97万元来自S省Q市，S省Q市与甲企业所在地H省X市两地距离接近900公里，从Q市购进蔬菜类原料加工成泡菜后最终又通过Q市海关出口，路途较远不符合常规购货途径。此外，该企业运输类发票极少，仅取得S省某航运有限公司和H省某国际物流有限公司两户企业的运费发票合计24.66万元，结合甲企业购进蔬菜类原料的金额、数量以及出口泡菜数量和运费支出情况来看，运力明显不足。二是上游开票企业集中。检查组在核实上游开具的发票信息中发现，上游开票企业所在地呈现一定地域范围内的集中，并且开票企业地址大量重复，疑似空壳公司暴力虚开。三是泡菜出口价格高于正常价格，存在“低值高报”嫌疑。检查组在核实出口报关信息时发现，甲企业出口泡菜单价为每吨2350～2563美元，最高达每吨5600美元，与当期泡菜正常出口价每吨600～690美元的价格相比，出口价格差距过大且不合理，存在“低值高报”嫌疑。四是企业收汇率低，出口额与收汇额之间存在差额。根据前期海关下发信息显示，甲企业共申报出口 76 笔，合计 3077.7 万元人民币，约为 452.41 万元美元。同时甲企业自 2021 年 9 月 30 日收到第一笔出口收汇金额开始至 2023 年 9 月 1 日共获得出口收汇 72 笔，合计金额为 289.51 万美元，收汇率为 63.99%，出口收汇金额与出口额之间存在差额 162.9 万美元。

**（二）调查取证**

检查组围绕上述四大疑点对甲企业进行了重点核查。

针对虚假购进和开票企业地址“一地多企”的情况，检查组第一时间启动涉税案件办理行政刑事快速衔接机制，从上游企业入手，组建公安、税务联合专案组，到 S 省 Q 市进行外调。检查组逐一摸排为甲企业提供白菜、辣椒、大蒜等原材料的农业合作社，核实 196 份增值税普通发票，涉及金额 1713.59 万元，当事人承认其中 1400 余万元发票为虚开。检查组还对上述合作社的资金账户进行了调查，确认其跟甲企业均无资金往来。

针对出口价格差距过大且不合理，存在“低值高报”嫌疑和企业收汇额与出口额之间存在差额的情况，调取了企业在开户银行开具的银行账户流水及美元账户流水，发现甲企业在 76 笔出口交易中采用信用证方式共有 21 笔，其余均为电汇。检查组在银行的配合下调取了 21 笔信用证交易的所有资料。同时，检查组对甲企业 21 笔信用证交易进行逐笔检查，再将银行提供的跟单信用证，甲企业提交的商业发票、装箱单和物流提单，税务机关收到甲企业申请退税资料进行比对，发现三者之间存在较大差异，表现为报关和申请退税的泡菜单价为每吨 2350～2563 美元，最高每吨为 5500 美元，而信用证以及甲企业提供的为兑付信用证所开具的商业发票上泡菜单价为每吨 380～480 美元，差价为 6 倍以上。在此基础上，将中国银行提供的信用证结算资料和甲企业在中国银行开立的人民币账户银行资金流水数据进行了对比，发现该 21 笔交易的信用证实际收款折合人民币 132.09 万元，而其申报出口退税销售额为 797.63 万元，虚报出口销售额为 665.54 万元，免抵退税额为 71.79 万元，其中，出口退税额为 47.47 万元，免抵税额为 24.32 万元。据此，检查组认定该企业涉嫌以“低值高报”形式骗取出口退税。

**（三）违法手段**

在出口骗税类案件中，以“低值高报”形式骗取出口退税的案件，违法行为隐蔽性高，查处难度大。从检查过程来看，本案例主要采取以下手段：

1. 上游企业发票虚开。一是“冲抵税款”。上游企业多为农业合作社，财务制度不健全，发票开具较为随意，且其开具的发票在泡菜生产企业可以通过计算抵扣的方式抵扣增值税进项税额。本案例中，检查组通过核实甲企业2022—2023年度农产品发票计算抵扣数据发现，上述涉嫌虚开的196份发票中有176份发票已经按照9%计算抵扣，价税合计1616.18万元，共计算抵扣税额为145.45万元。二是“虚增成本”。在检查中，检查组发现甲企业从上游农业合作社购进的白菜等原材料价格超出正常市场价格，以白菜为例，在S省白菜产区收购价含运费为每斤0.6～0.8元，而该企业收购的白菜价均为每斤1.5～1.8元，并且采购的农产品吨数和企业原材料入库及领购明细上存在较大差额，造成泡菜生产成本虚高。

2. “低值高报”骗取出口退税。这主要表现为“将泡菜出口价从每吨380～480美元，高报为每吨2350～2563美元”。该企业在出口泡菜时向海关申报的出口报关单的泡菜价格与向税务机关申请退税的泡菜价格相同，均为每吨2350～2563美元，而甲企业利用信用证方式进行的出口交易中，报给中国银行承兑信用证所开具的商业发票上泡菜单价为每吨380～480美元，差价在6倍以上。

## 三、案例点评

近年来，涉农行业领域内虚开骗税案件频发，骗税形式层出不穷，不仅有“低值高报”，还有“买单配票”等多种违法手段，查办此类案件对税务执法人员是一大挑战。抓住案件突破口，找准破案方法，能有效提升打击违法行为的有效性，进一步规范行业秩序，维护税收安全。在对甲企业的检查工作中，找到“信用证”这一突破口，有力查证了甲企业利用“低值高报”进行出口骗税的违法行为，为查办类似案件提供了新的视角。

一是发现“低值高报”查处的新方法。查实以“低值高报”形式骗取出口退税的难点主要在于商品价格难以准确核定，即商品“低值”为多低，“高报”价格高报了多少。在实践中，通常还会出现以真实出口业务为依托，“真中有假”“真假掺半”的经营方式，使得案件更加难以核实、难以取证。本案例在查处过程中，抓住信用证这个可靠书证获得突破，借助多部门协作形成合力，确定了出口商品价值，坐实了“低值高报”这一虚假骗税行为。

二是发现“低值高报”发展的新动向。通过本案例的查处，发现当前虚开骗税违法犯罪行为存在新的动向，即从以生产出口企业为主导向“黑中介”（即收集、组合、利用各类涉税信息进行骗税的财务代理中介公司）和生产出口企业多重互换主导进行转变，从单一“黑中介”向多个“黑中介”组合进行转变，从固态“黑中介”向反侦察能力更强的动态“黑三角”（即多个“黑中介”组合骗税）进行转变。在这种变化之下，“黑中介”教唆生产出口企业，使生产出口企业成为“替罪羊”，从而规避自身法律责任，导致稽查执法打击治标不治本。

三是发现“低值高报”产生的新危害。“低值高报”这种模式不但骗取出口退税，还以低价出口冲击合法经营的同行，严重扰乱了我国出口商品正常的行业生态。据公安部门侦查显示，经“黑三角”之手出口韩国的泡菜为每吨400～500美元，而国内出口至韩国的同类泡菜市场价格为每吨600～690美元。本案例中，该团伙骗取的出口退税款平均至已出口的泡菜约为每吨200美元，据甲企业生产负责人交代，其之所以能够以400～500美元的价格出口泡菜，就是依赖虚增进项并将出口价格高报为每吨2350～2563美元所骗取的出口退税款来弥补差价，相当于既骗取了出口退税款又拿多骗取的国家税款压低泡菜出口价格进行不正当竞争，扰乱了正常的市场生态。因此，对于“低值高报”出口骗税，税务机关以及其他相关职能部门应依法严厉打击。

# 第六章　骗取税收优惠典型案例剖析

本章聚焦于不法分子利用税收优惠政策，通过编造虚假计税依据、虚开发票等方式骗取及偷逃税款的案件，总结归纳了骗取留抵退税、虚列研发费用加计扣除和虚报增值税加计抵减等案件的违法手段、特征、风险筛查方法，以及调查取证重点等内容。本章旨在帮助税务执法人员在日常工作中提高识别风险的能力，加大税收监管的力度，防范不法分子攫取国家经济利益。

**案例 10**

## 骗取留抵退税案例剖析

本案例以 S 市税务局稽查部门（以下简称 S 市税务稽查部门）查处不法分子利用增值税发票的“富余票”和冒用他人海关进口专用缴款书凭证骗取留抵退税为切入点，通过分析骗取留抵退税潜在风险，建立团伙控制、留抵激增等多个风险分析指标，旨在探索及时排查发现疑点企业的有效方法，帮助税务执法人员更好地理解团伙式、跨区域骗取留抵退税案件的特点、手段及打击的策略，从而助力合法合规企业健康发展。

### 一、基本案情

2022 年 4 月，大规模留抵退税工作在全国展开，少数不法分子闻风而动、伺机骗税。为精准研判、从严从快打击骗取留抵退税违法行为，S 市税务稽查部门发挥情报信息技术优势，结合虚开骗税案件打击经验，针对敏感商品、经营特点、申报规律、团伙特征等开展税收大数据分析及风险指标筛查，研判发现部分不法分子通过取得“票货分离”的增值税专用发票或开具“双抬头”进口增值税专用缴款书虚增留抵税额，进而骗取留抵退税。根据风险线索，S市税务稽查部门联合公安经侦部门共同行动，共摧毁犯罪团伙4个，其中，骗取留抵退税团伙2个、虚开团伙1个和黑中介团伙1个，抓获犯罪嫌疑人22人；共涉及企业16户，定性骗取留抵退税1891.28万元，阻断已申请退税5430.77万元，另有尚未申请退税1377.36万元被实施监控。

该案件涉及的16家公司中，4家已定性骗取留抵退税，12家已定性虚开（含为他人虚开及让他人为自己虚开）。根据《增值税暂行条例》第九条的规定，共定性骗取留抵退税1891.28万元，处以罚款3782.56万元。根据《发票管理办法》（按案件发生时的《发票管理办法》执行）第二十二条的规定，共定性虚开增值税专用发票7245份（含为他人虚开及让他人为自己虚开），金额合计5.43亿元，税额合计6976.61万元，让他人为自己开具与实际经营不符的海关进口增值税专用缴款书共计983份，涉及税额3922.35万元。

## 二、查办情况

### （一）案源分析

如何迅速从海量申报数据中，精准锁定恶意骗取留抵退税企业，是摆在S市税务稽查部门面前的一道难题。在2022年4月1日大规模留抵退税实施前，S市税务稽查部门便抽调各地稽查骨干成立检查组，主动梳理前期已办理留抵退税企业的风险点，并运用情报信息系统建立7大类21个指标，重点排查涉及手机、电脑、黄金品名进项、海关进口专用缴款书进项等重点领域及法人变更后留抵税额激增等重点疑点的退税企业。

通过排查，检查组快速发现了3户涉嫌骗取留抵退税的企业。经核查，涉案企业连续多月销项零申报并大量取得手机品名增值税专用发票或冻肉、水果品名海关进口专用缴款书凭证，形成留抵税额。鉴于相关产品具有“不易保存”或“保存时间短、易出售、易损毁”等特点，检查组成员判断该出口商品存货周转快，一般不应形成大额留抵税额，十分异常。而后，通过对关联人员、交易分析，发现3家公司涉及两个团伙，一个为涉嫌利用手机“富余票”骗取留抵退税团伙，一个为涉嫌冒用他人海关进口专用缴款书骗取留抵退税团伙，并在进一步关联团伙特征企业后，还发现两个团伙涉及其他有留抵税额但未退税的企业，将疑点企业拓展至16户。同时，检查组还发现相关企业多数取得一般纳税人资格时间至取得留抵退税时间较短，比如，涉案A科技公司等8家公司成为一般纳税人后，迅速取得大量抵扣凭证，至最终取得留抵退税仅9个月。同时，部分企业甚至互为上下游关系，虚假转移进项较明显。根据《财政部 税务总局 海关总署关于深化增值税改革有关政策的公告》（财政部 税务总局 海关总署公告2019年第39号）规定，企业在满足留抵退税条件的次月，可以申请退还60%的留抵税额。至于剩余40%的留抵税额，该团伙企业则通过向其他团伙内企业虚开增值税专用发票的方式转移到下游企业，以继续申请退税。特别是《财政部 税务总局关于进一步加大增值税期末留抵退税政策实施力度的公告》（财政部 税务总局公告2022年第14号）下发后，该团伙企业更是利用大规模留抵退税政策，集中对剩余的留抵税额申请退税。针对这一情况，检查组立即将该线索确定为重点案源进行调查。

**（二）调查取证**

检查组结合税收大数据分析，向上游延伸发票链条，获取涉嫌骗取留抵退税企业的上游企业信息，发现涉及手机进项的上游大多为大型手机经销企业，而涉及海关进口缴款书进项的则为货主单位，获取涉嫌骗取留抵退税企业的上游企业信息，发现主要涉及两类上游企业。一类为手机进项的上游企业，大多为大型手机经销商，由于进项发票的链条较长，涉及多个环节，增加了追溯和验证的难度；另一类为海关进口缴款书进项涉及的货主单位，由于涉及国际贸易环节，增加了案件调查的复杂性。因此，案件查办陷入了困境。关键时刻，在当地人民银行、外汇管理部门的大力协助下，检查组获取了相关企业的资金及付汇信息，成功找到了案件的突破口：一是发现付点购进手机“富余票”的现象。通过进一步梳理涉案企业银行交易流水，发现疑点企业向上游大型手机经销企业支付的资金，主要来自10余个付款账户。经比对银行账户登记信息，除2个账户实际控制人为企业关联人员外，其余账户归属于另一地区的何某。进一步追踪何某的银行账户发现，资金来源为某地多个手机销售的档口，按购机金额计算扣除1.5%后，剩余资金流回疑点企业。对此，检查组初步判定何某为介绍虚开团伙，扣除的1.5%为中介手续费，疑点企业取得的发票已“票货分离”。二是发现付点购进海关进口专用缴款书的现象。在抵扣海关进口专用缴款书的企业资金往来中，检查组发现转账时间和金额存在一定的规律性，即大多在抵扣当天或隔天完成转账，且转账金额为海关进口专用缴款书注明税额的5%～6%，基本确认为购票的手续费。三是发现无付汇信息。结合外汇管理部门提供的企业外汇信息，发现涉嫌利用海关进口专用缴款书的“富余票”抵扣进项税额骗取留抵退税企业，无境外付汇记录，进一步印证了该团伙非真实货主，验证抵扣的海关进口专用缴款书已“票货分离”，为冒用他人的。四是查清瓜分留抵退税款。通过分析企业获取留抵退税款后的资金走向，发现退税资金最终流向企业关联人员，存在瓜分行为。

依托常态化打击虚开骗税工作机制，检查组联合公安经侦部门成立专案组开展检查。一是调查企业情况。专案组下户发现疑点企业虽均有挂牌，但办公现场简陋，无人员办公和办公条件，为空壳企业。二是追踪货物去向。从资金流向发现，虚开团伙在收取手机销售档口的资金后，将发票开具给骗取留抵退税团伙，并将手机运送至相关手机档口，完成票货分离。同时，调查涉案期间境外食品的进口流程发现，由于处于特殊时期，境外食品类货物必须经由“中转仓”储存，并需在中转仓的系统中登记真实货主及货物流向信息。经调取系统中信息，专案组发现真实货主非涉案企业，海关进口专用缴款书对应的货物全部流往S市以外地区，从而坐实骗取留抵退税团伙取得“票货分离”海关进口专用缴款书的违法事实。三是挖掘背后人员。通过调查发现，16户疑点企业中，11户涉嫌利用手机“富余票”骗取留抵退税的企业由刘某团伙控制，5户涉嫌冒用他人海关进口专用缴款书骗取留抵退税的企业由肖某团伙控制。同时，还发现上述企业的申报由张某等负责，相关进项凭证由罗某、何某等介绍虚开团伙提供。

依托信息化方法，专案组进一步锁定犯罪团伙作案窝点。在各项条件成熟后，提前到福建等4个作案窝点踩点，制定收网预案。行动当天，专案组分8个小组开展行动，注重固定现场证据。由于现场获取的证据和前期扎实的研判分析，骗税团伙对犯罪事实供认不讳。一是开展证据梳理。在骗税团伙窝点，现场梳理交易合同及提货、收货授权委托书，固定虚假交易取得“票货分离”进项凭证证据；梳理内部请款资料，固定付点数购票证据；梳理企业“四件套”（即企业营业执照、组织机构代码证、税务登记证、公章）、进项凭证，固定控制企业骗取留抵退税证据。二是开展联合询问。专案组连夜对犯罪嫌疑人开展联合询问，结合犯罪嫌疑人的重点工作分工及询问提纲，获取嫌疑人认罪供述。三是寻找真实货主。在收网行动后，检查组第一时间联系相关真实货主，要求其撰写情况说明，说明货物去向，成为又一关键证据。

**（三）违法手段**

总结本案骗取留抵退税的违法手段主要有：一是利用“富余票”实施骗

税。犯罪团伙在无货物交易情况下，通过勾结虚开发票团伙，替代真实货主获取已“票货分离”的手机品名增值税专用发票，达到虚增留抵税额、骗取留抵退税的目的。同时，将部分企业退税后剩余的留抵税额通过虚开发票给自身控制的下游企业，继续用于骗取留抵退税。二是冒用他人海关进口专用缴款书实施骗税。根据海关进口专用缴款书载明税额的5%～6%支付手续费，购买获取一批没有抵扣需求的拟进口货物信息，并替代真实货主成为货主单位将相关货物报关进口，取得“票货分离”的冻肉、水果等品名“双抬头”海关进口专用缴款书。在虚抵进项税额后，虚增留抵税额进行骗取留抵退税。同时，将部分企业退税后剩余的留抵税额虚开给自身控制企业，继续用于骗取留抵退税。三是勾连介绍虚开团伙。该虚开团伙掌握手机等易消品货源，在其牵线下，真实货主与骗税团伙签署提货、收货授权委托书，货物由真实货主提走，涉及进项凭证由骗税团伙取得，从中按照购买手机金额的1.5%收取手续费。四是利用黑中介隐匿痕迹。上述骗税团伙为减少直接“暴露”风险，不亲自申请留抵退税和开具发票，而是指挥黑中介团伙负责具体的领票、开票、纳税申报、申请留抵退税等工作事项。

## 三、案例点评

“真金白银”的留抵退税，既是依法经营市场主体的“救命钱”，也是不法分子惦记的“唐僧肉”，税务机关应根据骗取留抵退税的常见手法，做好“事前、事中、事后”风险监管，持续加大对骗取留抵退税违法行为的打击力度，切实保障税费支持政策更好落到实处。

一是有组织团伙式作案，考验空壳企业识别能力。涉案的犯罪团伙曾从事虚开发票、配单配票等违法行为，之后又相互纠集为一个组织严明、分工明确的跨区域骗税网络。在该网络中，以骗税团伙从黑中介买取空壳企业为起点，集中从黑中介购买大量空壳B级小规模纳税人，再遥控黑中介将其升级为B级一般纳税人，以较低成本取得留抵退税资质。同时，还有目的地将大额留抵税额分散到不同企业，化整为零，以躲避税务机关风险筛查。然后通过虚开团伙购买已“票货分离”的进项凭证，形成留抵税额，再遥控黑中介申报退税，形成骗取留抵退税闭环。二是有预谋连续退税，考验税收监管反应速度。骗税团伙主要选择手机、冻肉、水果等直接面向消费者的快速消费品作案，一方面，快消品需求量大，容易委托转手，产生“票货分离”；另一方面，资金回笼快，可重复利用，资金占用成本较低。骗税团伙控制多家公司从2021年5月起，连续取得增值税专用发票或海关进口专用缴款书等进项，在满足2019年39号公告规定条件的次月，立即申请退还60%留抵税额。对剩余40%留抵税额，则虚开给团伙内其他企业，继续实施骗税。在2022年4月1日2022年14号公告施行首日，将剩余的留抵税额集中申请退税。三是欺骗性隐蔽操作，考验骗税风险筛查水平。不法分子利用海关进口专用缴款书上标明的代理进口单位和委托进口单位均能抵扣，具有“双抬头”单位的特点，勾结不法中介机构将控制的空壳企业加入“双抬头”单位，挪作虚假进项使用。同时，在大型企业将手机等货物交易时，实施“票货分离”，顶替真实货主取得增值税专用发票，此时，开具方多为大型企业，作案手法具有较强的隐蔽性。

针对上述情形，税务机关应加大税收监管力度，防范国家税款流失。一是提升空壳企业识别能力。针对犯罪团伙“买壳”“养壳”的特点，加大与公安、市监、通信、银行等部门合作和信息共享，建立多部门的大数据验证比对体系，在企业注册设立或变更等环节，对关键人员的身份证件信息、注册地址、联系电话、银行账号等数据的真实性加强验证，将风险防控的防线移至业务办理的前端，从源头上严控虚假空壳企业的出现。二是严格核查企业经营情况。在税收征管部门留抵退税审核环节，审核发现留抵退税企业涉及增值税收入与企业所得税申报收入差异较大、进项发票品名多为快消品、海关票进项占比较高、长期高进低出、存货金额较大等风险疑点时，及时下户对商品库存等进行核查。三是强化稽查选案力度。在稽查选案过程中，重点关注快消品的“票货分离”行为，排查容易出现“富余票”的行业，注重收集线索开展风险研判，及时对涉及的违法犯罪行为实施打击。四是进一步加大对黑中介的打击力度。重点关注黑中介买卖空壳企业、违规变更企业性质、协助不法企业取得退税资质等涉税违法行为，注重挖掘骗取留抵退税团伙背后的黑中介，实现一并打击。

## 案例11

# 违规享受研发费用加计扣除案例剖析

本案例中，A市税务局稽查部门（以下简称A市税务稽查部门）以查处甲消费金融有限公司（以下简称甲公司）涉税问题为引线，通过专项税收检查，发现该公司通过超范围归集从事研发活动人员、研发活动项目和拆分研发活动等手段多列研发费用，违规享受研发费用加计扣除，少缴企业所得税。本案例旨在剖析企业研发费用违规加计扣除的违法特点，为税务执法人员加强税收监管，提升稽查技能提供参考。

## 一、基本案情

甲公司成立于2015年6月，属于非国有控股非上市股份有限公司，经营范围主要包括：发放个人消费贷款，接受股东境内子公司及境内股东的存款，向境内金融机构借款，经批准发行金融债券，境内同业拆借，与消费金融相关的咨询、代理业务，代理销售与消费贷款相关的保险产品，固定收益类证券投资业务。企业为增值税一般纳税人，企业所得税征收方式为查账征收，享受15%优惠税率政策，2019—2021年甲公司税费申报情况（见表6－1）。

**表6－1　2019—2021年甲公司税费申报情况**

单位：万元

| 税种 | 2019年 | 2020年 | 2021年 |
|---|---|---|---|
| 增值税 | 64978.67 | 55674.13 | 72149.76 |
| 印花税 | 905.78 | 1135.70 | 1451.16 |
| 企业所得税 | 14011.72 | 6790.78 | 86390.72 |

A市税务稽查部门通过设置专项指标、疑点数据分析，发现甲公司研发人员工资占比较高，研究项目成果多为社会科学、艺术或人文学类，存在违规加计扣除的风险。2023年3月，A市税务稽查部门成立检查组对甲公司2019年1月1日至2021年12月31日涉税情况进行检查，发现甲公司通过在研发项目中列支非研发人员费用、非研发活动费用以及重复列支费用等方式，超范围多加计研发费用近3.6亿元，少缴企业所得税及滞纳金5330余万元。

## 二、查办情况

### （一）案源分析

A市税务稽查部门对所属范围内享受研发费用加计扣除优惠政策的互联网金融企业进行风险扫描，发现甲公司存在以下风险特征：一是研发人员工资占比高。2019—2021年，甲公司研发人员工资分别为2.50亿元、2.07亿元、2.14亿元，分别占其年度总工资的比例为39.54%、40.27%、34.36%。同行业公司研发项目中人员工资占比为19.18%。结合无形资产变化，判断甲公司每年研发费支出以费用化为主。因此，甲公司合计申报研发费用加计扣除金额达6.21亿元，其中研究人员工资占比超过95%，存在虚增加计扣除基数的可能。二是研发项目不符合加计扣除的要件。通过知识产权查询，发现甲公司拥有专利549项、著作权116项、App/小程序13个。专利权主要是数据处理、信息存储和图像处理专利，著作权主要是数据处理和金融流程权益，App/小程序主要集中在消费贷款和移动支付专利方面。其中，大部分属于社会科学、艺术或人文学方面的研究，存在超范围加计扣除的可能。

**（二）调查取证**

A市税务稽查部门成立案件检查组，聚焦企业研发费用税前加计扣除情况，对人工费用支出金额和方式、直接从事研发活动人员范围、研发活动性质、研发人员研发活动持续时长等展开了调查取证，通过海量数据比对、检查询问和异地调查等方式，成功取得案件突破。一是重点核查人工费用支出。检查组对企业B市地区分支机构开展突击外调，核查该地研发人员人数和研发工作情况。在B市税务稽查部门的协作下，对3家人力资源公司受托代发工资、代缴社保等情况进行突击检查，对异地研发人员工资转账流水、个人所得税扣缴、账务核算情况进行取证，核实了甲公司人工费用的支出情况。二是重点核查研发人员归集。根据企业研发项目特点，检查组自行设计调查问卷，对填写人的工作岗位、专业能力、参与研发项目名称、项目管理、研发团队等基本情况进行调查，“点对点”评估研发人员的岗位性质及参与研发项目的相关度。检查组选定“多模态生物核验和防伪平台”项目为突破口，对研发支出辅助账上列名的项目人员进行关联度甄别。初步掌握企业人员归集方式。三是重点核查研发活动的真实性。根据调查问卷统计结果，检查组同时对多个疑点人员进行询问，重点询问疑点人员参与研发的具体工作内容、非研发时间从事的具体工作、研发项目的应用成果等，全面掌握了超范围归集的费用的证据。

经过检查，甲公司存在以下涉税问题：一是将研发人员离职补偿金计入研发费用进行加计扣除。将“安全调查”“安全策略”“售前支持”“客服运营”“系统运营”“流程改善”“测试”“安全运维”“信息安全”等不属于直接从事研发活动人员费用计入研发费用进行加计扣除。二是对DevOps、SRE、

UE 设计、UI 设计、技术研究、数据库运维、网络运维、系统运维、项目实施等从事日常技术支撑为主，项目研发为辅人员，未将费用按实际工时占比等合理方法在研发费用和生产经营费用间分配。

根据上述涉税问题，甲公司 2019 年应调增应纳税所得额 5599.93 万元，应补缴企业所得税 839.99 万元；2020 年应调增应纳税所得额 3801.49 万元，应补缴企业所得税 570.22 万元；2021 年应调增应纳税所得额 7166.49 万元，应补缴企业所得税 1074.97 万元。因检查时 2022 年企业所得税仍处于汇算期间，由纳税人自行汇算，补缴企业所得税 1800 余万元。

**（三）违法手段**

互联网金融企业的研发活动具有专业性强、无实物形态、循环往复研发、人员杂糅的特点，研发费用归集是否合规难以判断。比如，本案例中 38 个研发项目资料显示，甲公司研发项目采取“多线并进”的策略，研发活动呈现“研究开发→测试反馈→修正完善→研究开发”的循环特性，研发人员杂糅，项目研发周期长且研发阶段与成果验收阶段划分不清。研发成果表现形式全部是长短不一、错综复杂的代码。根据甲公司手工登记的研发工作台账，检查人员难以判断研发活动的真实性。

甲公司在 38 个研发项目中，多列研发费用近 3.6 亿元，主要违法手段表现为以下三种：

一是将间接从事研发活动的人员费用列入加计扣除范围。《财政部　国家税务总局　科技部关于完善研究开发费用税前加计扣除政策的通知》（财税〔2015〕119 号）规定“直接从事研发活动”人员的“工资薪金、基本养老保险、基本医疗保险、失业保险费、工伤保险费、生育保险费和住房公积金，以及外聘研发人员的劳务费用”允许加计扣除。甲公司在检查所属期内，将非直接从事研发的行政管理、安全管理等人员归集为研发人员，将非研发费用范畴的“离职补偿金”列入扣除范围，超范围列支加计扣除费用。

二是将不属于研发活动的业务列入加计扣除范围。政策明确“企业产品（服务）的常规性升级”“常规的质量控制、测试分析”等七种活动不适用研发费用加计扣除政策。甲公司在检查所属期内，将 254 次软件内部测试和 8 次迭代升级等明显属于常规测试和升级的费用列入加计扣除范围，超范围列支加计扣除费用。

三是同一研发活动拆分享受加计扣除政策。将一个研发活动拆分成多项研发活动，以重复享受加计扣除政策。甲公司将同一研发活动范畴的功能拆分为三个项目进行研发申报，将同一批研发人员发生的费用在三个项目中列支，重复享受加计扣除，超范围列支加计扣除费用。

## 三、案例点评

本案例中，互联网金融企业的经营业务具有集中在线上交易定价、业务流程标准化、业务范围打破时空限制等特点，甲公司作为业内典型代表企业，其研发活动集中在数据库维护、软件开发、程序设计、App应用更新等计算机领域，与传统的实体科技企业不同，建议聚焦互联网金融企业特点，进一步加强研发费用加计扣除的税收监管。具体有以下三个建议。

一是部门协作联动，加强与发改委、科技局、工信局、人民银行等相关部门的协作，对互联网金融企业申报研发活动的具体内容、创新质量、进度周期等要素进行研究，及时掌握研发活动的进展和可能产生的费用类型，强化互联网金融企业研发活动真实性研判。

二是完善政策规定，进一步完善财税〔2015〕119号文件等政策，明确研发活动、研发人员的认定标准，细化"直接从事研发活动"的具体判定条件。针对互联网金融研发活动环节区分难以划分、费用难以归集等情况，可以新增研发费用加计扣除的计算方式，对符合相应条件的，可以直接按一定比例扣减研发费用，既保障税收安全，又减少税企争议。

三是设置关键指标，加强对研发费用加计扣除的监控预警。严格落实财税〔2015〕119号文件中税务部门每年应按照不低于20%的核查面进行核查的规定，对享受金额达到一定标准的企业建立专门台账，跟踪管理。在个人所得税申报表中增设"是否为直接从事研发活动人员"，并将其个人申报的收入数据与供职企业的申报加计扣除数据进行比对，超过阈值则预警提示，主管税务机关及时跟进纳税辅导核查，确保税收政策红利精准释放。

## 案例12

# 违规享受加计抵减案例剖析

本案例以违规享受增值税加计抵减优惠政策为引线，重点介绍部分企业通过混淆行业类型的方式，利用生活性服务业纳税人增值税加计抵减政策的优惠条件虚假运作，故意偷逃国家税款，旨在帮助税务执法人员了解不法企业套取增值税应纳税款加计抵减的手段，掌握查处的方法，指导企业合规操作，用足用好政策，防范不当风险，不断提升经济收益。

## 一、基本案情

A物流公司（以下简称A公司）成立于2017年5月31日，注册地在甲省乙市，登记注册类型为私营有限责任公司，经营范围主要包括道路普通货物运输，货物运输代理，仓储服务（危险化学品及易制毒化学品除外），货物搬运、装卸服务等业务。2018年被认定为增值税一般纳税人，适用税率：陆路货物运输服务增值税税率为9%，装卸搬运服务增值税税率为6%以及城市维护建设税税率为7%等。企业所得税的征收方式为查账征收，享受小型微利企业减免企业所得税政策；2020—2022年度A公司纳税信用等级为B级，使用的财务制度为小企业会计准则。

A公司的主要申报数据：2020年度申报增值税销售收入342.75万元、主营业务收入342.75万元、主营业务成本398.94万元、利润总额-80.26万元、企业所得税应纳税所得额为0，2021年度申报增值税销售收入3538.61万元、主营业务收入3538.61万元、主营业务成本3513.27万元、利润总额-30.3万元、企业所得税应纳税所得额为0，2022年度申报增值税销售收入2554.14万元、主营业务收入2554.14万元、主营业务成本2614.11万元、利润总额-74.22万元，企业所得税应纳税所得额为0。

根据上级税务机关下发的线索，由乙市税务局稽查部门成立检查组，对A公司在2020年1月1日至2022年12月31日的税费申报缴纳情况进行了全面检查。经检查，发现A公司存在违规享受加计抵减优惠政策的行为，应追缴2020—2022年度申报的加计抵减增值税51.89万元，其中，2020年该公司申报加计抵减税额4.06万元，2021年申报加计抵减税额22.89万元，2022年申报加计抵减税额24.94万元。同时，追缴A公司2021年度和2022年度城市维护建设税合计2.76万元，2021年度和2022年度教育费附加合计1.18万元，2021年度和2022年度地方教育附加合计0.8万元。对上述应追缴的增值税、城市维护建设税税款，从滞纳税款之日起至实际缴纳之日，按日加收滞纳税款0.5‰的滞纳金，并加收50%罚款。

## 二、查办情况

### （一）案源分析

该案例系上级税务机关下发的“违规享受或骗取增值税加计抵减税收优惠专案”，检查组通过前期案头分析发现，A公司税务登记的行业是交通运输服务业，在2020—2022年，A公司开具发票的品名都是“运费”，每年运输服务销售额占总体销售额的比例超过50%。根据《财政部　税务总局　海关总署关于深化增值税改革有关政策的公告》（财政部　税务总局　海关总署公告2019年第39号）规定，允许适用加计抵减政策的生产、生活性服务业纳税人，是指提供邮政服务、电信服务、现代服务、生活服务取得的销售额占全部销售额的比重超过50%的纳税人，A公司实际从事的运输服务属于《财政部　国家税务总局关于全面推开营业税改征增值税试点的通知》（财税〔2016〕36号）附件1《销售服务、无形资产、不动产注释》所规定的交通运输服务范畴，因此，A公司不属于生产、生活性服务业纳税人。

### （二）调查取证

依照法定权限和程序，检查组实地调取了A公司的账簿、记账凭证、账簿报表、已开具发票的存根联等有关资料并进行了记录、复制和资料拷贝。同时，对企业法定代表人、财务和其他业务部门的相关人员进行了询问约谈，制作了笔录证据。要确定A公司是否违规享受加计抵减优惠，关键是对A公司是否符合加计抵减优惠的主体资格、条件进行判断。检查组通过调查，取得了下列有关证据：

一是A公司的法定代表人张某的询问笔录显示，A公司的经营业务为运输快递包裹，并没有提供装卸搬运服务、仓储服务、收派服务等涉及生产、生活性服务业的业务，因此不具备享受生产、生活性服务业纳税人增值税加计抵减政策的主体资格。二是A公司的财务人员林某的询问笔录显示，林某认为A公司提供的交通运输服务属于现代服务业，经A公司的法定代表人张某的授意，在向税务机关提交《适用加计抵减政策的声明》确认时，将行业选择为“其他生活服务”，并根据进项税额的10%计算、申报了增值税加计抵减额。三是A公司与邮政集团代理公司签署的快递运输协议显示，其运送的物品都是快递包裹，2020—2022年其与邮储下属单位合作的运输服务收入均超过了当年销售额的50%。四是2020—2022年，A公司开具的发票清单显示，发票品名均为“运输服务＊运费”，证明了A公司实际经营属于交通运输业务的事实。五是A公司提供的《增值税纳税申报表》以及缴税凭证，证明了上述税额抵减情况表已进行申报纳税，已造成不缴、少缴税款的结果。上述证据显示，A公司故意将运输业混淆为其他生活服务业，违规享受了增值税加计抵减政策。

**（三）违法手段**

A公司在2020—2022年实际对外提供的是交通运输服务，且对外开具的发票名称为“运输服务＊运费”，因此，A公司实际从事的经营业务不属于生产、生活性服务业的范畴，但是A公司采取故意将运输行业混淆为其他生活服务性行业的方式，违规享受加计抵减优惠政策。依据《财政部　税务总局　海关总署关于深化增值税改革有关政策的公告》（财政部　税务总局　海关总署公告2019年第39号）的规定，A公司不符合生产、生活性服务业纳税人增值税加计抵减政策的主体资格，不能享受适用10%加计抵减政策。

## 三、案例点评

目前，增值税加计抵减政策主要包括生产、生活性服务业纳税人增值税加计抵减政策，集成电路企业增值税加计抵减政策，工业母机企业增值税加计抵减政策，先进制造业企业增值税加计抵减政策等类型，由于不同类型的增值税加计抵减政策在资格主体、行业划分、适用年度、销售占比等方面不仅存在差异性，还存在重叠性，因此，纳税人应注意区分避免混淆。在主体资格方面，需要区分生产性服务业纳税人与生活性服务业纳税人，生产性服务业纳税人，指提供邮政服务、电信服务、现代服务、生活服务（以下称四项服务）取得的销售额占全部销售额的比重超过50%的纳税人；生活性服务业纳税人，指提供生活服务取得的销售额占全部销售额的比重超过50%的纳税人，四项服务的具体范围按照《销售服务、无形资产、不动产注释》（财税〔2016〕36号印发）执行。

本案例中，A公司主要从事运输服务，但在提交加计抵减声明时，故意将行业选择为“其他生活服务”，且其所开具的发票均为“运输服务＊运费”，明显不符合享受生产、生活性服务业纳税人增值税加计抵减政策的条件，造成违规享受加计抵减的事实。

值得关注的是，除了本案例中混淆行业及产业，错误判断增值税加计抵减政策适用的主体资格外，还有其他违规享受增值税加计抵减政策的情况。对此，税务机关在日常管理中应注意以下常见的违规享受增值税加计抵减政策的情形：

一是不得抵扣的进项税额不得加计抵减。按照《增值税暂行条例》及其实施细则规定不得从销项税额中抵扣的进项税额，不得计提加计抵减额。其不得抵扣的进项税额包括：①用于简易计税方法计税项目、免征增值税项目、集体福利或者个人消费的购进货物、劳务、服务、无形资产和不动产；②非正常损失的购进货物，以及相关的劳务和交通运输服务；③非正常损失的在产品、产成品所耗用的购进货物（不包括固定资产）、劳务和交通运输服务；④国务院规定的其他项目。二是将进项税额转出后未调减对应加计抵减额。已计提加计抵减额的进项税额，按规定应作进项税额转出的，相应调减加计抵减额。部分企业对已计提加计抵减额的对应进项税额作了转出处理，此部分进项税额此前已计提加计抵减额，却未按规定在进项税额转出后计提加计抵减调减额，存在违规享受增值税加计抵减政策涉税风险。三是利用未开票收入虚增四项服务销售额。将不属于四项服务的未开票收入计入四项服务销售额中，从而导致四项服务销售额占全部销售额的比重超过50%，违规申报享受加计抵减政策。四是根据《财政部　税务总局　海关总署关于深化增值税改革有关政策的公告》（财政部　税务总局　海关总署公告2019年第39号）规定，加计抵减政策执行到期后，纳税人不再计提加计抵减额，结余的加计抵减额未停止抵减。2023年12月31日后，生产、生活性服务业加计抵减政策执行到期，相关行业纳税人不能再享受增值税加计抵减政策，不再计提加计抵减额，结余的加计抵减额需停止抵减。五是未准确核算销售额。纳税人应严格按照国家有关规定确定销售额，符合条件的销售额，包括纳税申报销售额、稽查查补销售额、纳税评估调整销售额、税务机关代开发票销售额和免税销售额。而对于生产、生活性服务业纳税人来说，在适用增值税加计抵减优惠政策时，不可简单地将所有应税劳务的销售额全部纳入可以抵减的范围，应当区别本企业适用的增值税加计抵减类型及其主体资格、具体条件等，准确计算可享受增值税加计抵减优惠政策的销售额，并据此计算销售额占比。比如，提供劳务派遣服务且增值税适用差额征税方法的纳税人，应按取得的全部价款和价外费用扣除相关成本费用后的差额确认应税销售额。六是将纳税人出口货物劳务、发生跨境应税行为适用增值税加计抵减政策。

针对上述情况，税务机关在加强相关政策的宣传辅导的同时，需要进一步结合税务登记、申报、开票等数据，对纳税人填报的增值税加计抵减信息与金额进行多表比对、票表比对，辅助纳税人正确申报；对故意违规享受加计抵减优惠政策的依法予以严肃处理。

# 第七章　重点行业典型案例剖析

本章以房地产、建筑安装、医药制造、电子信息技术行业、白酒制造、金融、废旧物资、人力资源服务、涉税中介等 9 个重点行业典型违法案例为主要内容，介绍房地产、医药制造、白酒制造、电子信息技术等行业利用税企信息差，隐匿销售收入、编制虚假计税依据、虚构研发项目等方式偷逃税款的违法特点；介绍金融行业常设机构认定及摊回分保费用的税务处理方式；介绍了针对废旧物资、人力资源服务行业利用“富余票”虚开行为的检查方法；介绍财税黑中介、非法报关行、地下钱庄等在税收违法案件中的作用及查处方法；等等。本章旨在帮助税务执法人员在日常工作中有效识别并防范相关行业的重大税收风险，打击涉税违法犯罪，同时加强和改进税收监管，对高风险重点领域开展靶向整治，深入推进精准监管和以查促治。

**案例 13**

## 房地产业案例剖析

本案例以 A 省 B 市 C 区风险局（以下简称 C 风险局）通过建立房地产开发行业税收全面风险指标模型扫描预警甲置业有限公司（以下简称甲公司）涉税风险为引线，通过案头分析、约谈举证、实地核查、外部数据比对等检查手段，揭开涉案公司将预售商品房款通过挂账隐匿方式延迟预缴增值税、土地增值税、企业所得税、印花税等偷逃税款行为，以及利用企业信息缺失的漏洞，将售楼部、样板间自用本开发项目房屋隐瞒不报，从而少缴纳房产税等违法事实。本案例旨在解析房地产开发企业一般涉税风险特征与隐匿预售收入的手法、内外数据对比的实地核查方法，帮助税务执法人员进一步了解与掌握税收风险数据指标比对方法、外部数据核查方法等税收风险评估方法与实地核查方法，进而提高数据风险指标应用场景及税收风险应对工作效率。

## 一、基本案情

甲公司注册地在 A 省 B 市，主要经营范围包括房地产开发、销售，房屋租赁，物业管理，企业孵化等业务。甲公司为增值税一般纳税人，现开发项目为老项目，增值税采用简易计税方式；企业所得税征收方式为查账征收。

该公司现开发项目为“××项目”，该项目分二期开发，一期主体结构基本完成，二期目前在桩基阶段。现一期项目为预售阶段，增值税、土地增值税、企业所得税为预缴方式。

2022 年 12 月，C 风险局根据上级下发的甲公司房地产开发经营行业税收风险报告发现甲公司涉税风险疑点，成立核查组对甲公司 2017 年 1 月 1 日至 2021 年 12 月 31 日涉税风险疑点进行风险应对与实地核查。核查发现甲公司预售房款采取挂账方式隐瞒收入 7.08 亿元，财务报表及账面预收账款 44.81 万元未及时预缴增值税、土地增值税等相关税费，售楼部、样板间属于本开发项目房屋自用，未缴纳房产税及城镇土地使用税等违法事实，结合风险指标预警及实地核查情况，甲公司应补缴增值税及附加 2125 万余元、土地增值税 1888 万余元、印花税 64 万余元、房产税 90 万余元、城镇土地使用税 20 万余元。

## 二、查办情况

### （一）案源分析

2022 年，上级通过房地产开发经营行业全面税收风险预警模型指标进行税收风险扫描，发现甲公司存在以下涉税风险：

1. 房地产开发经营行业增值税预缴税金财务数据对比异常。该指标依据甲公司财务报表推算的年度“预收账款”科目贷方发生额（即当年收取的房屋预售款金额）计算的预缴增值税金额与实际预缴增值税金额进行对比，反映甲公司可能存在未足额预缴增值税的风险。所以，税收风险预警指向为 2017 年、2021 年甲公司预收账款可能存在未足额预缴增值税的涉税风险。

税收风险应对重点为：了解纳税人房屋销控表、销售面积及预收账款的实际收款情况，查阅当年已预售房屋销控表金额与预售账款金额是否一致；查阅甲公司当年预缴增值税申报表金额，分析预收房款应预缴增值税是否已全额预缴，重点排查是否存在未及时、足额预缴增值税的问题。

2. 房地产开发经营行业往来款变动异常，该指标依据甲公司财务报表计算的年度往来款变动额及变动率异常，反映甲公司可能存在隐匿预售收入的风险。所以，税收风险预警指向为 2018 年、2019 年、2021 年甲公司往来款余额超过指标预警且相邻年度变动率达 20% 以上，可能存在通过挂账方式隐匿预售收入的情况，导致企业未足额、及时预缴增值税及附加、土地增值税、企业所得税等涉税风险。

税收风险应对重点为了解纳税人往来科目核算的具体内容，查阅科目余额明细表及疑点科目的明细账，分析变动异常的原因，重点排查甲公司是否存在将预收收入挂账不预缴增值税、土地增值税、企业所得税、印花税的问题。

3. 房地产开发经营行业土地增值税预缴计税依据与财务数据对比异常，该指标依据甲公司财务报表推算的年度“预收账款”科目贷方发生额（即当年收取的房屋预售款金额）计算的预缴土地增值税计税依据与实际预缴土地增值税计税依据进行对比，反映甲公司可能存在未足额预缴土地增值税的风险。所以，税收风险预警指向为 2017 年、2021 年甲公司预收账款可能存在未足额预缴土地增值税的涉税风险。

税收风险应对重点为了解纳税人房屋销控表及预收账款的实际收款情况，查阅土地增值税预缴申报表已申报税额的计税依据与甲公司实际预收账款计算的计税依据是否一致，分析土地增值税预缴计税依据与财务数据对比异常的原因，重点排查土地增值税预缴税金是否及时、准确预缴。

4. 房地产开发经营行业产权转移书据印花税财务数据对比异常，该指标依据甲公司财务报表推算的年度“预收账款”科目贷方发生额（即当年收取的房屋预售款金额）计算的应缴产权转移书据印花税与实缴产权转移书据印花税进行对比，反映甲公司可能存在未足额缴纳产权转移书据印花税的风险。所以，该指标税收风险预警指向为 2017 年、2019 年、2021 年甲公司预收账款、主营业务收入可能存在未及时、足额缴纳印花税的涉税风险。

税收风险应对重点为了解纳税人房屋销控表、预收账款的实际收款情况，查阅产权转移书据印花税的已缴金额与应缴印花税金额是否一致，分析产权转移书据印花税财务数据对比异常的原因，重点排查是否存在预售收入未及时、足额缴纳印花税的问题。

5. 房产税从价计征比对异常，该指标依据甲公司的房屋建筑物金额计算的应缴房产税（从价计征）与实缴房产税（从价计征）进行对比，反映甲公司可能存在未足额缴纳房产税的风险。所以，税收风险预警指向为2017—2021年甲公司可能存在自有房屋、开发项目的售楼部、样板间自用，但未及时、足额缴纳房产税的涉税风险。

税收风险应对重点为了解纳税人自用房屋的原值及售楼部、样板间是否在开发项目之内，查阅固定资产房屋的原值及售楼部、样板间的原值，分析房产税（从价计征）的应缴税金与已缴税金的差异，重点排查售楼部、样板间是否存在少缴纳房产税的问题。

6. 建筑安装工程承包合同印花税比对异常，该指标依据甲公司收取的建筑安装工程发票金额计算应缴的建设工程合同印花税与实缴建设工程合同印花税进行对比，反映甲公司可能存在未足额缴纳建设工程合同印花税的风险。所以，税收风险预警指向为2017—2021年甲公司建筑安装承包合同可能存在未及时、足额缴纳印花税的涉税风险。

税收风险应对重点为了解纳税人建筑安装工程承包合同签订的情况，查阅印花税合同台账，分析建筑安装工程承包相关合同是否已缴纳印花税，重点排查是否存在未及时、足额缴纳印花税问题。

7. 房屋租赁合同印花税比对异常，该指标依据甲公司开具、收取的租赁发票金额计算应缴的租赁合同印花税与实缴租赁合同印花税进行对比，反映甲公司可能存在未足额缴纳租赁合同印花税的风险。所以，税收风险预警指向为2018年、2020年甲公司出租房屋及租入房屋可能存在未及时、足额缴纳印花税的涉税风险。

税收风险应对重点为了解纳税人财产租赁合同签订的情况，查阅房屋出租合同台账及办公等场所房屋租赁合同，分析财产租赁合同印花税是否已足额缴纳，分析预警指标租赁发票开具金额与取得租赁发票金额与合同台账的差异，重点排查是否存在未及时、足额缴纳印花税问题。

依据甲公司房地产开发经营行业模型预警指标反映的涉税风险，检查组在金税三期系统中调取了甲公司相关年度的财务报表、企业所得税年度纳税申报表、增值税和土地增值税预缴申报表、税金入库台账和企业开具、收取发票等数据信息开展案头分析。通过案头分析进一步了解到甲公司往来款余额为7亿余元，期末余额及相邻年度变动率较大，存在通过挂账方式隐瞒预售收入的涉税风险；财务报表的预收账款指标显示可能存在预收账款未足额预缴增值税、土地增值税的涉税风险；企业收取、开具发票信息显示可能存在未足额缴纳建筑安装工程承包印花税、租赁印花税的涉税风险等。

**（二）调查取证**

检查组依据涉税风险指标案头分析情况，随后对甲公司财务人员进行了税务约谈，约谈疑点情况如下：

疑点1：房地产开发经营行业增值税预缴税金财务数据对比异常，甲公司约谈人员解释现开发项目2018年底取得预售证才开始商品房预售，涉税风险指标指向的2017年的预收账款为房屋租赁收入，增值税未通过增值税预缴税金申报表申报缴纳，而是通过增值税正常申报缴纳了税金，所以，2017年产生了预缴增值税涉税风险。2021年增值税预缴税金差异需要回去进一步的核对。

疑点2：房地产开发经营行业往来款变动异常，甲公司约谈人员解释项目前期开发投入较大，往来款是与母公司、关联公司的正常经营拆借款项，至于与各公司的金额需要回去进一步的核实。

疑点3：房地产开发经营行业土地增值税预缴计税依据财务数据对比异常，甲公司约谈人员解释2018年底取得预售证才开始预售，2017年的预收账款及营业收入为房屋租赁收入不用预缴土地增值税，2021年土地增值税预缴税金差异需要回去进一步的核对。

疑点4：房地产开发经营行业产权转移书据印花税财务数据对比异常，甲公司约谈人员解释2018年底取得预售证才开始预售，2017年的预收账款和营业收入为房屋租赁收入，2019年、2021年是否足额缴纳产权转移书据印花税需要回去进一步的核对。

疑点5：房产税从价计征比对异常，甲公司约谈人员解释甲公司固定资产没有房屋，不存在缴纳自用房产税的情况。对于售楼部、样板间使用情况属销售部门管理职责，具体情况回去需要进一步了解。

疑点6：建筑安装工程承包合同印花税比对异常，甲公司约谈人员解释建筑安装承包合同印花税是按合同台账缴纳的印花税，现指标比对发票信息可能存在差异，具体金额需要进一步核对。

疑点7：房屋租赁合同印花税比对异常，甲公司约谈人员解释房屋租赁合同印花税是按合同台账缴纳的印花税，现指标比对发票信息可能存在差异，具体是否存在未足额缴纳的情况需要进一步的核对。

检查组通过案头分析、税企约谈等调查取证程序调查，但涉税风险疑点未能全部排除。因此，决定对甲公司进行实地核查。实地核查中检查了甲公司相关财务报表、明细账、凭证、合同台账等相关财务资料，证实了甲公司预收账款未足额预缴增值税及附加、土地增值税、产权转移印花税；建筑安装合同、租赁合同等未足额缴纳印花税；开发项目用地未足额缴纳城镇土地使用税，甲公司财务人员也进行了确认。但是是否有预售收入挂账情况及开发项目内自用项目房屋，甲公司财务人员不肯承认相关涉税风险。检查组认为房地产开发企业开发商品房具有一房一价的基本特征，核查预售收入需要对企业销售情况进行汇总统计，检查组要求甲公司提供销售部门的销售台账，对已售房屋销售金额与账面预收账款金额进行比对核实。核查中发现甲公司提供的销售台账与预收账款基本一致，核查一时陷入僵局。

检查组讨论分析后决定兵分三路，一路再仔细核查明细账与销售台账等相关资料，一路去甲公司开发项目进行实地核查，一路去甲公司销售部门核查房管局预售平台的销售数据。改变核查思路后，各核查小组都有了新的突破，核查往来款及销售台账的人员发现，甲公司明细账中资金拆借达数百笔且拆借金额有整有零，明显不符合企业间正常借贷的经营常规。核查甲公司开发项目实地人员发现，甲公司开发项目售楼部、样板间在开发项目内属项目已建房屋，房产税确实存在涉税风险，同时通过甲公司售楼部销售人员侧面了解到，甲公司开发项目已销售房屋数量明显与其所提供销售台账房屋销售数量不符。核查房管局预售平台销售数据的人员发现，房屋预售平台可以清楚显示甲公司开发项目前已预售房屋、未售房屋的情况与甲公司提供的销售台账明显不符，预售房屋数量远远大于销售台账销售房屋数量。将各检查组情况汇集后，检查组再次约谈了甲公司财务人员，在往来款明显不符合经营常规、实地核查的事实与预售平台外部销售数据不符等证据面前，甲公司财务人员承认确实挂账了 7 亿多元的预收收入和售楼部、样板间属开发项目内自用房屋未缴纳房产税的事实。

**（三）违法手段**

分析本案例，甲公司主要违法手段表现为：一是不遵守相关财税制度，延迟预缴税费。近年来，为了节约资金及成本，一些房地产开发企业往往产生了延迟缴纳税费的想法，企业收到预售收入即使计入预收账款或者合同负债，但是仍利用财务数据报送不能直接显示其本年增加的预收账款的情况，不及时申报预缴增值税及附加、土地增值税、企业所得税等相关税费，这种情况具有比较明显的欠缴税费特征。二是利用信息差，不按税法规定申报房产税、印花税等税款。甲公司在处理将自用开发项目房屋作为售楼部、样板间及签订建筑安装合同、房屋租赁合同等涉税事项时，利用信息差以及存在对房地产开发企业小税种监管可能不严的侥幸心理，未能及时、足额缴纳房产税、印花税。三是通过挂账方式隐瞒预售收入。甲公司销售商品房并已经通过房管局房屋预售平台进行了预售登记，其不遵守企业会计准则或者会计制度的规定将买受人缴纳的房款计入预收账款或者合同负债，而是通过挂账方式等隐瞒收入，同时，销售台账等相关资料通过筛选只提供了同预收账款或者合同负债相同金额的数据，资料链条相对完整为核查增加了难度。在实地核查中要注意利用外部数据资料，特别是通过与房管局预售平台的数据进行比对，可以有效揭露企业隐匿收入的行为，这类涉税行为往往具有相当的隐蔽性。

## 三、案例点评

房地产开发周期较长，现阶段多数房地产开发项目采取期房销售模式。在预售阶段采取预缴增值税、土地增值税、企业所得税，待符合相关税金清算条件时再进行清算申报、多退少补，其税收征收管理具有特殊性。房地产开发企业投资量大，投资回收期长，因此给部分不法企业通过隐瞒预收收入延迟申报纳税提供了空间。为了防止国家税收延迟与流失，建议税务主管机关加强对房地产纳税人全过程的税务辅导与监管，运用企业财务数据、申报数据、税收台账、发票信息、外部关联数据建立税收风险指标模型，及时监控涉税风险，依法查处企业延迟、偷逃税款的行为。一是重点监控税收征收管理与风险监管中金额比较大的往来科目。部分不法企业往往通过往来科目隐匿预售收入且手法比较隐蔽，对于存在上述情况的企业，可以通过税收风险扫描监控与管理，辅导企业改进账务核算方法，提醒企业及时进行纳税申报预缴税款。同时在实地核查中，积极运用外部数据对比等方式针对税收风险进行核查。二是加强与政府相关部门涉税数据交换工作。打通税务平台与政务数据共享交换平台通道，充分利用区域经济一体化、政府部门数据共享协调机制等有利条件拓展外部数据来源和规模。房地产行业开发经营流程基本包括：企业注册登记—土地使用权取得—项目立项—规划许可—施工—销售审批—物价审核—竣工备案—产权转移及清算阶段。其中每一步都必须经过有关部门的严格审批，以保证项目按照有关的开发计划进行。房地产开发行业的审批、监管部门包括：发展改革委、规划部门、土地管理部门、拆迁管理部门、住建部门、建筑工程质量监督部门等。上述部门在工作过程中掌握着大量的、与税收密切相关的项目开发信息。建议在税收监管中打通与房管局、住建局等相关部门的数据交换，在税收征管及税收风险监控中运用外部数据比对方式对企业进行涉税监管，运用外部数据的比对可以有效解决企业挂账或者不记账而延迟、偷逃预缴税费的风险。三是借助发票信息建立风险指标对企业涉税风险进行预警。企业收取的建筑安装发票、租赁发票等相关信息可以建立涉税风险预警指标，对印花税、成本等进行比对分析，从而对房地产开发企业进行精准监控。四是加强日常征管，对房地产项目实施全过程监管。通过开发项目实地核查可以有效了解企业开发项目的实际情况，分析监控项目完工清算时点、企业是否及时结转收入进行增值税、土地增值税、企业所得税的清算汇缴，排查企业是否足额、及时缴纳城镇土地使用税、房产税等涉税风险点。

## 案例 14

# 建筑安装业案例剖析

本案例中，S 市税务局稽查部门（以下简称 S 市税务稽查部门）通过对一家建筑施工企业实体业务的税务检查，发现其利用税收优惠政策、未按规定申报纳税等手段偷逃税款的事实。本案例旨在发现建筑行业存在的涉税风险，为税务执法人员提供一套可复制的检查思路和方法，在查办类似案件时，可以借鉴本案例中的检查经验，并结合实际情况制定检查方案，提高检查的针对性和有效性。

## 一、基本案情

甲企业成立时间为 1994 年 8 月，注册地址为 B 省，注册资金 3.1 亿元，登记注册类型为其他有限责任公司。注册经营范围包括房屋建筑工程施工总承包、公路工程、装饰装修工程、线路管道安装工程、机电工程、市政工程等。该企业为增值税一般纳税人，执行《小企业会计准则》，2021 年认定为高新技术企业，5 年内无发生因逃避缴纳税款受到刑事处罚或者行政处罚的情形。检查所属期为 2019—2021 年，其间建筑安装工程承包合同印花税执行核定征收。

S市税务稽查部门专案组根据上级税务机关下发的重点行业税源户检查任务，成立专案组对该企业2019—2021年的涉税情况进行了全税种检查。在进行税务检查时，专案组依照法定权限和程序，收集相关证据材料，并同有关人员进行沟通，对与案件有关的情况和资料进行了记录、复制。先后调取账簿及凭证共457份（本），取得169个建筑工程项目的相关合同、工程验收和工程结算单等资料1900余份，根据该企业提供的证据资料，共梳理发现涉税问题49个。

主要问题包括：甲企业账载的169个建设工程施工项目中，有11个工程项目未按照税法相关规定的纳税义务发生时间确认增值税收入金额，调增增值税收入金额合计761.03万元，取得用于简易计税方法计税工程项目的增值税专用发票进项税额4.96万元并抵扣了进项税额，应作进项税额转出处理，以上合计应补缴增值税73.45万元，并按规定补缴相应附加税费；该企业2018年11月缴纳公建房契税、印花税、工本费后房产原值增加共52.24万元，未按增加后的房产原值申报缴纳房产税，应补缴房产税1.32万元；未按照主管税务机关核定征收建筑安装工程承包合同印花税的计税依据足额缴纳建筑安装工程承包合同印花税，同时未对签订的财产租赁合同申报缴纳财产租赁合同印花税，补缴建筑安装工程承包合同印花税13.28万元，补缴财产租赁合同印花税1.83万元；账载的169个建设工程施工项目中，有29个项目未依据税法相关规定及时确认企业所得税应税收入，应调增应纳税所得额4857.95万元，企业少归集业务招待费支出按企业所得税扣除规定作税前调整调增应纳税所得额17.70万元，不符合规定的税前扣除凭证支出调增应纳税所得额12.84万元，计提施工项目成本并转入工程结算成本汇算清缴时未调整应调增应纳税所得额2618.38万元，不应在企业所得税前扣除已收到保险赔偿的损失调增应纳税所得额37.44万元，罚款支出不得在企业所得税前扣除调增应纳税所得额30.51万元，划分不清生产经营费用和研发费用、不得实行加计扣除应调增应纳税所得额39.42万元，本次检查查补收入项目对应的、企业已计入“工程施工”科目但尚未结转、经查允许本年度税前列支的成本调减应纳税所得额1340.42万元，本次检查查补的城市维护建设税及附加、房产税、印花税调减应纳税所得额25.24万元，选择简易计税方法项目取得增值税专用发票转出的已抵扣进项税额作为成本扣除调减应纳税所得额4.96万元，弥补以前年度亏损后补缴企业所得税1034.58万元。

综上，该企业应补缴2019—2021年税费合计1133.27万元。

## 二、查办情况

### （一）案源分析

专案组在检查过程中发现，甲企业2020年和2021年相比2019年营业收入规模大幅增长，但营业利润始终保持微盈利或微亏损状态。通过调取企业增值税发票数据，结合企业所得税应税收入金额和增值税销售额的对比，发现甲企业申报企业所得税应税收入金额与增值税销售额基本相等，其中，2021年企业所得税应税收入等于增值税销售额等于开具增值税发票金额，说明该企业按照增值税发票开具时间确认增值税收入和企业所得税收入。根据《国家税务总局关于确认企业所得税收入若干问题的通知》（国税函〔2008〕875号）第二条规定，企业在各个纳税期末，提供劳务交易的结果能够可靠估计的，应采用完工进度（完工百分比）法确认提供劳务收入，该企业很可能存在未及时确认收入的涉税风险。

此外，2019—2021年甲企业对外开具增值税发票品目均为建筑服务。该企业建筑安装工程承包合同核定比例为1，税率为0.03%，按开具发票金额粗略计算，需缴纳建筑安装工程承包合同印花税与建筑安装工程承包合同印花税已入库金额存在较大差距，存在少缴风险，是否存在异地预缴等情况，需要进一步核实。

### （二）调查取证

专案组入户企业之前，通过金税三期等系统调取甲企业全部涉税信息，包括登记、申报、税收优惠、购销发票等数据，入户后第一时间调取了企业电子账套，并与企业主要负责人和财务人员座谈了解企业组织架构、主要业务范围、财务核算方式，以快速了解企业基本情况，确定检查方向。

在企业确认收入纳税时点问题方面，专案组提取电子账套里全部施工项目清单，制作甲企业全部施工项目成本收入结转金额台账，统计其各个施工项目累计成本发生额、累计成本结转额、累计收入结转额，对于发现的甲企业结转成本大于发生成本、结转收入为零、结转成本大于结转收入等明显异常项目重点关注。企业提供建筑服务，企业所得税收入根据权责发生制原则应按照工程形象进度来确认，增值税工程进度款部分收入应按照收讫销售款项日期、开具发票日期、取得销售款凭据日期孰早的原则来确认，增值税质保金或保证金收入应按照开具发票日期和实际收款日期孰早的原则来确认，建筑企业提供证据资料证明工程形象进度是检查收入确认准确性的关键。为此，专案组要求甲企业提供检查期间全部账载施工项目的合同及工程计量、竣工验收、结算相关资料，制作建设施工合同统计表，逐个施工项目梳理合同金额、合同约定开工日期、计划竣工日期、合同约定付款时间、合同约定付款方式、合同补充变更条款、结算报告审定日期、结算报告审定金额、质保金额度等与确认收入时点相关的事项，并梳理每个施工项目已开具发票金额、开具发票时间，结合从电子账套导出的全部施工项目成本收入结转金额台账，逐一审核施工项目是否按照税收法律相关规定按时确认增值税收入和企业所得税收入，重点关注已竣工结算长期未确认收入的施工项目，从而发现甲企业根据发票开具时间确认收入不符合税收规定的违规事实。

在简易计税项目是否抵扣进项税额方面，专案组根据建筑服务发票需备注项目名称的开票要求，提取享受简易计税税率的建筑服务销项发票备注信息，确认简易计税项目名称并调取甲企业项目合同确认是否适用简易计税方法。专案组按图索骥，提取备注栏备注简易计税施工项目名称的进项发票，审核甲企业取得的劳务外包建筑服务类发票是否为增值税专用发票，并到主管税务机关调取电子抵账系统勾选抵扣记录，发现甲企业抵扣用于简易计税项目进项税额的违规事实。

在印花税未足额缴纳问题方面，专案组根据账载“工程施工——劳务费”相关科目明细账统计金额，按照主管税务机关核定征收比例及适用税率计算纳税人建筑安装工程承包合同应纳税额，同时对甲企业补充提供的异地缴纳印花税完税凭证金额予以抵减，从而计算应补税额。鉴于主管税务机关未对该纳税人做租赁合同印花税税种认定，专案组要求其提供相关租赁协议，从而查实征收计算出应补缴租赁合同印花税金额。

在房产税未足额缴纳问题方面，专案组调取纳税人固定资产明细账与金税三期系统内房产税源维护信息进行比对，从而锁定纳税人申报房产税计税依据与固定资产明细账金额不符的事实。

在检查甲企业会计原始凭证存在问题方面，专案组结合纳税人记账习惯，选取预提费用、业务招待费等涉税风险较大的会计核算内容重点查找，对于不符合税前扣除的票据复制原始凭证留存取证。

此外，专案组还发现甲企业在2021年存在研发费用加计扣除，在调取其当年研发支出辅助账后，发现账上未按照国家财务会计制度和税收政策要求对研发支出进行会计处理，对研发费用和生产经营费用未分别核算、划分不清。

### （三）违法手段

建筑施工企业因内部管理问题，财务部门不能及时掌握在外项目的工程合同、验收报告及工程结算单等资料，因此按建筑行业习惯做法操作，加之财务人员对税收政策不了解，未能准确对涉税业务进行处理，造成了违法后果。

从检查过程来看，本案例主要存在以下违法问题：①增值税及附加税（费）方面的问题：一是甲企业在建设施工项目财务核算中，存在增值税销售额确认金额与税法规定不一致的情况。部分项目依据发包方预付款或支付工程款为依据开具发票并申报销售收入。依据有关规定，建筑行业企业增值税纳税义务发生时间，为发生应税行为并收讫销售款项或者取得索取销售款项凭据的当天，先开具发票的，为开具发票的当天。该企业按照行业习惯，未收到工程款不予确认并申报增值税销售收入的做法与税法规定不一致，造成少缴或延迟缴纳增值税及附加税（费）的情况。二是对于取得的建筑服务类进项发票，甲企业财务人员未能准确区分发票用于简易计税项目与一般计税项目，取得的部分用于简易计税项目的建筑服务发票为增值税专用发票并抵扣进项税款。②房产税方面的问题：甲企业对于前期已经使用并申报缴纳房产税的房产，在缴纳公建房契税、印花税、工本费后房产原值增加，未及时调整从价计征下的房产税计税依据。③印花税方面的问题：甲企业建筑安装工程承包合同（建设工程合同）印花税核定征收的，未准确以施工合同相关收入凭证和支出凭证财务账载数据为依据按照核定比例足额计算缴纳印花税，以及企业未将签订的财产租赁合同申报缴纳财产租赁合同印花税。④企业所得税方面的问题：一是甲企业建设施工项目在劳务交易结果能够可靠估计的情况下，未采用完工进度法足额确认企业所得税收入，造成少缴纳企业所得税。二是对于业务招待费支出归集不准确，造成部分应归集为业务招待费的支出全额税前扣除。三是部分施工项目因预期内不能取得下游企业成本发票而以预提费用列支，汇算清缴期间未及时作出调增处理。四是甲企业将不符合税前扣除规定的支出如罚款支出、已收到保险赔偿的赔付支出做税前扣除。五是甲企业在享受研发费用加计扣除政策时，发生的人工费用、材料费用、折旧费用等研发费用支出未准确、合理归集。根据有关规定，甲企业应对研发费用和生产经营费用分别核算，对划分不清的，不得享受加计扣除。

## 三、案例点评

S市税务稽查部门针对甲企业行业性涉税问题的检查，是对建筑行业企业实体业务涉税处理合规性的一次检验，从而为稽查检查提供可复制、可借鉴的思路，同时对建筑行业的税收监管具有一定启发作用。

一是加强税收征管，防控行业性涉税风险。针对建筑施工企业存在对纳税义务发生时间的相关税收政策规定掌握不清、企业按照行业习惯性做法处理涉税业务等问题，主管税务机关应加强对辖区内建筑行业企业的纳税辅导，督促企业完善施工项目会计资料归集，重点关注建筑企业已竣工或已结算项目是否按照相关规定确认收入，帮助企业自查自纠，使其认真、严格区分会计收入和税法收入确认的差异，提高行业税法遵从度；同时，税务管理人员应加强学习了解建筑行业企业经营方式和规模、基本施工流程、施工成本计算，正确评估企业经营能力，关注税源变化，结合企业经营情况分析发票开具取得情况，尽早发现建筑企业虚开发票等税收风险。

二是完善事后抽查，规范税收优惠事项管理。现行政策规定，企业享受研发费用加计扣除政策采取“真实发生、自行判别、申报享受、相关资料留存备查”的办理方式，企业可能存在忽视资料完备性、有效性，研发活动界定不准确等问题。主管税务机关应加强对建筑行业企业享受研发费用加计扣除等税收优惠的后续管理和常态化监督规范，辅导建筑行业企业对照《研发费用加计扣除政策执行指引（2.0版）》开展研发费用加计扣除问题自查，对生产经营费用和研发费用归集划分不清楚、未能按照税务机关要求提供留存备查资料，或者提供的留存备查资料与实际生产经营情况或财务核算情况不符等情况及时发现，无法证实符合优惠事项规定条件的，应根据相关规定，依法依规追缴其已享受的税收优惠。

三是重视小税种管理，提高税收监管精准度。建筑企业小税种监管是确保建筑业税收征管全面、有效的重要环节，建筑企业往往涉及签订建筑施工、材料采购、劳务分包、设备租赁、银行借款等多类合同，涉及的印花税征税税目较多。由于行业特征，也会取得顶账房屋等资产，可能涉及房产税、城镇土地使用税的申报缴纳。通过加强信息化建设、强化税务稽查、完善税收制度等措施，可以提高建筑行业监管水平，避免出现漏征漏管的情形。

## 案例 15

# 医药行业案例剖析

本案例中，X 市税务局稽查部门（以下简称 X 市税务稽查部门）以 2022 年对 A 医药公司开展稽查检查为背景，针对医药零售行业企业存在产品品种多、隐匿收入手段多等特点，X 市税务稽查部门采取多种检查手段，最终发现并确认该企业存在隐匿收入等问题。该案例反映出对医药零售企业税收监管仍存在薄弱环节，需要进一步完善监管机制，旨在帮助税务执法人员加强对医药零售企业的日常监管和定期检查，督促提升企业税法遵从。

## 一、基本案情

### （一）基本情况

A 医药公司成立于 2012 年，主要经营药品、医疗器械的批发、零售业务。该公司名下有直营分支机构药店 38 家，其中，16 家分支机构由总公司统一核算申报缴纳增值税，已登记的 22 家直营分支机构独立申报缴纳增值税，企业所得税均由总公司进行统一核算。以加盟形式运营的药店共 19 家，增值税、企业所得税均为独立核算。

该公司享受小型微利企业所得税优惠政策，根据《财政部　税务总局关于实施小微企业普惠性税收减免政策的通知》（财税〔2019〕13 号）规定，2019 年 1 月 1 日至 2021 年 12 月 31 日，对小型微利企业年应纳税所得额不超过 100 万元的部分，减按 25% 计入应纳税所得额，按 20% 的税率缴纳企业所得税；对年应纳税所得额超过 100 万元但不超过 300 万元的部分，减按 50% 计入应纳税所得额，按 20% 的税率缴纳企业所得税。

### （二）检查发现的问题

该公司销售收入来源有三个方面：一是公司统一核算直营店铺对外零售收入；二是独立核算直营店对外零售收入；三是公司向加盟店配送药品的收入。X 市税务稽查部门成立检查组，经检查发现该公司生产经营存在采取隐匿收入等方式少记销售收入问题，少申报销售收入 604.5 万元。

### （三）税务处理

根据《税收征管法》第六十三条第一款规定，对该公司 2019—2021 年少缴纳税款行为定性为偷税，追缴税款合计 91.04 万元。对纳税人少缴的以上税款处 50% 的罚款共计 45.52 万元。

## 二、查办情况

### （一）查办过程

1. 制定检查方案，确定检查方向

一是检查组通过税务信息系统查询该公司申报与各类税费种认定信息，了解企业经营基本情况。二是检查组通过与市场监督管理部门合作，调取该公司所有分支机构经营信息。三是检查组开展数据分析，对比内外部数据，确定该公司存在的主要申报疑点。四是检查组根据行业经营特点，针对可能存在的隐匿收入问题，制定检查方案。

2. 约谈企业人员，调取经营数据

检查组了解到该公司使用电子销售系统进行销售数据的核算，要求公司人员导出相关数据，但公司负责人称总公司和药店进销存数据系统不相互联通，只有系统管理员会操作完整数据的采集，而系统管理员在外地。检查组针对这一问题，走访该公司十余家门店，与零售门店销售人员了解其实际销售过程中使用的信息系统，经查证后确认该公司总公司与各销售门店销售系统相互联通，数据同步。经约谈该公司负责人，明确告知其相关法律法规后，其最终开放相关数据权限，调查组顺利获取到了该公司信息系统销售数据。同时，在检查中还发现财务人员使用的电脑中存在各个销售门店的销售统计数据，但是销售系统数据与财务人员统计的销售数据不一致。

3. 开展数据分析，确认违法事实

检查组根据取得的各类数据，开展对比分析，汇总统计销售系统数据、财务人员核算销售数据、资金流数据等，发现其内部核算信息中存在的内部人员标注，成功破解了“直营店销售”“直营店配送”“加盟店配送”销售核算数据的真实情况，整理计算该公司隐匿收入及少申报缴纳税费的全部数据，将检查结果摆在企业面前。该公司负责人面对多层次相互印证的证据，最终承认隐匿收入少缴税款的事实。

### （二）检查手段

1. 检查购销合同

首先，抽样检查企业与医药供应商、客户的购销合同。核对合同内容，包括药品品种、数量、价格、付款方式等关键信息，确保合同内容真实、完整，合同金额与发票、银行流水等相符。其次，检查合同是否经过双方签字或盖章确认，以及合同是否具备法律效力。

2. 财务资料核查

首先，核查医药零售企业的财务报表，包括资产负债表、利润表、现金流量表等，重点关注销售收入、成本、费用等关键指标。其次，与同行业、同地区企业的财务指标进行对比分析，发现异常波动情况。特别注意检查财务报表中的异常项目，如长期挂账的往来款项、大额的资产损失准备等。

3. 税务申报表核对

首先，核对医药零售企业的增值税、企业所得税等申报表，注意各申报表数字间的勾稽关系。特别注意核对申报表中的关键数据，是否与财务报表、银行流水等数据相符。其次，检查企业是否存在漏报、错报、少报等情况，特别是与税收优惠政策相关的申报项目。

4. 库存与商品核查

首先，对医药零售企业的库存商品进行实地盘点，确保账实相符。特别注意检查库存商品的品种、数量等信息。其次，核对库存商品与财务报表、购销合同等数据是否相符。通过药品追溯系统或相关单据，检查商品的进货渠道、销售价格等是否符合行业经营特点与相关规定。最后，检查是否存在虚构交易、虚开发票等违法行为。

5. 税收优惠政策核查

首先，核实医药零售企业是否合规享受国家给予的税收优惠政策，比如，小微企业税收优惠、研发费用加计扣除等。其次，检查企业是否按照政策规定进行申报和享受优惠，是否存在虚构条件、虚报数据等滥用优惠政策的行为。

6. 数据分析与比对

首先，利用金税三期等税务信息系统，对医药零售企业的纳税数据进行比对分析。比对同行业、同地区企业的纳税数据，分析医药零售企业的纳税情况是否处于合理水平。其次，比对企业的销售收入、成本、费用等关键指标，关注与同行业、同地区企业存在较大差异的情况，并对异常数据进行深入调查和分析。

7. 银行账户与资金核查

首先，调取医药零售企业的银行账户流水，核实企业的资金流动情况。检查企业是否存在大额、频繁的资金流动情况，以及资金流动是否与购销合同、财务报表等相符。其次，核查企业是否存在通过虚构交易、虚构费用等方式转移资金、逃避纳税的行为，关注企业与关联方、第三方之间的资金往来情况。

## 三、案例点评

### （一）案例特点

1. 隐匿收入手段多样

本案例中，医药零售公司在隐匿收入方面采用多种手段，比如，不开具发票、虚假申报等，以逃避税务机关的监管和缴纳应缴税款。因此，税务执法人员在检查过程中，需要运用多种手段进行识别与分析，比如，关注库存管理与销售数据是否匹配，库存商品数量与销售记录是否相符、进货与销售是否匹配等，这些异常情况表明企业可能存在隐匿收入的风险。

2. 跨地区经营与税务监管困难

本案例中，医药零售公司存在较多的分支机构与加盟商，导致存在跨地区经营的情况，这为税务执法人员检查和日常管理带来了困难。跨地区的监管难度较大、监管力量相对薄弱，企业可能利用跨区域经营进行税务筹划和隐匿收入。

3. 信息技术被用于隐匿收入

本案例最明显的一个特征是医药零售公司利用信息系统，制造各门店间数据分割的假象，试图利用电子技术为隐匿收入提供便利，因此，对相关的风险要予以关注。当前，随着信息技术的发展，医药零售公司可能通过电子支付平台、在线销售平台等渠道进行交易，而这些交易有时并未纳入税务系统监管。此外，还可能存在通过修改电子数据的手法来掩盖真实的收入情况。

4. 资金流与票据流不一致

本案例中，医药零售公司在隐匿收入的情况下，出现资金流与票据流不一致的情况。部分销售收入通过个人账户或第三方账户进行收款，以逃避税务机关的监管。

5. 检查难度较大

由于医药零售行业的业务复杂性和多样性，以及隐匿收入手段的隐蔽性，税务执法人员在检查过程中可能面临较高的难度。因此，检查时要综合运用各种检查手段和技术，进行深入细致的调查和分析，真正发现与证实被查公司的涉税违法行为。

从本案例来看，税务执法人员在检查医药零售行业时，需要加强对其产品销售渠道、收款方式、药品进销库存、资金流与票据流一致性等方面的监管和检查，同时，加强与其他部门的合作和信息共享，提高检查的效率和准确性。

**（二）存在问题**

1. 医药零售行业监管存在困难

医药零售行业销售结算方式多样，包括移动支付或使用银行卡、医保卡、现金支付等。这些支付方式使得税务机关难以全面掌握纳税人的资金变动情况，而在查处医药企业税收违法案件时，导致稽查取证特别是在资金流等关键证据获取方面存在困难。

2. 销售返利行为税收风险高

医药零售行业销售药品的生产商或其上级供应商，会在销售额之外按销售金额给予医药零售公司一定比例的销售返利。这些返利如果不记账或只部分记账，就会导致少缴税款。部分医药生产公司采用现金返利、赠送药品、报销费用等方式对医药零售公司进行奖励，容易产生税收风险。

3. 直接面向消费终端容易产生涉税风险

医药零售行业销售对象多为终端消费者，索取发票者占比不高，且医药零售公司多为私营企业，可能采用私人账户收款，为该类企业隐瞒收入提供了便利条件。与此同时，税务机关对该类行业账外经营情况，日常监管手段较为薄弱，无法及时掌握企业真实销售情况、收款情况，对医保刷卡等第三方数据的获取也往往较难，监管较为滞后。

**（三）监管建议**

借鉴对本案例的查处情况，应加强对医药零售行业的监管，不断提升税收风险识别与应对能力，加强日常监管与部门联动，防范税款流失风险。

1. 强化日常税收风险监管

充分利用税务信息系统，构建完善的数据信息库和风险防控体系，做好各类数据信息的采集、整理、分析工作，加强日常信息交叉比对，及时发现医药零售公司的相关涉税风险。

2. 指导企业提高内控水平

加大税收宣传力度，增强医药零售行业企业纳税意识。指导企业建立合规部门，辅导纳税人规范建账，切实帮助企业提高财务核算水平，积极协助纳税人健全财务制度。

3. 发挥稽查打击震慑作用

税务稽查作为税收管理的最后一道防线，承担着重要的职能作用。因此，要保持对偷逃税行为的严厉打击力度，形成对涉税违法行为的震慑，引导整个行业长远健康发展，通过税收违法“黑名单”等制度，督促警示纳税人认真履行纳税义务，营造更加良好的税收营商环境。

4. 建立跨部门信息共享与联动机制

税务机关要加强与市场监管、医保、药监等部门的联系沟通，建立数据交换机制，加强日常信息共享，推动医药领域相关数据的应用，逐步构建信息共享、监管联动的常态化运行机制。

## 案例 16

# 电子信息技术行业案例剖析

本案例是一家电子信息技术行业头部企业的涉税案件。在本案例中，税务人员根据电子信息行业特性，对广泛的涉税数据进行了深入的综合分析，并成功提炼出 90 个电子信息技术行业的特定涉税风险点。税务执法人员根据这些风险点逐项与涉案企业的纳税数据进行比对和深入研判，最终精确锁定了该企业存在的涉税风险。剖析本案例旨在为税务执法人员进行电子信息技术企业检查时，提供一个该行业税收存在的常见问题清单，帮助他们更好地把握行业特点、识别涉税疑点，并掌握有效的检查方法，从而帮助税务执法人员提升专业技能，进一步增强日常税收监管的效能。

## 一、基本案情

甲企业注册时间为 2010 年 6 月 7 日，注册地址为 A 省 B 市，主要经营业务为移动终端设备制造，包括通信设备制造、音响设备制造、电子元器件制造、计算机软硬件及外围设备制造等。该企业为增值税一般纳税人，检查所属期间为高新技术企业，适用的企业所得税税率为 15%。

该企业 2020 年营业收入为 956.45 亿元，申报缴纳税费为 0.68 亿元，其中，增值税缴纳 0.23 亿元，结转以后年度可弥补亏损额 2.21 亿元。2021 年营业收入为 1322.74 亿元，申报缴纳税费 3.56 亿元，其中，增值税缴纳为 0，企业所得税缴纳 2.98 亿元。2022 年营业收入为 1092.96 亿元，申报缴纳税费为 2.85 亿元，其中，增值税缴纳 1.87 亿元，结转以后年度可弥补亏损 3.18 亿元。

根据上级税务机关下发的双随机案源情况，B 市税务局稽查部门专门成立检查组，对甲企业 2020 年 1 月 1 日至 2022 年 12 月 31 日税费申报缴纳情况进行全面检查。

通过检查，证实甲企业主要有以下几项违法事实：一是将购进的水、电、网络服务、保洁服务、装修服务用于职工食堂、宿舍等集体福利项目涉及的进项税额 1197.92 万元已抵扣并且未进项转出，应补缴增值税 1197.92 万元；应按 5% 税率补缴城市维护建设税 59.90 万元，按 3% 费率补缴教育费附加 35.94 万元，按 2% 费率补缴地方教育附加 23.96 万元。二是未合理归集研发费用导致多计算研发费用加计扣除金额 20403.23 万元，其中，非研发活动相关费用纳入加计扣除金额 16096.44 万元，不符合规定的研发费用纳入加计扣除金额 4306.79 万元，应调整减少 2020 年企业所得税可弥补以前年度亏损额 5745.61 万元，应补缴 2021 年企业所得税 1990.21 万元，应调整减少 2022 年企业所得税可弥补以前年度亏损额 5817.48 万元。

综上，该企业应补缴增值税 1197.92 万元、城市维护建设税 59.90 万元、企业所得税 1990.21 万元，从税款滞纳之日起至实际缴纳税款之日止按日加收 0.5‰的滞纳金，应补税款及滞纳金合计共 3307.91 万元。

## 二、查办情况

### （一）案头分析

检查组通过梳理总结过往稽查报告、行业分析报告、税收政策等，详细深入了解电子产品行业的行业特点、财务核算特点和涉税风险点，并根据不同税种和重大事项研究检查方法。

电子信息技术属于集中度较高的行业，而甲企业所在的智能手机制造业是电子信息技术行业的细分行业之一。该行业市场竞争激烈，研发投入大，产业链复杂，业务模式更新快。针对行业特点，检查组更加细致地分析了甲企业所在的智能手机行业研发环节、采购环节、生产环节和销售环节的运行特点、成本构成，发现智能手机行业产品周期短、物料成本高且差异大、研发费用高的特点。

一是检查组从电子信息技术行业的 9 个行业子类中选取了 274 份稽查报

告进行分析，发现该274份稽查报告涉及37个具体违法类型。其中，排名前十的具体违法类型共计占比96.7%，分别是取得虚开增值税专用发票、对外虚开增值税专用发票、取得虚开增值税普通发票、少缴印花税、隐匿收入、未按纳税义务发生时间确认收入、研发费用未按规定加计扣除、未按规定作进项转出、违规出口退税、与生产经营无关的费用在税前扣除。从上述类型看，主要风险集中在虚开发票、隐匿收入或未按纳税义务发生时间确认收入、增值税未作进项转出或未按规定进行税前调整、研发费用未按规定加计扣除等。

二是检查组逐一分解高风险点，点明问题、列清风险，分析风险点在各税种中的表现形式，构建35个风险指标模型，将排名靠前的具体违法类型作为扫描重点，对电子信息技术行业的头部企业进行风险扫描。

三是根据风险扫描结果，发现甲企业交叉命中多个风险指标模型，于是检查组将其作为重点分析对象。通过提取企业申报数据、财务报表和发票信息，进一步做精案头分析，发现甲企业存在研发费用加计扣除、少缴印花税、关联交易等三大风险点。其一，企业所得税研发费用加计扣除优惠申报表中填列了用于中间试验和产品试制的模具、工艺装备开发及制造费。结合行业特点，检查组分析认为，研发活动中使用的模具、工艺装备和设备应当会有下脚料、残次品或中间试制品，这些物料会产生处置收入并冲减研发费用。但实际上该企业并未在申报表中填列特殊收入，可能存在特殊收入未冲减研发费用加计扣除金额，导致多享受研发费用加计扣除的风险。其二，甲企业财务报表中期末发现较大应收应付金额，考虑到甲企业存在大量关联方，且关联企业之间存在税率差，可能存在资金无偿占用未确认利息收入、关联交易不公允等问题。其三，检查组通过核算甲企业的收入和成本，结合该企业主营业务类型，测算发现其应缴印花税与实际缴纳金额差距较大。

**（二）调查取证**

综合以上分析，检查组针对三大税收风险点对该企业进行自查辅导和重点核查。在研发费用加计扣除检查方面，第一时间全面调取甲企业研发费用加计扣除的管理制度和留存备查资料，通过对六大扣除项目逐项核对，并翻阅账册、付款合同等资料，了解其业务实质。经检查发现甲企业在研发环节确实存在处置收入，但未将其冲减研发费用加计扣除的金额。此外还存在将不可加计扣除的费用，包括非研发人员相关费用、非研发设计和运营费用等共5大研发费用，错误地归入研发费用加计扣除的范围，导致归集不准确的问题。在印花税方面，发现甲企业及其他关联企业的采购并未按照买卖合同缴纳印花税，证实了确实存在少缴印花税的问题。在应收应付账款检查方面，检查组发现甲企业及其关联企业之间，确实存在与关联方资金无偿占用，未确认利息收入的问题，且存在利用关联企业间的税负差进行利润调节，从而达到少缴税款目的的行为。

此外，检查组还发现甲企业将外购的货物用于集体福利未做进项转出的问题。

**（三）违法手段**

电子信息技术行业的大型企业财务管理制度规范，税法遵从度较高、合规经营意识较强，但是研发费用加计扣除不规范、通过集团内关联企业进行不合理关联交易逃避税等违法行为较为普遍。这类行为隐蔽性高，查处难度大，从检查过程来看主要存在以下三种手段：

在研发费用方面。一是“假装研发”。一种手法是通过设立某个项目，该项目实际只是改善和提升了某项产品性能，而不是“开发新技术、新产品、新工艺”，因此不应适用税前加计扣除政策。另一种手法是将与研发费用无关的费用归集到研发活动中的行为，比如，将其他企业员工和劳务派遣人员的工资薪金、常规运维费用归集到研发费用中。二是“收入未减”。电子信息技术行业的研发产品价值非常高，其所产生的废料收入比较可观。在检查中，检查组发现企业会将研发活动中产生的具备一定价值的研发废料，拆解为电子元件进行售卖，但是该笔收入直接计入其他业务收入，并未冲减已归集研发费用，造成多计研发费用。

在关联交易方面。主要表现为“税负差避税”。电子信息技术行业的头部企业一般进行全国乃至全球布局，在各地设有分公司，对各地的金融政策、财税政策比较了解，容易利用地区差异逃避税款。在对甲企业的检查中，发现其关联企业间利用相互借款、集团内资金池、“统借统还”、内保外贷、“背靠背”贷款等方式进行关联借贷业务，在会计处理上计入“其他应收款”，但未确认或支付利息。在其他同类企业的检查中，税务执法人员还发现其他关联交易风险点，比如，关联企业间通过购销业务调整交易价格，将利润进行转移，或转移至低税率地区，或转移至亏损企业，或转移至有财政返还政策的地区企业。

在印花税方面。主要表现为“小税种大风险”。相较于增值税、企业所得税、消费税等税务机关关注的税种，“六税两费”有时容易被忽视，沦为陪衬。不仅税务人员有这种思维盲区，企业财务人员亦如此。因此，针对小税种进行检查会带来意想不到的收获。在对甲企业的自查辅导中，发现其巨额的购销合同未缴纳印花税，单项补缴税款高达7000余万元。税务执法人员在对大型企业进行检查时，尤其要关注小税种的风险点，加上企业规模的乘数效应，小税种也可能成为大风险。

## 三、案例点评

近年来，在政策和资本的双轮驱动下，我国电子行业发展迅猛，已经成为国民经济的战略性、基础性、先导性产业，行业规模大、产业链条长、涉及领域广，是稳定经济发展、维护国家政治经济安全的重要领域。当前，随着各行业经济的高度发展，不同行业企业的财务特征愈发显著且彼此区分。在此情形下，对行业大型企业进行深入检查是税务执法人员的一大挑战。税收监管要透过现象看本质，善于抓要害、抓主要矛盾。加强行业监管的思路主要是通过分析同类企业找到共同特征，找准监管方法，进而规范行业秩序，维护税收安全。本案例中，针对甲企业的检查正是行业监管思路的一次有效实践，对加强电子信息技术行业的税收监管有重要启示。

一是强化行业风险分析。本案例中，针对甲企业开展研究型案件查办，对智能手机制造业研发费用加计扣除风险、嵌入式软件产品即征即退政策风险进行深入调查研究，进一步摸清了行业涉税风险规律。检查前，在90个行业风险点的基础上精选了76个高频风险点制定了常见风险清单，根据清单和企业自查情况精准锁定涉税疑点。根据行业特点和高频风险点，检查组构建了35个风险指标对甲企业开展风险扫描，发现了甲企业的15个具体风险疑点。检查中，通过实地检查，验证确认存在7个问题。根据验证结果又进一步完善风险指标模型，为查办同行业企业筑牢了常态化风险扫描基础。检查后，形成行业检查指引，补充完善风险清单，为同类检查提供有益借鉴。

二是强化企业重点事项的检查力度。主要指研发费用、关联交易两个方面。电子信息技术行业的研发费用的归集较为复杂，加之优惠政策较多，风险日渐凸显，在检查中要重点关注研发费用归集和委托研发费用税前扣除等风险。由于大型集团的跨区域公司较多，存在通过集团内不同公司的关联交易进行资金、资源腾挪，减少税款缴纳的涉税风险。比如，关联交易不符合独立交易原则，存在少缴企业所得税、增值税风险；关联企业通过虚构管理费、服务费转移利润风险；关联企业之间拆借资金可能少缴企业所得税风险等，这些都是在检查中需要重点关注的风险点。

## 案例 17

# 白酒制造行业案例剖析

本案例中，A 市税务局稽查部门（以下简称 A 市税务稽查部门）通过白酒行业专业监管和专项税收检查，发现甲酒业集团、乙商贸公司、丙商贸公司通过委托加工业务、账外销售隐匿收入等方式，偷逃增值税及消费税等。本案例旨在剖析白酒制造行业偷逃税款的违法行为，为税务执法人员加强税收监管、提升稽查技能提供参考。

## 一、基本案情

甲酒业集团成立于2004 年7 月，增值税小规模纳税人，注册资本1000 万元，生产经营范围主要为：制造、销售白酒（浓香型白酒、固液法白酒），配制露酒、果味（预调）鸡尾酒。甲酒业集团 2020 年缴纳消费税 930621.85 元、增值税 15857.56 元、企业所得税为 0；2021 年缴纳消费税 1501658.64 元、增值税 9107.67 元、企业所得税为 0；2022 年缴纳消费税 2092254.48 元、增值税 22106.96 元、企业所得税为 0。

乙商贸公司成立于2014 年9 月，注册资本50 万元，属于私营有限责任公司，主要从事白酒销售业务，增值税一般纳税人。乙商贸公司 2020 年缴纳消费税为 0、增值税 985467.99 元、企业所得税 6615.8 元；2021 年缴纳消费税为 0、增值税 959529.17 元、企业所得税 16172.17 元；2022 年缴纳消费税为 0、增值税 985467.99 元、企业所得税 15114.36 元。

丙商贸公司成立于 2015 年 4 月，属于私营股份有限公司，主要从事白酒销售业务，增值税一般纳税人。丙商贸公司 2020 年缴纳消费税为 0、增值税为 0、企业所得税为 0；2021 年缴纳消费税为 0、增值税 100947.79 元、企业所得税 1510.3 元；2022 年缴纳消费税为 0、增值税 298036.67 元、企业所得税 2506.02 元。

## 二、查办情况

### （一）“大数据”分析，清晰检查方向

A市税务稽查部门数据分析人员通过对发票数据及申报数据的分析，发现乙商贸公司、丙商贸公司对外销售白酒未缴纳消费税，并接受甲酒业集团的加工费发票。乙商贸公司、丙商贸公司近3年对外开具白酒销售发票接近2.5亿元，甲酒业集团仅缴纳消费税452万元，消费税税负低于2%，且其与乙商贸公司和丙商贸公司3家公司均极少申报未开票收入，进销基本持平，与白酒生产行业盈利情况背离严重。根据大数据分析研判，A市税务稽查部门认为甲酒业集团、乙商贸公司、丙商贸公司涉嫌利用委托加工、关联交易等手段，少申报缴纳白酒消费税；涉嫌隐匿销售收入，少申报缴纳增值税和白酒消费税。

### （二）“信息化”比对，提高检查效率

针对税收疑点，A市税务稽查部门联合甲酒业集团所在地稽查部门成立检查组，充分利用信息化手段，“解剖式”分析了企业征管信息、申报数据、会计账簿、进销项发票数据、财务指标等数据资料，对调取的涉案企业账户及相关个人的银行流水进行全面穿透式分析并开展比对。检查组采取外调纳税人及实控人、财务人员等关键职位人员资金账户，先后47批次核查甲酒业集团对公及个人账户103个，涉及银行交易流水230万笔，涉及交易资金逾100亿元。通过对海量的资金数据进行分析，筛选出了300余万元的资金回流数据，找到甲酒业集团隐匿收入的资金往来关键证据，初步判定隐匿收入6000多万元。

### （三）“印证式”推进，保障检查质量

鉴于甲酒业集团可能存在隐匿收入、账外经营的情况，检查组为全面获取涉案资料，掌握其真实生产情况，突击进驻财务、营销、库管等关键生产经营场所，获取了“内部报表”、出入库单据等原始凭证，为后续确定甲酒业集团存在账外经营，隐匿收入奠定了基础，并先后到丁税务师事务所有限公司、戊代理记账有限公司两家代理记账单位就甲酒业集团代理记账、账簿资料移交情况进行了调查，从两家代理记账公司调取了电子财务核算账套，为检查工作提供了支持。

经查，甲酒业集团及其关联方对外销售白酒数量约3203万斤、金额约24959万元，计算应缴消费税约6593万元（其中从量计征消费税约1601万

元、从价计征消费税约 4991 万元），已申报缴纳消费税 452 万元，甲酒业集团及其关联企业少申报消费税约 6141 万元。

**（四）违法手段特征**

1. 假借委托加工业务少缴消费税

根据《中华人民共和国消费税暂行条例》规定，“委托加工的应税消费品，按照受托方的同类消费品的销售价格计算纳税；没有同类消费品销售价格的，按照组成计税价格计算纳税”。本案例中，甲酒业集团企图通过与关联企业签订委托加工合同侵蚀消费税税基，少缴消费税。甲酒业集团作为受托方与乙商贸公司、丙商贸公司两家委托方签订了委托加工白酒合同，合同约定由委托方乙商贸公司、丙商贸公司购进酒精、瓶子、包装物等原材料并负责对外销售白酒，由受托方甲酒业集团加工生产白酒，并按照自身生产白酒的组成计税价格（不含包装、酒瓶等原材料成本）代收代缴白酒消费税。但通过企业账簿资料、原始凭证、开具发票信息、会计报表、询问笔录以及其他部门信息等证实，甲酒业集团与乙商贸公司、丙商贸公司实际控制人、投资人、管理人员存在高度关联，3 家涉案公司的真实的财务人员为同一人，发票均为同一人开具，构成关联关系。因此，甲酒业集团不应按照组成计税价格计算缴纳消费税，应当按照乙商贸公司、丙商贸公司销售价格计算缴纳消费税。

2. 混淆税率少缴消费税

甲酒业集团受托加工白酒申报的代收代缴消费税按照组成计税价格计算纳税，所有产品均按照“其他酒”10% 消费税税率计算申报。检查发现，甲酒业集团加工的产品主要是高于 38 度的配制酒，明显不符合《国家税务总局关于配制酒消费税适用税率问题的公告》（国家税务总局公告 2011 年 53 号）中关于部分配制酒适用 10% 税率的政策。

此外，检查中还发现，在被查对象错误适用组成计税价格申报缴纳消费税过程中，计算依据中材料成本及加工费的金额也不准确、远低于白酒生产的实际成本。

3. 账外销售白酒隐匿收入，偷逃增值税、消费税

检查人员通过查询分析银行交易流水，结合调取的部分现金日记账以及部分出库单等原始资料凭证进行比对，发现甲酒业集团存在账外销售白酒，隐匿收入的事实。一是隐匿销往部分小型超市的白酒收入，该部分规模较小的下游经销单位均为小规模纳税人，不需要进项发票抵扣进项税额。隐匿收

入近1000万元，需补缴增值税115万元、消费税262.5万元。隐匿疫情期间对外销售医用消毒酒精收入，未进行申报纳税。酒精属于危险化学品，未经安全监管部门审批对外销售属于犯罪行为，因担心安全监管部门检查，甲酒业集团销售医用消毒酒精销售收入未在账面记载。2020—2022年，甲酒业集团销售消毒酒精取得收入5161万元，未在账簿记载、未申报纳税。2023年7月甲酒业集团已补充申报销售收入1673万元，余下3488万元未进行纳税申报，少缴增值税401万元。

4. 以回购自产商品的名义，接收虚开发票

上述被查企业自其他商贸企业购进其自产的“JM”等品牌产品，并将增值税专用发票认证抵扣税款，被查对象解释该产品为商贸企业接受其他单位的抵账产品，由被查对象进行回购。但检查组通过资金分析发现，该业务为虚构业务，对应的货款实际上通过被查企业对公账户、商贸企业对公账户、商贸企业相关人员账户、被查企业关联人员账户回流，合计345.47万元。最终，认定被查企业接受了商贸企业的“富余票”，虚增进项税额、少缴增值税40.22万元。

## 三、案例点评

本案例对白酒制造企业经营业务进行全面检查，深度解析了白酒企业虚构委托加工业务、账外销售隐匿收入等方式，虚假购进产品偷逃增值税及消费税的违法行为，对同类企业税收检查具有指导意义。针对本案例中的违法行为，应进一步完善白酒消费税的相关政策，强化白酒制造业的行业监管。

一是进一步完善委托加工消费税政策。现行《消费税暂行条例》中关于委托加工规定，主要是防止从规范组成计税价格上侵蚀税基。由于加工环节、销售环节存在时间维度上的差异，建议明确委托方对外销售应税消费品时申报缴纳消费税的法律义务，对委托加工业务代扣代缴的消费税实行清单管理，委托方按照销售价格和数量重新计算应缴消费税，同时准予扣除受托方加工环节时已经代收代缴的消费税，对受托方已入库缴纳消费税实行认证抵扣。

二是加大部门联动、信息共享，强化白酒行业监管。食用酒精是生产配制酒的主要原料，属于危险化学品，危险化学品由应急管理部门、交通运输部门进行管理，税务部门应与应急管理部门、交通运输部门建立信息交换制度，获取酒精的真实耗用量，并结合白酒生产企业的税收数据进行智能税收监管。

## 案例 18

# 金融行业案例剖析

本案例聚焦 W 外资财产保险公司所属 S 分公司开展的保险业务，以其利用税收政策存在的争议，少缴漏缴税款事件为引线，展示了税务执法人员应对涉外保险公司不同类别涉税风险的监管处理方法。本案例旨在剖析金融保险行业偷逃税款的不当行为，为税务执法人员加强税收监管，提升业务技能提供参考与借鉴。

## 一、基本案情

W 保险公司是由其位于某国的母公司（以下简称母公司）设立在中国的外商独资保险公司，于 2005 年 3 月 16 日经银保监会批准设立于乙市。同时，W 保险公司在丙市设立的 S 分公司（以下简称 S 分公司）属于保险行业，主要经营范围为财产损失保险、责任保险、信用保险等财产保险业务，短期健康保险、意外伤害保险，以及上述保险的再保险业务。出于管理需要，S 分公司的部分管理人员是由母公司派遣的外籍员工。S 分公司在 2019 年 5 月以前使用 ORACLE 系统进行财务核算，2019 年 5 月以后使用用友 N/C 财务系统核算。

丙市税务机关根据相关线索，以 S 分公司为检查对象，对其 2016—2019 年的保险业务进行检查。根据保险行业协会出具的年度报告，2019 年保险业发展稳中向好，产品结构进一步优化，资金运用收益稳步增长，行业风险防控能力持续增强。通过保监会对外公开数据，检查人员首先查询了 S 分公司上属公司 W 保险公司在中国大陆开展的业务情况（见表 7－1）。

**表 7－1　2016—2019 年 W 保险公司在中国大陆开展保险业务情况**

单位：万元

| 项目 | 2016 年 | 2017 年 | 2018 年 | 2019 年 |
| --- | --- | --- | --- | --- |
| 原保费收入 | 29733.54 | 29455.86 | 29670.02 | 34231.73 |
| 外资财产保险中排名/总数 | 7/21 | 9/21 | 11/21 | 13/22 |

检查人员发现，W 保险公司在中国大陆地区开展的原保险收入增长不大，且因为增长率较低，导致其排名从 2016 年的第 7 位下滑至 2019 年的第 13 位。这说明 W 保险公司可能在原保险业务方面开展得不如其他外资保险企业，因此检查人员将检查重点放在了 S 分公司的再保险业务。

通过访问 W 保险公司对外网站信息，检查人员获得了企业的公司概况、保险品种、部门设置等公开信息。

S 分公司的组织架构采用的是职能事业部结构，涉及办公室、营业部、业务开发部、车险部、核保部、理赔部、财务部和信息技术部。同时，W 保险公司的营业规划部、车险本部、风险工程部、精算部和资产管理部的总部设在丙市而非乙市。

**（一）财务报表分析**

检查组在检查前从内部征管信息渠道获取了 S 分公司检查年度的财务报告（见表 7－2）。

**表 7－2　　2016—2019 年 S 分公司部分财务数据**

单位：万元

| 项目 | 2016 年 | 2017 年 | 2018 年 | 2019 年 |
|---|---|---|---|---|
| （资产负债表项目） | | | | |
| 应收保费 | 1792.65 | 1371.73 | 1167.68 | 779.83 |
| 应收分保账款 | 12655.24 | 10837.67 | 4709.45 | 1928.28 |
| 应付手续费及佣金 | 150.63 | 219.14 | 172.01 | 210.32 |
| 应付分保账款 | 6121.47 | 4986.81 | 4269.87 | 4980.35 |
| 应付赔付款 | 199.68 | 63.41 | 103.82 | 7.80 |
| （利润表项目） | | | | |
| 保险业务收入 | | 27780.16 | 30913.57 | 37021.66 |
| 其中：分保费收入 | | 19700.28 | 23527.76 | 29356.62 |
| 赔付支出 | | 6940.75 | 9557.09 | 21251.48 |
| 分保费用 | | 4802.90 | 6123.49 | 7284.59 |
| 手续费及佣金支出 | | 585.39 | 538.60 | 547.12 |
| 业务管理费 | | 5962.02 | 5380.76 | 5661.15 |

由于此次调查针对的是S分公司，主要业务集中于保险与再保险业务，从表7-2中可以明显看出，再保险业务占保险业务收入比重较大，故此次检查需要重点关注再保险业务。另外，从表7-2反映的数据来看，检查中需要关注以下两方面：

（1）保险业务收入逐年增长，但手续费及佣金支出却没有相应增长，同时业务管理费居高不下，应关注业务管理费中与工资奖金相关的项目，是否存在隐藏手续费及佣金的情形。

（2）由于S分公司属于外资财产保险企业，应关注是否存在对外支付情形。

**（二）税负分析**

检查组在检查前从征管系统中获取了S分公司检查年度期间的纳税情况（见表7-3）。

**表7-3　　2017—2019年S分公司纳税情况**

单位：万元

| 项目 | 2017年 | 2018年 | 2019年 |
|---|---|---|---|
| 增值税 | 333.38 | 351.10 | 346.60 |
| 城市维护建设税及附加 | 43.34 | 45.64 | 45.06 |
| 个人所得税 | 765.01 | 842.85 | 817.65 |
| 企业所得税 | 61.30 | 86.80 | 78.39 |
| 印花税 | 39.71 | 40.82 | 42.98 |
| 其他代扣代缴 | 0.69 | 0.75 | 27.33 |
| 税收入库总额 | 1243.43 | 1367.95 | 1358.01 |

从表7-3可见，S分公司的主要税种集中在个人所得税和增值税，由于可能涉及外籍员工，故需要加强关注外籍员工个人所得税的计算情况。

**（三）其他考虑**

总公司级别的精算部、资产管理部等部门虽然设立在S市，但可能并不由S分公司所管辖，应重点与营业部、业务开发部、核保部和理赔部等人员加强沟通。

## 二、查办情况

### （一）数据采集

检查组运用稽查软件提取了S分公司的财务数据，并运用趋势分析、结构分析等方法对采集到的企业数据进行了涉税分析，以找出S分公司对应的涉税疑点，继而通过实地检查等方式验证或排除相应疑点（见表7－4）。

**表7－4　S分公司业务及管理费数据分析**

| 项目 | 2017年 | | 2018年 | | 2019年 | |
|---|---|---|---|---|---|---|
| | 金额（万元） | 占比（%） | 金额（万元） | 占比（%） | 金额（万元） | 占比（%） |
| 业务管理费总额 | 5897.31 | 100 | 5321.67 | 100 | 5600.90 | 100 |
| 工资与社会保险费 | 3565.24 | 60.46 | 2721.51 | 51.14 | 2795.62 | 49.91 |
| 租赁费用 | 851.99 | 14.45 | 776.83 | 14.60 | 886.78 | 15.83 |
| 电子设备运转费 | 296.03 | 5.02 | 309.48 | 5.82 | 382.63 | 6.83 |
| 咨询费 | 224.29 | 3.80 | 373.72 | 7.02 | 279.35 | 4.99 |

1. 业务及管理费用

业务管理费的分析结果显示，以下费用为业务管理费中占比较高的项目，包括工资类费用、租赁费用、电子设备运转费、咨询费等，需要税务人员加强关注。

检查组针对大额费用进行了抽样调取，发现存在以下问题。

工资类费用中，针对外籍人员的工资费用，贷方并不是贷记“应付职工薪酬”科目，而是记作“其他应付款——母公司”。查阅上述往来账务明细可以发现，“其他应付款——母公司”“其他应收款——母公司”科目核算的外籍人员报销问题。即S分公司认为，外籍人员为母公司派驻于丙市，其人员发生的所有费用，应当由母公司进行承担，故以挂账“其他应收款——母公司”科目进行核算。根据S分公司与母公司之间的约定，应当由S分公司承担的该项费用，需支付给母公司，故挂账“其他应付款——母公司”科目进行核算。即S分公司在财务处理中没有列支外籍人员完整的工资费用，只是列支了“名义工资费用”。

由于“其他应收款——母公司”核算的是外籍人员报销的全部费用，而“其他应付款——母公司”核算的只是全部报销费用中应由S分公司承担的部分，所以S分公司对于该“其他应付款——母公司”并未实际对外付汇。由于S分公司是以轧底抵减的方式规避了对“名义工资费用”的境外支付情形，符合《国家税务总局关于非居民企业派遣人员在中国境内提供劳务征收企业所得税有关问题的公告》(国家税务总局公告2013年第19号) 中第五条第(四) 款规定，接收企业是否存在通过抵消交易、放弃债权、关联交易或其他形式隐蔽性支付与派遣行为相关费用的情形，这引起了检查人员的重视。

另外，通过对往来款项摘要的查询和筛选，发现在外籍人员发生的费用中，除了规定可以免除个人所得税的“房租、子女教育费、搬迁费”等外，还有“医疗费”等费用的报销。

2. 再保险业务

在保险业务中，检查人员重点对再保险业务进行了检查。检查人员获取了S分公司再保险业务的所有业务数据，并将其导出为Excel文件，以便小组成员进行分析。

在对分入保险业务的检查中，检查人员筛选了数据中的重点字段，包括保单号、核保通过日、被保险人名称、毛保费、分出公司名称（原承保公司名称）、再保险经纪人名称、经纪公司手续费以及手续费测算比例。在对上述数据核查的过程中，检查组发现，经纪费手续费比例并不相同，最高可以达到35%，于是检查人员决定按年度分别抽取经纪费手续费比例较高的分入保险业务。

经过对业务部门人员的询问，并采用抽样式检查方法，检查组抽取了部分高比例经纪手续费的合同、财务凭证和原始凭证。比对其财务处理，对于承接的分入保险，S分公司按照毛保费即不扣除手续费的部分入账，作为保费收入，相应手续费被处理成了“分出保费”。

对于分出方而言，相应的“手续费收入”在业内称之为“摊回分保费用”。所谓摊回分保费用，是指在保险业务中，办理初保业务的保险公司向其他保险公司分保保险业务，在向对方支付分出保费的同时，向对方收取的一定费用，用以弥补初保人的费用支出。根据曾经的营业税相关政策，摊回分保费用不属于营业税征税范围。营改增以后，对于摊回分保费用是否属于增值税征税范围没有明确规定。由于S分公司与境外保险公司也存在轧底抵减资金结算的问题，造成S分公司从未实际发生对外支付，此种以隐蔽方式逃避对外支付的税收风险同样引起了检查人员的重视。

### （二）检查取证

1. 获取认定“常设机构”的有关证据

检查组经过对财务人员、人事部门以及外籍人员的询问，基本认定母公司能够对S分公司的派遣人员的工作拥有指挥权，并承担风险和责任，且具体的人员派遣全部交由母公司决定；同时，派遣人员的工资也全部由母公司直接发放。检查人员获取了S分公司对列支“名义工资费用”事实认可的书面文件、母公司决定的“名义工资费用”的标准，以及母公司与S分公司资金结算的相关证据。

2. 针对外籍人员工资及报销问题

检查组获取了检查年度期间所有“其他应收款——母公司”的明细账，就该科目中反映的外籍人员报销的明细情况进行了仔细核对。初步测算，S分公司平均每月为外籍人员报销医疗费用1万余元，涉及各个职位的外籍人员，甚至包括为外籍人员家属报销的医疗费用。针对该部分费用，检查人员获取了报销明细、报销受益人员清单、支付情况等相应的原始凭证；母公司发放给派遣人员工资的具体金额明细；上述派遣人员工资的个人所得税缴纳情况。

3. 针对摊回分保费用

检查人员获取了检查期间S分公司再保险业务中发生的摊回分保费用明细、合同及原始凭证。经核对，S分公司并未就其应对外支付的摊回分保费用代扣代缴增值税。

## 三、案例点评

本案例的特点主要体现在对于常设机构认定及摊回分保费用税务处理存在的税企争议，税务机关采用了不同的税收监管应对措施。

### （一）常设机构认定的监管应对

S分公司观点：外籍人员均系母公司的派遣人员，也确实存在由母公司负责指派、承担风险、核定工资等情形。但被派遣人员的工资、薪金已经全额在中国缴纳个人所得税，母公司并不存在“因派人员到子公司从事活动而从子公司获取利润”的行为。因此，不满足常设机构的构成要件。

检查人员观点：关于“名义工资费用”的问题，根据《国家税务总局关于非居民企业派遣人员在中国境内提供劳务征收企业所得税有关问题的公告》（国家税务总局公告2013年第19号）第一条（一）（三）（五）判断依据，同时可结合《国家税务总局关于印发〈《中华人民共和国政府和新加坡共和国政府关于对所得避免双重征税和防止偷漏税的协定》及议定书条文解释〉的通知》（国税发〔2010〕75号）规定，对“常设机构”认定的四个方面，可以认定母公司派遣外籍人员为S分公司提供劳务的活动导致母公司在子公司所在国构成常设机构。上述“名义工资费用”实质可认定为“派遣费”。S分公司名义工资费用虽未实际对外支付，但应申报缴纳增值税和企业所得税。

税收监管应对措施：根据《国家税务总局关于非居民企业派遣人员在中国境内提供劳务征收企业所得税有关问题的公告》（国家税务总局公告2013年第19号）规定，其对“常设机构”的认定应由主管税务部门作出认定。税务机关应针对此次检查中取得的相关证据，整理并制定相关征管意见书，转交给主管税务机关，以帮助主管税务机关做出正确认定。

**（二）摊回分保费用税务处理的监管应对**

S分公司观点：摊回分保费用属于对原保险人费用支出的弥补，不属于增值税征税范围，且不属于原保险人收入项目。

检查人员观点：虽然摊回分保费用属于再保险业务的通常做法，且过去营业税政策曾规定对此类费用不征税，但其前提是原保险人已经就其全部原保费收入全额缴纳了营业税。而且摊回分保费用的实质是再保险接受人为鼓励再保险分出人谨慎地选择原保险合同所承保的业务，在其取得纯益基础上付给再保险分出人一定比例（即纯益手续费率）的报酬，所以仍然可以看作一种手续费，S分公司承担的摊回分保费用虽未实际对外支付，但应代扣代缴相应的增值税及附加税费。

税收监管应对措施：考虑到企业已经意识到存在涉税问题，同时表示未来在相应业务中也会根据有关要求，按照对外支付的情形代扣代缴相应税费，故该部分税费按照企业自查处理。

**（三）外籍人员医疗费用报销的监管应对**

虽然外籍人员享受母公司的医疗福利政策，但其实质仍然是由公司提供的员工福利，且不属于外籍人员免征个人所得税的范围，故对此部分应当并入工资薪金，按照规定还原计算代扣代缴个人所得税。

出于管理需要，S分公司的部分管理人员是由母公司派遣的外籍员工，针对这一部分外籍人员，其工资薪金由母公司直接支付到个人，S分公司已就这一部分工资薪金按照相关规定还原计算缴纳个人所得税。但外籍人员及其家属在中国境内发生的医疗费用，S分公司采用实报实销的方式以人民币全额支付给个人，此项费用2017年发生147839.86元、2018年发生140817.81元、

2019年发生126532.83元，此项费用未按照相关规定并入外籍员工当月“工资薪金”项目代扣代缴个人所得税。

税务机关依据《中华人民共和国个人所得税法》（以下简称《个人所得税法》）及其实施条例、《财政部　国家税务总局关于住房公积金、医疗保险金、养老保险金征收个人所得税问题的通知》（财税字〔1997〕144号）相关政策规定，向该公司追缴个人所得税241109.40元，其中2017年度81512.16元、2018年度86816.95元、2019年度72780.29元。

同时，依据《税收征管法》第六十九条的规定，对该公司处应扣未扣个人所得税50%的罚款，计120554.70元。

## 案例19

# 废旧物资行业案例剖析

本案例中，甲市税务机关以上级部门下发的风险任务为线索，通过大数据分析，发现M公司的“详见销货清单”存在疑点，通过归集网络地址牵出一串疑点企业。本案例旨在通过了解废旧物资行业企业虚开发票、虚列成本的案件特点与手段，帮助税务执法人员提高工作效率，加强重点行业的税收监管。

## 一、基本案情

M公司成立于2019年8月，注册地为甲市某园区，主要从事废弃电器电子产品回收、拆解再利用及销售业务。甲市为支持再生资源综合利用产业健康发展，允许园区内企业从自然人处购进其自己使用过的物品时，可以开具收购发票作为成本列支凭证。

2021年10月，甲市税务局风险应对团队接到上级部门下发的风险任务，提示M公司存在取得免税资格纳税人开具的疑点发票税前扣除问题。随后，该局组建检查组针对M公司存在的税收疑点展开初步调查。

## 二、查办情况

### （一）数据全面分析环节

检查人员调取M公司涉税数据，将其自行开具的收购旧货发票与全部收购旧货发票对比，发现存在超高比例和金额的自行开具的收购旧货发票，且金额增长异常。

检查人员经分析发现，M 公司自行开具的收购发票呈现销方主体少、货物数量大的特点。比如，2021 年 8 月与 M 公司有旧货交易的个人为 54 人，涉及旧货数量超 33 万件，人均销售旧货数量超 6000 件，人均销售旧货金额为 47.4 万元。仅从张某处，M 公司就购入旧货 3 万多件，其中，电视机甚至达到 1.7 万件，金额达 300 多万元。由此，检查人员确定 M 公司自开收购发票不符合政策规定。

在对发票数据的关联分析中，检查人员又发现新的疑点，该市 W 公司、A 公司两家公司与 M 公司业务来往频繁，且年交易额均在千万元以上。W 公司、A 公司两家公司都属于电子产品批发零售企业，主要从事数码产品、通信设备、家用电器的销售及维修服务等。

鉴于双方存在大量旧货交易的情况，检查人员调取 W 公司、A 公司的涉税数据。对购进货物的名称、数量和单价分析后，初步判断其主要从事新品的购进和销售，并非旧货贸易公司，且发现其销售发票内容几乎都为“详见销货清单”，数量和金额均为空。随后检查人员对涉税数据进行深度分析。经过不懈追索，检查人员发现 W 公司某段时间开具给 M 公司的发票明细疑点突出，电子产品单价基本上介于新产品与旧货之间，且一次性销售量比较大，这不符合售卖新产品和处理旧货的价格特点，W 公司、A 公司存在偷逃税嫌疑。

**（二）重点核实核查环节**

检查人员从 W 公司和 A 公司入手，首先，归集两家公司的开票 IP 地址与 MAC 地址，并与 M 公司所有供应商进行比对，经分析发现，A 公司与 M 公司来往密切的 B 公司共用一个网络地址。随即，检查人员锁定 A 公司法定代表人乔某，对关联企业进行查询，发现乔某的关联企业有 8 家，均与 M 公司有购销往来。这 8 家公司中有 6 家是一般纳税人，均向 M 公司开具了增值税专用发票，且发票的货物名称均为“详见销货清单”，无单价和数量信息。其次，对向 M 公司开具增值税普通发票的小规模纳税人 G 公司和 Q 公司进行检查。经查，发现这两家企业均成立于 2020 年 5 月，无任何货物进项且费用类进项很少，但销项金额每年达 400 多万元，且全部开给 M 公司，有利用税收优惠政策偷逃税的重大嫌疑。

**（三）约谈核查环节**

检查组带着翔实的案头分析成果，先对 M 公司的上游疑点公司（即 W 公司、A公司及关联公司）进行询问约谈和核查。在对疑点企业核查时发现，A公司法定代表人乔某相关联的6家公司提供的会计原始凭证内容也只是“详见销货清单”，没有销售明细。同时，会计账簿中对应的成本结转只是进行了存货金额的结转，没有区分明细。经询问乔某，其解释是公司为批发零售商，上游是品牌公司，下游基本以门店零售为主，销售给M公司的旧货都是以旧换新来的，且旧货主要是手机和厨房电器，发票开具不合规是因开票人员不懂开票，成本结转也只是会计简单记账问题。

随后，检查人员来到M公司。在询问中，M公司承认自开收购发票的旧货并非从自然人处收购。核查发现，M公司从废旧电器入厂到可再利用材料销售离厂等各环节均有实时监控和详细记录，公司业务中没有对手机、厨房电器这两类的回收利用，这与乔某介绍的情况完全相反，且国家对废旧电器的回收利用补贴不包括手机、厨房电器。在对M公司会计原始记账凭证的核查中，检查人员发现，A公司法定代表人乔某相关联的6家公司只有“详见销货清单”的发票在此全部附上了清单，而且详细列明了货物的名称、数量、单价等内容。

至此，检查组得出结论：W公司和A公司法定代表人乔某相关联的6家公司利用“详见销货清单”为发票内容开具“阴阳发票”。即W公司、A公司等公司针对M公司的供货商多为个体废旧物资回收站，难以取得进项发票的情况，在M公司厂区外直接进行废旧电器的货主更换，由W公司、A公司等公司付款给送货的个体废旧物资回收站，然后以W公司、A公司等公司的名义将货物送入M公司，M公司再将货款支付给W公司、A公司等公司。W公司、A公司等则利用“详见销货清单”开具“阴阳发票”，将其不需要开具发票的销售业务所对应的销项发票提供给M公司，而M公司会计账上对应的是销售新家用电器的业务成本，既隐匿了新手机、家电等产品的销售收入，又将增值税进项税额利益最大化。同时，新办小规模纳税人G公司和Q公司瞄准国家针对疫情出台的小规模纳税人增值税优惠政策，大肆开具1%普通销售发票，将开票金额限制在500万元以内，又在企业所得税申报中填报虚假的营业成本，以极小的代价换取最大化利益。W公司、A公司法定代表人乔某相关联的6家公司通过虚开发票、虚假申报等手段偷逃税款，涉税金额高达1.67亿元，已移交相关部门进行处理。M公司自行开具的收购发票不符合政策规定，经计算调增应纳税所得额0.2亿元；接受不合规的增值税专用发票，需进行进项税额转出，一共应补缴增值税和企业所得税0.8亿元。

## 三、案例点评

一是深化数据分析应用，打造以数治税监管新体系。案例中检查人员不局限于已有疑点，充分利用税收大数据关联上下游，发现新的疑点，勾画出票、货、人之间的复杂关系。因此，提高税务执法人员数据分析利用能力，以解决实际风险问题为导向，加强实战化培训，打造业务与技术融合的复合型人才，是实现以数治税监管的关键。

二是加强发票管理应用，堵塞“富余票”虚开空间。建立自动化和智能化的发票监控新体系，比如，拓宽数据源头，利用人工智能算法对数据进行智能归集和建模，提高事前预防和事中阻断的能力。

三是强化行业知识的学习应用，构建协同共治新格局。进一步加强同行业的排查分析，根据提炼的行业特点，结合其他部门对此行业的管理数据进行数据共享与开发应用，构建协同共治新格局。

## 案例 20

# 人力资源服务行业案例剖析

本案例以 A 市税务局稽查部门（以下简称 A 市税务稽查部门）查处的一起劳务派遣公司虚开发票案为引线，通过剖析不法分子通过虚构人员信息、利用劳务派遣行业差额征收政策对外开具增值税发票的违法犯罪行为，帮助税务执法人员进一步了解和掌握该行业检查中的疑点、难点和重点，掌握人力资源服务行业征收管理、税率适用及发票开具等涉税问题，为日常税收监管提供借鉴和参考。

## 一、基本案情

A 市甲人力资源有限公司（以下简称甲公司）成立于 2017 年 10 月 8 日，注册资本 500 万元，法人代表张某。经营范围：以服务外包的方式从事企业生产流程处理和品质检测处理。增值税一般纳税人，企业所得税征收方式为查账征收，享受小型微利企业减免企业所得税政策。

2020 年 5 月，A 市税务稽查部门接到上级部门关于税收大数据和风险确定下发的冒用人身份信息偷税案源名单，涉及甲公司，涉嫌冒用人员信息超过50人。对此，A市税务稽查部门立即成立检查组展开了全面检查。

在检查所属期2018年1月1日至2019年12月31日，该公司共开具增值税发票2013份，涉及金额7136.89万元。下游受票企业56家，其中辖区内企业11家，辖区外企业45家。

2020年6月1日，税务执法人员依法向甲公司送达税务检查通知书。经查，甲公司真假业务掺杂，部分业务实际没有任何真实用工交易，甲公司以非法手段取得人员信息、虚构用工业务、虚假纳税申报，通过收取手续费的方式对外虚开增值税发票。

2020年9月，税务执法人员在取得部分受票企业接受甲公司的虚开证据和甲公司财务人员的笔录证据后，将该案移送公安机关处理。公安机关于2021年3月20日对甲公司立案侦查。2021年5月10日，公安机关对甲公司法定代表人张某、涉案人员李某实施抓捕。

## 二、查办情况

本案例的整个检查过程可以总结为一次深入调研、三次精准研判加传统手段核查。

### （一）案源分析

税务执法人员通过数据情报综合管理平台、金税三期税收管理系统、电子底账系统和自然人税收管理系统，调取甲公司注册登记信息、各税种申报及扣缴信息、开票明细、入库信息、社保信息等数据，绘制了企业税收“画像”，并逐一清分受票企业，绘制发票流向图。经过深入分析，发现甲公司存在以下涉税疑点：

一是经营范围中没有人力资源外包和劳务派遣项目。二是大量顶额开具发票并选择差额征收的简易计税方法。三是增值税和企业所得税税负极低，经计算，甲公司增值税税负为0.87%，企业所得税税负为0.33%。四是下游企业异地占比高。五是所有人员工资全部在个人所得税起征点5000元以下，代扣代缴个人所得税金额为0，代缴社会保险费金额为0。

### （二）调查取证

在掌握大量疑点信息的情况下，税务执法人员决定暂不与企业正面接触，先期开展资金流研判，这是本案例在检查过程中的第二次数据研判。

税务执法人员运用“穿透式”的核查方法，通过梳理近万条资金流水，逐户绘制下游企业资金流向图，经与案头分析中的发票流向图结合比对，确认了甲公司的资金运转规律：一是大部分“工资”未直接支付给劳动者，二是大部分资金具有明显的回流特征。

通过对资金流分析，税务执法人员判定，甲公司可能有部分真实业务，真实业务都是在辖区内开展的，但辖区外业务基本为虚假业务。

1. 适时开展实地核查，正面交锋告捷

检查组经案头分析后，进入了实地核查阶段。经查，甲公司除法定代表人张某外，只有2名文员及1名司机，均不具有相关从业资质。甲公司管理制度不规范，未见与劳动者签订的劳务合同、代扣代缴个人所得税完税凭证和社会保险费缴费凭证等，并且该公司由记账公司代理记账。记账凭证中，除发票和部分银行对账单外，未附其他任何原始凭证，甲公司记账凭证内几乎没有任何劳务人员的交通、住宿费用。

根据甲公司代理记账会计交代，该公司的成本是根据增值税收入乘以一定比例倒推虚列的，目的是将所得税的税负控制在极低的范围内。

在检查组检查过程中，甲公司法人张某还抱有侥幸心理，以资料缺失为由，拒不承认违法事实。

2. 有的放矢外调，夯实虚开证据

通过对发票流向图和资金流向图的比对分析，税务执法人员从甲公司下游56家受票企业中选定9家企业开展外调。其中：辖区内企业3家、辖区外企业6家。

具体外调结果如下：3家辖区内企业2家推定有真实交易，1家存疑。6家辖区外企业中，1家拒不配合到场，剩余5家企业全部承认了买票的事实。

在外调的过程中，1家下游受票企业法人代表迫于压力，主动到A市税务稽查部门交代其通过支付手续费的方式，购买甲公司虚开发票的违法事实。

至此，甲公司虚开发票的违法行为基本查实，根据取得的下游受票企业出具的情况说明材料及相关人员笔录证据，固定虚开证据金额2170万元，推定虚开金额高达5000余万元。

3. 再次开展深度研判，挖掘关联公司

税务执法人员在查实甲公司部分虚开发票的基础上，开展第三次数据研判。利用登记信息中人员、电话、MAC地址、IP地址和上下游发票流关系，“企查查”等专业软件上公示股东、总经理、监事等人员信息，对比资金流向，锁定具有重大虚开嫌疑的关联公司2家。

### （三）作案手段

2021年5月，甲公司法定代表人张某、涉案人员李某被公安机关抓捕，2人均对其违法行为供认不讳。据张某交代，甲公司成立初期是有真实业务的，公司取得了人社部门发放的《劳务派遣经营许可证》。后期公司业务发展不好，张某在经营过程中，发现可以钻差额征收的空子，于是利用甲公司虚开增值税发票牟利。冒用的人员信息是张某从中介处非法取得的，虚开增值税发票获利后，张某又成立了两家公司，均未取得《劳务派遣经营许可证》，两家公司在没有任何真实业务情况下对外虚开发票。为逃避责任，张某已将2家关联企业注销，将甲公司法人进行变更。

除真实业务外，甲公司共开具增值税专用发票1012份，金额9438594.36元，税额551080.25元，价税合计9989674.61元。开具增值税普通发票588份，金额49820295.35元，税额2491016.73元，价税合计52311312.08元。A市税务稽查部门对上述发票全部定性为虚开，待司法机关做出刑事处罚后再进行行政处罚。

## 三、案例点评

劳务派遣是指取得《劳务派遣经营许可证》的企业根据用工单位需求，派遣本企业员工至用工单位，员工接受用工单位管理并为其服务的一种灵活用工方式。近年来，劳务派遣行业蓬勃发展，在提供就业机会、降低用工成本、助推经济发展等方面起到了积极作用。但该行业在市场准入、经营管理、年度核验等方面存在监管薄弱环节，不法分子利用差额征税政策实施的虚开发票犯罪急剧增多，虚开的劳务类发票流入市场后被受票企业用于冲抵成本、套取资金，造成国家税款巨额损失。根据《财政部　国家税务总局关于进一步明确全面推开营改增试点有关劳务派遣服务、收费公路通行费抵扣等政策的通知》（财税〔2016〕47号）规定，一般纳税人提供劳务派遣服务，可以选择差额纳税，以取得的全部价款和价外费用，扣除代用工单位支付给劳务派遣员工的工资、福利和为其办理社会保险及住房公积金后的余额为销售额，按照简易计税方法以5%征收率计算缴纳增值税。按照现行开票制度，从事劳务派遣的企业选择差额简易计税开具的发票需要区分管理费和工资，且工资部分只能开具增值税普通发票。

按照税收征管流程，劳务派遣企业实施差额征税开票行为必须通过简易计税资格鉴定，因此，简易计税鉴定是一个事前管理的关键环节。按照“放管服”改革工作要求，税务机关简化了办税环节和手续，不需要相关企业提供经营许可证进行备案，导致部分“无证经营”企业也享受了差额征税政策进行纳税申报。

目前，纳税申报系统对差额征税开票行为的风险监测规则尚不完善。《增值税纳税申报表附表资料（三）》（服务、不动产和无形资产扣除项目明细）中涉及5%、3%征收率的项目由企业①（非数电票试点企业）自行填写。同时，对于企业申报的“代用工单位支付给劳务派遣员工的工资、福利”等扣除项，没有与自然人税收管理系统（ITS）中企业申报的劳动者工资总额进行比对，日常征管中有的税务机关也没有要求企业提供工资发放流水、社保缴纳记录等佐证材料，无法核实差额扣除项目的真实性。

不法分子虚构劳务派遣用工业务，不真实履行代发工资等事项自行填写增值税抵扣项目，降低应税销售额，以极低的纳税成本对外虚开劳务类发票，帮助下游企业虚假冲抵成本、隐匿收入，实现偷逃税款目的。

劳务派遣行业在虚开涉税犯罪的同时，会衍生出多种犯罪形式，影响公平法治营商环境。比如，个别大型企业成立劳务派遣子公司，定向虚开劳务类发票至母公司，违反财务管理规定进行套现，可能引发非法利益输送或企业内部贪腐，涉及串通投标、职务侵占、非法挪用资金、行贿等犯罪；不法企业以“税务筹划”为幌子，利用互联网吸引高收入群体咨询服务，将高额奖金、“灰黑收入”等伪装成劳务派遣工资，化整为零后转账至相关人员的近亲属账户，帮助其偷逃个人所得税，同时涉及非法经营罪（非法从事资金支付结算业务）、洗钱罪等。随着人力资源行业进入跨越式发展期，国家层面和各级地方政府对人力资源行业进行了大力扶持，各种利好政策不断出台。

## 案例21

# “税收筹划”与“黑中介”领域案例剖析

在本案例中，S市税务局稽查部门（以下简称S市税务稽查部门）以骗取出口退税企业（以下简称骗税企业）的出口报关数据为切入点，全面梳理

---

① 企业不包含非数电票试点企业。

并归集相关报关行及全链条涉及的各类中介机构，进而联合公安等部门连续开展多次打击行动。通过这些行动，破获虚开、骗税、黑中介等全链条犯罪团伙44个，其中各类非法中介团伙20个，涉及非法报关团伙、转卖报关单信息团伙、介绍虚开团伙、“地下钱庄”团伙和税务代理中介团伙等。本案例旨在帮助税务执法人员进一步了解财税“黑中介”、非法报关行、“地下钱庄”等非法涉税中介团伙虚开骗税违法犯罪的手段及方法，攻克税收监管的难点，及时发现没有备案的非法涉税中介机构、人员，防止虚假业务游离于监管之外，不断提升精准执法的能力。

## 一、基本案情

S市税务稽查部门在开展涉税违法犯罪态势分析时发现，部分区域骗税犯罪仍时有发生，其主要手法仍是通过“配单”“配货”“配票”“配汇”骗取出口退税。其中，财税“黑中介”、非法报关行、“地下钱庄”等非法涉税中介团伙扮演了重要角色。S市税务稽查部门对此高度重视、迅速行动，联合公安等部门连续开展多波次打击行动，累计抓获犯罪嫌疑人161人，破获“黑中介”团伙20个，以多波次坚决整治“黑中介”及骗税犯罪行为，实现了全链条打击。在此基础上，进一步积极创新方法、扩大战果，在抓捕现场挖掘“黑中介”窝点资料，发现涉及全国29个省市2226家经营单位的19541条违规报关信息，经估算涉及退税额14亿元。

S市税务稽查部门根据犯罪嫌疑人的供述、资金回流、出口报关情况、现场查获的资料等证据，依据《税收征管法》、《发票管理办法》（按案件发生时的《发票管理办法》执行）等有关条款规定，对波次打击涉及的27户出口企业定性出口骗税，追缴已骗取的出口退税额2.14亿元，不予退税额2534.87万元；针对出口货物视同内销征收增值税9970.29万元；累计处以罚款金额2.21亿元。

## 二、查办情况

### （一）案源分析

S市税务稽查部门抓住非法报关关键环节，开展数据清洗。首先，从骗税企业的出口报关数据出发，归集涉及报关行，成为研判线头。通过紧盯S市涉嫌违规退税企业，根据收集的违规报关信息，借助信息系统还原涉及报关行的税务数据，掌握出口退税、上游企业等情况，形成嫌疑报关行名单。其次，充分运用部门协作优势，汇总分析报关行纳税申报、人员轨迹、资金等数据，发现其中存在报关费用偏高、法定代表人信息不实、经营地址虚假、“零开票、零申报、零社保、零纳税”等疑点的空壳企业。最后，在此基础上，运用建立的AI分析模型，进一步剖析嫌疑企业的特点，通过新增集装箱美元离岸价离散度、出口货物与上游关联度、申报登录集中度等指标，拓展嫌疑企业的范围。

**（二）调查取证**

鉴于空壳报关行的信息虚假性及零申报等特点，判断团伙属性的物理信息较为欠缺，难以完成团伙归集并锁定幕后团伙。S市税务稽查部门转而根据非法报关团伙“一套人马多块牌子”的作案模式，从申请海关电子编码数字交换平台编码编号的付款流程着手，挖掘空壳报关行背后的实际控制团伙。一方面，结合平台付款记录，拓展核心作案人员和银行账号，进而联合公安机关经侦部门锁定犯罪团伙。再通过团伙行为分析，确立企业与企业、企业与非法报关行之间的关联关系，完成涉嫌骗税的团伙性企业划分。另一方面，结合前期研判情况，S市税务稽查部门与公安机关经侦部门开展多波次的联合行动，摧毁了多个涉税非法中介窝点，并在窝点现场做好证据固定。由于窝点现场数据资料庞杂，S市税务稽查部门根据“点数”等关键词进行数据归集，调取相关报关数据，并根据非法报关以票面金额为计价的特点，筛选出其中的违规报关信息。为保障后续案件需要，办案人员注重固定现场证据，通过司法鉴定机构对相关报关数据进行恢复、提取及鉴定，形成适用于刑事案件和行政案件的鉴定报告。在调证过程中，注重明确主观故意。根据团伙人员分工、非法报关信息发生时间，从调取数据中固定主动介绍行为、从资金链条固定分赃行为、从重点人员口供固定指认证据等，明确知情事实，为案件定性夯实基础。

由于现场筛选的违规报关线索具有链条广、企业多等特点，S市税务稽查部门凝聚管查合力，分类处理相关企业。根据嫌疑企业的性质，依托市、区两级联动机制和“管查互动”方式，对重大团伙性企业联合公安机关经侦部门进行分级立案查处。对已申报未退税的由退税部门在企业申报时启动调评核查，若已失联则告知主管税务机关予以风险防控，加强监管。对已申报已退税的，约谈企业追缴税款，并视同内销征税，未退税款不得退税；如若不承认违规业务，则核查比对企业法人、报关单及备案单证等的真实性，对存在不予退税的按规定处理，对备案单证虚假等情况的视同内销征税与罚款，酌情降为四类企业并约谈。另外，对于现场发现的异地违规报关信息，梳理相关证据材料，比如，司法审计材料、嫌疑人口供等，及时以发函的形式推送异地税务机关处理，形成跨区域打击合力。

### （三）违法手段

根据案件查办情况，非法涉税中介可分为以合法外衣为伪装的财务“黑中介”、违规提供企业办理服务的非法中介以及贩卖信息资源伪造“三流”的非法中介三大类，具体违法手段如下：

以合法外衣为伪装的财务“黑中介”，以财税代理公司做伪装，为虚开骗税团伙提供违规税务代理服务。在实名认证环节，部分中介雇用或诱骗多名无业人员违规突破税务实名认证系统，成为空壳企业办税员，具备了后续扫脸开票的条件。在领票开票环节，“黑中介”指示无业人员进入领票或代开申请页面，由“黑中介”代领空白发票或在税务大厅现场打印已申请的代开发票，并将相关发票邮寄给犯罪团伙。其中，部分中介还负责根据虚开团伙指令向下游虚开发票。在申报环节，部分中介专门为犯罪团伙控制企业办理纳税和出口退税申报等业务。

违规提供企业办理服务的非法中介，通过非法注册新企业、收购企业、复活“非正常”企业等方式，大量获得“假地址、假电话、假人员、假账号”的空壳企业，其中，包括具有退税资格的外贸企业，并向有需求的虚开骗税团伙售卖。其间，还涉及为已开展虚开骗税的企业提供违规注销业务。

贩卖信息资源伪造“三流”的非法中介，按照虚开骗税团伙的指示，伪造发票流、货物流、资金流，帮助其取得虚开骗税所需材料，滋生犯罪。在发票流方面，介绍虚开中介等机构负责与上游虚开团伙对接，根据下游虚开骗税团伙的需求虚开发票。在货物流方面，不法报关行和货代公司等中介扮演“配单”“配货”的角色，他们向骗税团伙售卖掌握的出口货物信息，帮助其获得违规报关单，伪造虚假出口迹象。在资金流方面，“地下钱庄”等中介帮助涉税违法犯罪团伙获得循环使用的资金和结汇水单等退税材料，完成资金回流、资金转移境外、虚假结汇等工作。

## 三、案例点评

近年来，税务机关开展对虚开发票骗取出口退税违法犯罪的全链条打击，非法涉税中介的猖獗势头得到一定遏制，但财税“黑中介”、非法报关行、“地下钱庄”等非法中介仍屡禁不止，不仅危害涉税中介行业健康发展，也持续滋生涉税违法犯罪，推波助澜作用明显，对税收监控体系形成挑战。

从本案例看，监管难点主要集中在三个方面。一是中介机构门槛低、流动性大，管理难度高。中介机构作为纳税服务体系的一个重要组成部分，以专业的服务为纳税人办事，近年来得到长足发展。但目前对中介机构的管理一般采用备案制，且相关从业人员无须相关证书，在市场规模逐步扩大和机构数量逐步增多的情况下，难以全面准确采集相关信息，摸清管理底数。部分非法涉税中介隐匿其中，以税务代理公司、报关行等为幌子开展违规业务，部分中介甚至为“零开票、零申报、零社保、零纳税”的空壳企业。二是非法涉税中介逐利性强，难以禁绝。非法涉税中介利用手上掌握的资源，以服务之名行犯罪之实，根据涉税虚开骗税违法犯罪团伙的需要提供发票、资金、货物等信息买卖及违规税务代理、买卖企业、注销企业等非法业务，其实质是一种违法犯罪的撮合行为。在虚开骗税违法犯罪仍时有发生的情况下，非法涉税中介便有源源不断的买家资源，且成本低、获利多，甘愿冒着风险为涉税违法犯罪团伙提供服务，已成为涉税风险的乱源地和集聚地。三是相关法律法规不够完善，进一步加大了监管难度。在打击涉税违法犯罪的实践中，由于非法中介团伙代理行为的特殊性，存在主观故意认定、行政案件与刑事案件证据标准不一等定性难题，部分中介团伙以其未存在主观故意或在不知情的情况下单方面接受犯罪分子指使为理由逃避打击，增加定性难度。

因此，税务机关在加强税收监管方面，要提升对非法涉税中介的监管质效，既要加强管理、凝聚监管合力，又要持续打击、深挖扩线，不断提升打击震慑力，应在以下五个方面下功夫：

一要进一步在强化管理上下功夫。首先，完善财税中介备案机制，建立已备案中介机构及相关从业人员的“白名单”制度，对不在“白名单”的机构及人员，在办理代理等业务时要求进行备案，对拒绝备案的限制开展相关业务。对代理违法犯罪企业较多的机构及人员，及时予以约谈、提醒。其次，围绕打击防范涉税黑中介等非法中介机构，深化“管查”“行刑”之间线索推送、联合研判、共同处置等协作机制，由征管部门加强管理，对符合条件的及时纳入涉税服务失信名录，由稽查部门立案打击，并将相关犯罪线索联合公安经侦部门经营。

二要进一步在合力监管上下功夫。依托智税智慧监控中心、“智慧稽查”、“税警”联合研判中心等信息化项目，联合搭建涉税中介风险指标体系，及时扫描发现高风险的财税中介机构，强化数字化管理。同时，联合海关、人民银行、财政局、人力资源社会保障局、市场监督管理局等中介管理部门加大对非法机构的清理力度，定期通报各单位已备案中介机构、排查的非法中介和人员名单以及发现的非法中介风险等事项。对其中从事非法中介活动的单位及个人予以及时处理，对情节严重、涉嫌犯罪的移送司法严惩，并联合建立中介及其从业人员“黑名单”制度，禁止参与涉税违法犯罪的人员从事相关业务。

三要进一步在深挖扩线上下功夫。坚持涉税违法犯罪与相关非法涉税中介共同打击的工作思路，探索从留抵骗税、出口骗税、虚开等涉税违法犯罪挖掘线索的方式方法。比如，将企业涉及的办税员、领票员、报关行等系统记录，在登录电子税务局时在系统内保存的人脸识别等画面记录，在税务大厅领票时的监控记录等，作为研判线头。又如，从出口报关行的报关信息着手，结合社会保险费处、个人所得税处的社保、个人所得税信息，共建排查模型，将符合“零开票、零申报、零社保、少纳税”的报关行及涉及的出口企业列为重点监管对象。

四要进一步在定性犯罪上下功夫。加强与检察机关的对接，就当前定性标准和实际操作遇到的难题进行沟通，明确相关证据标准等法律适用问题，指导办案人员在案件查办过程中，摸清非法中介在涉税违法犯罪中所起的作用并发现其主观故意性，确保在依法依规的情况下，让非法中介承担应有法律责任。

五要进一步在社会协同上下功夫。首先，要发挥好注册税务师协会等涉税专业服务行业协会的作用，加强对涉税中介行业的正面引导，指导树立机构自律意识、培养人员职业道德。其次，强化典型案例的宣传力度，坚持以案说法，开展面向全市涉税中介和重点人群的警示教育培训，同时制作有关视频、公布典型案例，采取“线上＋线下”相结合的方式开展宣传，持续构建协税护税的诚信纳税、协同共治生态。

## 案例 22

# 农产品行业案例剖析

本案例中某税务机关通过指标扫描、穿透分析、多维查疑、协同应对、机制规范等程序，发现A种业有限责任公司（以下简称A公司）偷逃企业所得税的事实，有效锁定疑点，实施风险应对，防范化解风险。本案例旨在帮助税务执法人员进一步强化风险意识，坚持“用数据、找问题、堵漏洞、防风险、增效能”的工作策略，织密织牢增值税发票管理“三张网”，切实把农产品发票虚开骗税风险化解好、防控住。

## 一、基本案情

A公司成立于2008年7月23日，2010年9月1日登记为增值税一般纳税人，所属行业为种子批发，注册资本3000万元，实际主营业务为种子种苗的繁育和批发。甲市税务机关根据上级税务机关推送的风险应对信息，将该公司作为农业企业风险核查应对重点案源，并成立检查组对其进行检查。经初步分析，基本锁定该公司存在“农产品行业企业所得税涉税风险”和“初级农产品批发和零售企业购销差异风险”2项重点风险疑点。

检查组通过案头分析、数据比对、入户走访、风险提醒等系列风险应对手段，确认该公司存在部分未取得发票列支的成本费用、营业外收入未及时申报。根据企业所得税法相关规定，A公司应补缴所属期2022年企业所得税5.82万元，并按照《税收征管法》规定按日加收滞纳金。

## 二、查办情况

针对税收疑点，首先要充分开展调查取证工作。检查组在排查该公司过程中，注重借助“人工+系统”手段，加大对农产品发票申领和额度调整环节的管理力度，加强对农产品收购业务和款项的真实性核查。主要分为以下两个阶段展开：

一是案头分析阶段。检查组通过大数据平台查询企业进项销项发票情况，结合金税三期系统查询企业所得税年报，在初步判断该公司进项与其主营业务基本一致后，集中精力审核A公司提供佐证的资料，细致分析比对过磅单、入库出库单、收购合同（订单）、收据、付款凭证、租赁合同及发票、经营场地、仓储设施或设备、运输能力等资料。

二是线下实地核查阶段。检查组总结提炼“三清三见”工作法（即：地址清、人员清、主要上下游清，见设备、见法人、见财务负责人），严格按照工作要求，对A公司进行实地核实，重点核查生产经营场地、能力、运输情况，并留存相关影像资料备查，及时动态跟踪税源以及开票变化情况。

经核实，A公司主要是从农户处收购农作物种子后销售，企业进销明细与其主营业务相一致，但检查组发现其2022年度存在部分未取得发票列支的成本费用79.39万元，营业外收入未及时申报84万元，合计应调增利润16.34万元，补缴企业所得税5.8万元。

本案例办结后，甲市税务机关及时总结经验做法，对辖区内农产品收购企业开展全面排查，在充分调研的基础上修订完善《农产品收购企业归类及发票管理工作指引》，提升农产品收购发票风险管理水平，进一步细化、落实农产品收购发票风险防控工作，切实防范行业性、区域性涉票风险发生。主要归纳为以下两点：

一是总结风险核查要点。聚焦农产品供货商风险，形成"农产品供货人身份证不符合逻辑校验""农产品供货人年龄、地域异常"等5项风险核查要点，聚焦关联风险，形成"上下游高度关联"。"与非正常户存在关联"等2项风险核查。聚焦核定扣除风险，形成"核定扣除企业当期无销售但扣除农产品进项税额（投入产出法）""超范围核定扣除"等4项风险核查要求，聚焦虚开虚抵风险，形成违规计提"加计扣除农产品进项税额"等7项风险核查要点。每项要求均总结了指标描述、疑点指向、分析应对、处理方法，为加强当地农产品收购企业管理和防范化解农产品发票虚开风险打下坚实基础。

二是加强后续监督管理要点。税务机关要及时总结经验，持续跟踪风险动向，完善数据模型，强化协同管理，推进农产品行业税收监管常态化、长效化。首先是内部协作。明确农产品收购企业身份归类管理，形成了县（市、区）局第一税务分局受理、税源管理部门审核、第一税务分局办理模式。优化市局、县局、税源管理分局三级农产品收购企业管理职能，货劳、风险部门牵头，各相关部门配合，联合市场监管、粮食等部门，逐步将从事农产品收购的中间商纳入市场主体范畴。其次是外部协调。与自然资源和农、林、牧、渔业等部门协作，获取本地区农产品种类、种植养殖规模、产量（捕捞量）、产值等自然资源情况，与纳税人开具发票、纳税申报情况进行比对，发现异常增长等疑点及时核查；利用国土部门的地理信息系统，辅助以地理国情普查成果、农村土地承包经营权确权成果等数据信息，核实、确认纳税人种植地块数据，依据亩均产值设置预警指标，实施免税销售预警管控；与农业农村、统计、物价等行业主管部门建立信息交换机制，对农产品收购价格信息进行定期收集，与开票系统农产品价格进行比对，及时发现价格异常情形；与行业协会沟通，调研了解不同类型农产品生产加工企业能耗、单位产值、成本等，对不同产品的主材、辅材、电耗、用工等信息开展合理性分析，探索设置生产耗用等参数及区间浮动预警值，作为税收征管和风险分析的参考。通过管理互促、方法互鉴，进一步夯实联合外部门规范涉农税收服务管理的基础，探索行之有效的综合治理模式。

## 三、案例点评

农产品企业的农产品一直是发票虚开的高发领域，在抵扣政策落实、购销真实性核实、全链条全周期监管等方面仍存在一些薄弱环节，防范农产品发票虚开骗税风险成为当前税务机关面临的重要挑战。近年来，得益于乡村振兴战略的实施，农业经济发展迅速。由于收购农产品进项税额抵扣政策的独特性，该行业增值税发票虚开行为是税务机关防范的重点，加之其反向开具的特点，在监管中具有复杂性和特殊性。A 公司风险应对是强化以数治税、提升监管效能的一次具体实践，进一步加强防范农产品增值税发票虚开，需要运用系统思维，加强长远规划，优化政策体系，深化部门协作，做到久久为功，善作善成。

一是瞄准发票风控快速反应。其主要做法为联合行政审批部门，在新办企业注册登记时，发放《发票使用风险提示提醒单》，对发票使用管理、相关涉税法律责任进行告知；在办税服务厅设立约谈室，对于新办涉农企业的法定代表人、财务负责人及农产品免税发票代开人员进行涉税辅导；在税源管理单位设立风险快速反应小组，统筹负责涉农行业集群注册、“六员”信息异常等新办企业的风险分析和应对，做到即时研判、即时阻断。

二是全面协同分析农产品发票。加强“以数治税”精准监管的力度，税务机关风险管理部门应结合一址多照、农产品发票开具规模、进销项占比、发票流向、高危人员标识等风险指标进行风险扫描，精准筛查高风险企业名单，由税源管理部门针对性开展风险应对工作。

三是强化日常监管阻断发票风险。根据行业发展特点，建立农产品增值税发票动态管理机制，定期对涉农企业的耗电、投入产出、资金往来支付、预警信息与发票开具、申报纳税等信息进行抽查比对，分析测算企业供、产、销逻辑关系是否正常，根据分析情况及数据变化情况，重新核批发票数量。

四是畅通内部协同渠道。在“简化事前审批”的背景下，大力推进事中事后监管体系建设，加大企业发票使用监管力度，对发票开具额度变动异常企业，及时跟进核查，快速应对处理，有效集聚监管效能。进一步推动跨部门会商研判和多税种联防联控，堵塞虚开发票、虚列成本漏洞。

五是拓展税收共治格局。加大与自然资源局、农业农村局等部门数据共享的力度，获取本地区耕地、种植品种、预计产量等信息，建立台账实行跟踪管理，对农产品收购价格信息进行定期收集，对企业开具发票、纳税申报情况定期开展比对，发现疑点及时开展核查。

六是加大犯罪惩治力度。建立内外有别的“灰名单”和“黑名单”，对暂未定性但需内部关注的“灰名单”企业，推送税务机关内部相关部门开展案头分析，并采取办理涉税事项限制性措施，从源头上防范虚高风险事项发生。对纳入税收违法“黑名单”的企业，推送到外部有关部门开展联合惩戒，使其在融资授信、注册企业、领用发票、享受政府扶持政策以及出境外出等方面“一处违法处处受限”，最终达到惩防并举的目的。

# 第八章　新兴业态典型案例剖析

本章以平台经济为背景，选取灵活用工、网络货运、跨境电商、短视频、网络主播以及利用“税收洼地”逃税等涉税案件为实例。通过分析不同的作案手法及特点，进一步帮助税务执法人员掌握识别不法分子利用国家税收优惠政策偷逃税款的有效方法。其目的在于精准打击违法犯罪活动，加强重点行业税收监管，为税务执法人员在处理此类案件时提供有价值的参考意见。

**案例23**

## 灵活用工平台涉税案例剖析

本案例中，A市税务局稽查部门（以下简称A市税务稽查部门）以查处甲平台信息科技有限公司（以下简称甲平台公司）涉税问题为引线，通过税收大数据分析发现甲平台公司存在通过虚构灵活用工人员和外包业务，虚开增值税专用发票和普通发票，少缴企业所得税，并为高收入人群转换收入性质，从而使其少缴个人所得税的情况。本案例旨在解析新业态模式下涉税违法的特征，帮助税务执法人员进一步了解和掌握税务稽查运用手段与方法，为加强税收监管，提升稽查技能提供参考。

### 一、基本案情

甲平台公司注册地在A省B市，为增值税一般纳税人，主要经营范围包括软件外包服务、软件和信息技术服务、人力资源服务、人力资源外包服务、人力资源代理服务、企业管理咨询服务等。企业所得税征收方式为查账征收，享受小型微利企业减免企业所得税政策，其2019—2021年税费申报情况（见表8－1）。

**表8－1　　2019—2021年甲平台公司税费申报情况**

单位：万元

| 项目 | 2019年 | 2020年 | 2021年 |
| --- | --- | --- | --- |
| 增值税 | 1578.06 | 3469.67 | 5705.26 |
| 企业所得税 | 0 | 1.49 | 18.41 |
| 城市维护建设税 | 110.46 | 242.88 | 399.37 |
| 地方教育附加 | 31.56 | 69.39 | 114.11 |
| 教育费附加 | 47.34 | 104.09 | 171.16 |
| 印花税 | 0 | 837.50 | 0 |
| 车辆购置税 | | 0.69 | |
| 个人所得税 | 0.04 | 0.02 | 0.05 |
| 税款合计 | 1767.47 | 3888.35 | 6408.36 |

2022年1月，A市税务稽查部门根据发现甲平台公司涉税疑点，会同税警部门成立联合专案组，对甲平台公司2019年1月31日至2021年12月31日涉税情况进行检查，发现该公司通过股东和下游25家渠道商寻找用工企业，虚构灵活用工、劳务外包和业务承揽等业务，虚开增值税专用发票和普通发票，少缴企业所得税；为高收入人群分拆工资奖金转换收入性质，从而使其少缴个人所得税等违法事实。税警专案组于2023年2月对案件收网，抓获犯罪嫌疑人18人，认定甲平台公司编制虚假业务向下游300余户用工企业虚开增值税专用发票1.31万份，价税合计44.39亿元；让他人为自己虚开增值税普通发票26.01万份，价税合计31.54亿元。A市税务稽查部门通过办省联动追缴上游相关自然人个人所得税5000余万元。

## 二、查办情况

### （一）案源分析

A市税务稽查部门对所属范围内灵活用工平台领域涉税风险进行扫描，发现甲平台公司存在以下风险特征：一是“暴力”注册“短、频、快”。经查，与该公司相关联的上万户个体工商户注册地址均为“A省B市经开区某大厦12楼”，且短时间内批量注册，最高峰时期达到每月300余户。二是“巨量”代开秒速度。该公司在2019年3月至2023年2月，接受上述个体工商户代开的增值税普通发票26.01万份，代开发票存在连续“秒”开的现象，最快达到2份/秒。三是“一址”多企遍地花。上游近万户个体工商户的注册地址与该企业注册地址基本雷同，且共用同一IP地址。

**（二）调查取证**

甲平台公司属于典型的互联网灵活用工平台，上下游大量灵活用工人员和用工企业遍布全国各地，用传统的检查手段难以在短时间内实现突破，专案组提取大数据分析，利用数据工具找到了资金、人员判定的方法，打通了案件查办的堵点。

一是比对资金，大数据算法锁定资金回流证据。专案组在检查中发现，由于甲平台公司资金量、发票量巨大，采取传统的分析手段很难突破。因此，专案组研发了“资金智能穿透”系统，建立资金数据库，以资金智能穿透程序为工具、以资金蛛网分析软件为辅助，进行资金多层穿透和疑点提取，利用算法实现资金疑点自动关联穿透。专案组通过调取该公司500多个公司银行账号、57000多个个人银行账号、2300多万条资金流水，并重点对涉税100万元以上的184户受票企业的资金进行穿透，成功锁定下游疑点用工企业124户、疑点灵活用工人员7000多人次，基本掌握了甲平台公司与用工企业以向灵活用工人员（个体工商户）发放工资的形式掩盖资金回流股东和员工的事实。

二是外调取证，多路并进固定虚假业务证据链。一般情形下，犯罪团伙筹划的虚开行为涉及税务代开和“两头在外”，为避免打草惊蛇造成团伙成员走逃，专案组对甲平台公司采取“内外同步，多路突进”的检查策略。第一路协查上下游疑点企业和个体工商户，迅速固定受票企业虚构劳务外包、个体工商户虚假承揽业务证据；第二路直奔甲平台公司调取账簿凭证和电子数据等财务资料，并对20多名有关人员进行询问，锁定大量财会证据和言词证据；第三路奔赴主管税务机关和市场监督管理局，调取甲平台公司批量注册和发票代开的相关资料。

三是锁定幕后，人际关系“碰撞”圈定犯罪团伙幕后主谋。专案组利用税务机关和公安部门大数据研判系统，对涉案人员和人物关系网进行“碰撞”，从100多名嫌疑人中迅速查明该团伙背后主谋王某、田某等人，摸清了团伙企业的主要架构和分工，取得了犯罪嫌疑人微信聊天、邮件通信等重要证据。

**（三）违法手段**

在本案例中，甲平台公司主要业务是解决用工企业的临时用工需求，其将自身打造成为用工企业和劳务提供者“牵线搭桥”的灵活用工平台。经过全面检查，甲平台公司除提供少量正常灵活用工服务之外，大量伪造虚假业务，虚开发票，收取的所谓“服务费”实际是“票点费”。主要违法手段表现为以下四类：

一是将高收入高净值人员即“双高”人员伪装成灵活用工人员，转换收入性质偷逃个人所得税。甲平台公司协助“双高”人员注册个体工商户，将工资薪金、劳务报酬、股息红利等收入转换为经营所得，再滥用核定征收政策，大肆偷逃个人所得税。比如，将用工企业高管、员工注册为个体工商户，将其受雇的岗位本职工作“包装”成劳务外包业务，把工资薪金收入转换为经营所得；将文娱主播、医药代表、专科医生等高收入人员注册为个体工商户，把劳务报酬所得转换为经营所得；将股东自己或其亲属、朋友注册为个体工商户代为取得收入，把股息红利转换为经营所得。本案例中，某集团企业利用甲平台公司为309名员工注册个体工商户，通过平台将工资薪金收入转换为经营所得，偷逃个人所得税近亿元。

二是虚开增值税发票，为用工企业偷逃税款创造机会。由于员工工资不能抵扣进项税额，许多劳动密集型企业通过甲平台公司将员工工资转换为劳务费用，并取得平台开具的增值税专用发票抵扣税款；甲用工平台虚构外包业务，让他人注册个体工商户虚假承揽，取得增值税普通发票税前列支，偷逃企业所得税。同时，甲平台公司开发应用软件或小程序，实现虚假业务接单记录的自动生成，伪造线上劳务外包、业务承揽、费用支付等虚假数据记录，实现业务流、合同流、资金流“三流”一致，掩盖虚开事实。

三是制造“防火墙”，增加税收监管难度。本案例中，灵活用工人员及用工企业均“两头在外”（下游用工企业和上游灵活用工人员都不在平台所在地），税务机关难以实施有效监管。灵活用工人员和用工企业通过App与甲平台公司的用工平台联系，不在甲平台公司注册地开展业务。而该公司仅代为注册个体工商户、代缴税款、代开发票并收取手续费，不对业务实质进行判定。由于“两头在外”导致征纳之间形成“隔离带”，使甲平台公司注册地税务机关无法对用工业务的真实性及用工人员纳税情况实施精准监管。

四是恶意筹划帮助用工企业逃避缴纳社会保险费，损害劳动者合法权益。

甲平台公司协助用工企业将劳动关系转换为承揽关系，将员工“化身”为灵活用工人员，并指定承揽用工企业发包给平台的虚假业务，使得用工单位逃避缴纳社会保险费等法律义务和雇主赔偿的法律责任。本案例中，某运输公司原与7000多名驾驶员均签订了劳动合同。2019年，该运输公司解除所有驾驶员劳动合同并停止缴纳社会保险，改为灵活用工方式用工，原有驾驶员仍在企业管理下长期为运输公司提供驾驶服务。在相关的工伤认定司法案件中，均认定驾驶员与运输公司之间不存在劳动关系，致使驾驶员合法权益受到侵害。

## 三、案例点评

近年来，随着国内新业态行业的蓬勃发展，灵活用工平台作为其中一类经营模式，为社会稳定、提供就业、促进发展发挥着积极的作用。但同时也被少数不法分子加以利用，通过虚开发票精心筹划，以灵活用工平台的名义，滥用“税收返还”“核定征收”等政策以达到偷逃税款的目的。为了防止国家税款流失，加大税收监管力度，税务机关应做到包容审慎监管，既要优化纳税服务，解决灵活用工存在的涉税难点堵点问题，又要加强税收监管，依法查处虚开发票、偷逃税等涉税违法行为。

一是对“两头在外”“跨区经营”“税负异常”的平台企业进行常态化监测，加强“服务费”“咨询费”“推广费”等服务类代开发票真实性的核查，依托八部门联合打击涉税违法犯罪机制，协同联动、精准打击虚开发票行为。

二是坚持问题导向，充分运用税收大数据，聚焦重点群体，对利用灵活用工形式转换收入性质偷逃税行为，依法严肃查处，并予以公开曝光。

三是推动个体工商户建账建制，主管税务机关加强核定征收管理，避免核定征收成为犯罪分子偷逃税的工具。

四是稳定劳务关系，促进税收公平。既要鼓励和支持新业态用工、共享用工等有助于灵活就业等新型用工模式发展，也要关注新业态用工的兜底保障、新业态用工中的法律关系定性和税收征管问题，对相关法律法规进行完善。比如，从法律法规层面统一灵活用工人员判定的口径，明确灵活用工业务中劳动合同与业务承揽合同判定，厘清劳务报酬所得与生产经营所得适用边界，压缩利用灵活用工人员身份界定不明晰进行恶意税收筹划的空间，依法保护劳动者合法权益。

五是加强税务管理与大数据建设，减少信息不对称的现象。税源管理始终是税务管理的核心，税务机关主要以纳税人申报的方式获取纳税信息。因此，要利用大数据以及区块链等高效、便捷工具，将税务机关获取的纳税信息与从第三方获取的信息互相对照，实时监控灵活用工平台的税收风险，实时监测异常情况。

## 案例 24

# 网络货运平台涉税案例剖析

本案例以 S 市税务局稽查部门（以下简称 S 市税务稽查部门）查处甲物联网科技有限公司（以下简称甲公司）利用虚开增值税发票少缴税款的违法行为为引线，分析网络货运平台涉税违法的手段，以帮助税务执法人员进一步了解和掌握相关行业特点，掌握其检查方法，为加强税务机关税收监管提供参考。

## 一、基本案情

甲公司成立于 2018 年，注册经营地址为 L 省自由贸易试验区，经营范围为物联网、计算机软硬件技术开发、技术转让、技术咨询、技术服务，计算机系统集成，道路普通货运，仓储服务（不含危险化学品），装卸服务等。

2022 年 7 月，按照税务总局工作部署，S 市税务稽查部门联合 B 市税务局稽查局查办甲公司，发现甲公司接受中间人从第三方取得的虚开的增值税专用发票虚增进项、虚列成本，造成少缴增值税及企业所得税税款。专案组根据甲公司涉税违法行为，对其作出补缴增值税 168. 90 万元、城市维护建设税 11. 82 万元、教育费附加 5. 07 万元、地方教育附加 3. 38 万元、企业所得税 334. 26 万元的处理决定，并处少缴增值税及城市维护建设税罚款 90. 36 万元。

## 二、查办情况

### （一）案源分析

2022 年 7 月，S 市税务稽查部门对辖区内网络运输平台进行涉税风险扫描及分析，发现甲公司存在以下疑点：一是甲公司上游部分为其开具工程用车租赁费发票的企业被认定为非正常企业且上述企业存在“六员”信息重合、注册地址相近等特征。二是上述非正常企业注册地与作业地距离较远，存在不合理经营的可能。

**（二）调查取证**

一是资金链分析。通过资金流固定证据，经检查发现甲公司购买的部分工程用车租赁业务存在资金回流的情况，专案组根据资金流涉及的企业及逐步取得的个人言词证据，确定业务中间人，还原业务过程，从而确定其租赁业务是否真实发生。二是外围取证。为进一步印证业务的真实性，专案组对上下游企业进行协查，固定其生产及财务资料，并对相关人员进行调查询问。三是外部门取证。由于一些企业相关人员已经被司法机关调查，专案组赴司法机关进行取证，固定关键证据。

**（三）违法手段**

经查，甲公司为下游水泥生产企业运输煤炭等燃料，在矿山及水泥生产现场需要对煤炭进行装卸作业，甲公司通过中间人马某租赁工程车辆进行作业，马某在完成租赁车辆后从第三方公司取得租赁费、运费发票交给甲公司，该公司用以虚增进项税额和虚列成本。主要违法手段如下：

1. 编造资金流向掩盖违法事实

在检查过程中，专案组对甲公司的资金流水开展“穿透式分析”。经查证，在甲公司与上游货物运输企业的工程车辆租赁及运输业务中，虽然相关资金在银行流水上有付款记录，但存在明显的资金回流特点：一是汇出与汇入时间相隔较短，二是汇入汇出资金相同或相近，三是通过私人账户和关联企业账户回流资金。综合上述特征，专案组基本锁定甲公司取得异常发票的关键证据。

经调查发现，甲公司承担的运输货物为煤炭，其起运地集中于矿山等远离城市地区，租赁工程用车主要用于煤炭的装卸，甲公司委托中间人马某全权负责该租赁业务，马某雇用当地零散车主承办此业务。由于作业地点偏远，租赁的工程用车车主要求每日结算租金，结算方式大多为现金，少数为银行转账方式，该业务的中间人马某的获利方式是从每日结算的租金内以不定比例进行抽成。为保证发票的合规性，马某要求甲公司与开票方对公账户进行结算，结算后的资金回流即之前结算租金的返回，进一步印证开票方不是真实提供租赁服务方。

2. 利用工程项目信息取得租赁发票

专案组在前期分析中发现，甲公司作为一家无车承运平台，其进项发票中存在着大量的租赁费发票，租赁物均为工程车辆，适用有形动产租赁项目，税率为13%。该公司负责人解释称，该公司主要为下游水泥生产企业运输煤炭，运输现场需要工程车辆进行装卸，因此，租用工程车辆从事大宗货物装卸服务。甲公司租赁费发票备注中均标明工程项目及作业地，专案组实地核实后发现发票中所列项目现场确实存在工程车辆正在作业。但经调查发现，从事工程用车租赁的大多为个人车主，车主为降低成本很少有人愿意为其开具发票。上游虚开发票的公司从马某获取工程项目信息虚开发票，被法院判决具有虚开发票行为，专案组获取了相关法院判决书作为重要证据。

3. 通过往来科目强行平账，故意偷逃税款

甲公司在取得发票的过程中，受资金限制有时无法全额付款，造成其所付款项与所列支成本之间存在较大差异。甲公司在账务处理中，为了账目平衡，将大量资金缺口直接计入往来账项（“其他应付款”）科目中。为避免往来款项长期挂账，该公司在无任何正当理由的前提下，分阶段多次将应付款项以调账为名全部冲销，上述会计处理无任何原始凭证附列，该公司通过“做假账”的方式企图掩盖偷逃税款的违法事实，能够充分证明该公司有少缴税款的主观目的。

## 三、案例点评

为解决自然人车主开票难的问题，国家税务总局发布《关于开展网络平台道路货物运输企业代开增值税专用发票试点工作的通知》（税总函〔2019〕405号），明确纳入试点的网络货运企业，可以为符合条件的货物运输业小规模纳税人代开增值税专用发票。这使网络货运企业平台无法取得发票的问题就得到了一定程度的解决，但同时网络货运平台进项难取得的问题依然存在。S市税务稽查部门结合对甲公司案件的查办，得到以下启示：

### （一）关注细节，围绕重点人群进行突破

针对行业案件特点，要从资料搜集、实地核查、多方询问等多角度进行突破。比如，本案例中，在甲公司提出其租赁业务均为中间人马某负责但马某已病故时，取证陷入困境，导致案件一度进展缓慢。后来，税务执法人员在梳理平台运输小票时发现个别小票留有联系人电话，这些人员大多也出现在平台负责人亲属资金流中，税务执法人员通过进一步调查确定其为当时提供租赁的车主，并确认确实有一个叫马某的人联系他们租赁车辆。这样才使得案件取得了阶段性突破，为此，查处此类案件要全面考虑，不能忽略各个

细小环节。

**（二）加强协作，强化与外部门信息互联互通**

税务机关在对网络运输平台日常监管的过程中应联合道路运输管理部门进一步建立健全信息共享和比对机制，打破信息壁垒，对驾驶员、车辆、运单、资金流水等运输信息和发票信息、申报数据等涉税信息，开展多维度数据比对分析，定期通报比对结果；不定期开展联合监督检查，对发现经营异常和风险隐患的企业，应视情况严格管理其增值税发票的使用，实现线上线下一体化监管。

**（三）以查促管，加强对网络货运平台的日常管理**

税务机关要加强对网络货运企业的管理，通过日常检查和随机抽查等方式，开展网络货运业务真实性核查工作，并结合交通运输主管部门监测数据和企业涉税数据，做好风险识别工作。对申报及开票出现疑点的网络货运企业及时开展评估和核查，对网络货运企业发生虚构业务、交易、合同、结算信息等虚开增值税发票等税收违法违规行为的，按照有关法律法规规章规定处理，并将结果同时通报交通运输主管部门。

## 案例 25

# 跨境电商涉税案例剖析

本案例源于S市税务局稽查部门（以下简称S市税务稽查部门）收到检举Z贸易有限公司（以下简称Z公司）信息。以此为线索，S市税务稽查部门通过案头分析“顺藤摸瓜”、制定检查预案，组织实地检查取得关键证据，查获一起跨境电商企业利用境外空壳公司账户隐匿收入进行逃税的违法事实。本案例旨在通过内外部各类数据综合分析比对，准确查明跨境电商偷逃税款的手段及方法，帮助税务执法人员提升专业技能，加强税收精准监管。

## 一、基本案情

S市税务稽查部门于2023年4月收到检举线索，检举人举报S市Z公司通过在境外设立空壳公司及银行账户隐匿产品销售收入少缴税款，检举信息提供了境外空壳公司的名称及部分对账单。在案源分析的基础上，检查人员对该公司实施了突击检查，成功在Z公司的财务电脑中发现其境外公司的电子文件。而后，通过相关电子文件登记数据，梳理出该公司经营资金的收付情况，并通过流向分析与资金流水询问，发现该公司将跨境平台上的收入款项存入了境外空壳公司的账户，除部分资金转回到该公司公账上用作日常经营费用外，剩余资金都通过不同的途径转到私人账户。相关收入并未申报相应税费。同时，还发现该公司未按规定代扣代缴个人所得税、虚假申报享受税收优惠等违法情况。

最终，S市税务稽查部门根据《税收征管法》第三十二条、第六十三条第一款的规定，追缴该公司少缴增值税492367.49元、城市维护建设税39297.23元、企业所得税2686315.75元，并依法加收滞纳金；定性该公司偷税税款合计总额3217980.47元，处少缴税款1倍的罚款3217980.47元；根据《国务院关于教育费附加征收问题的紧急通知》（国发明电〔1994〕2号）第一条规定，追缴该公司教育费附加17688.67元、地方教育附加11792.58元。根据《税收征管法》第六十九条规定，对该公司2014年1月至2021年3月代扣代缴义务发生当期应扣未扣个人所得税的行为处以应扣未扣税款692856.27元1.5倍的罚款1039284.41元。

## 二、查办情况

### （一）案源分析

Z公司于2013年5月成立，登记注册类型为私营有限责任公司，主要通过跨境电商平台销售户外运动装备、美容仪器、化妆品、日用品等产品。该公司企业所得税实施查账征收，2014—2020年享受小微企业税收优惠；2019年3月至2020年增值税享受小微企业税收优惠。

S市税务稽查部门于2023年4月接收到关于该公司隐匿跨境电商平台上的销售收入的检举线索，检举人在检举资料中提供了该公司为隐匿收入而专门设立的境外空壳公司名称及部分银行对账单。S市税务稽查部门随即展开案头分析，掌握涉案企业基本情况、“六员”信息、纳税情况，并通过互联网平台、手机App搜索该公司相关信息，收集该公司在跨境电商平台上的网店名称与销售情况。通过对企业经营信息与系统申报数据的初步分析比对，检查人员判断该公司存在隐匿收入少缴税款的嫌疑。

### （二）调查取证

结合案头分析情况，S市税务稽查部门组织检查人员实地突击检查。到达该公司注册经营地后，检查人员根据预案分多组开展现场询问及取证。作为重点检查的财务室，检查人员一方面让企业提供经营及相关财务资料，另一方面准备采集财务电脑资料。在采集过程中发现，正在开机使用的几台电脑里并未有涉及账外收入的内容。此时，检查人员注意到角落里还有一台未开机的电脑主机，立即要求财务人员打开该电脑予以采集数据。此时才发现该电脑设置有开机密码，在场的财务负责人表示该电脑平时由老板授权使用，只有老板有密码，而老板此时正在外地出差，可能正在坐飞机而无法联系。检查人员判断该电脑中很可能存有涉及账外隐匿收入的重要资料，该公司财务负责人是在试图拖延时间、借机隐瞒。检查人员立即向该公司财务负责人说明税务稽查的严肃性，并以案说法告知其对抗检查的严重后果。经过耐心沟通，该公司财务负责人在致电请示后输入了密码，配合检查人员开展对该电脑的数据采集。检查人员在此台电脑中采集到了该公司的现金及银行电子账，还发现了检举材料中提及的境外空壳公司 X 公司的恒生银行账户 2016 年 3 月至 2021 年 3 月银行对账单及账务明细等电子文件及数据。检查人员迅速对采集到的电子数据进行了备份固定。

经过分析，这些电子数据确认为 Z 公司实际日常经营资金收付情况，这些资料证明 Z 公司将跨境电商平台上取得的销售收入资金提取后，存入了境外 X 公司的恒生银行账户，除部分资金转回到 Z 公司账户外，其余资金都通过不同的途径转到公司法人朱某、关联人姚某等人的私人账户，而这部分收入没有申报相应税费。面对检查人员获取的此部分账外收入证据，该公司法人、财务人员接受询问时闪烁其词，既不承认是收入，也不说明资金的性质。检查人员在已有的证据资料基础上，在跨境电商平台开展调查分析，收集该公司相关店铺的营业证据。通过梳理，检查人员查找到平台上与该公司相关的店铺 12 个，汇总相关店铺的经营数据进行比对，发现与其境外 X 公司的流水情况基本匹配，进一步完善形成了相互印证的证据链。面对确凿的证据资料，该公司承认了利用境外空壳公司账户隐匿收入逃避缴税的事实，并配合提供了企业业务系统与跨境电商平台上的销售清单。

**（三）违法手段**

经查，Z 公司实控人姚某为了逃避税款，故意在境外成立空壳公司 X 公司，实际并没有办公地址及业务人员，然后再通过 X 公司开立的恒生银行账户收取 Z 公司从跨境电商平台提取的销售收入，2014 年至 2021 年 3 月合计收取资金分别为美元 3031431.84 元、港币 50211.70 元、欧元 101962.45 元，根据每月初汇率折算成人民币合计 20881588.35 元。其中，431000.00 美元转到 Z 公司中国银行账户，该部分资金主要用于 Z 公司日常经营费用开支和调节经营利润，保持该公司账面上 2014 年以来一直处于微利状态，并享受企业所得税的税收优惠政策。剩余资金一部分转到法人朱某的私人银行账户，还有一部分会转到姚某、张某等人的账户，此部分资金未申报缴纳增值税和企业所得税。该公司 2014 年 1 月至 2021 年 3 月少计含税收入合计为 20881588.36 元，每年分别为 1140905.19 元、3084744.78 元、3495848.63 元、2414297.56 元、3386840.12 元、3939592.73 元、3135078.70 元、284280.65 元；折换成不含税收入每年分别为 1107674.95 元、2994897.84 元、3394027.79 元、2343978.21 元、3288194.29 元、3824847.31 元、3095370.55 元、281465.99 元，违反了《增值税暂行条例》第六条和《企业所得税法》第六条的规定。该公司 2014—2019 年度不符合小型微利企业减免企业所得税的条件，虚假申报享受税收优惠，违反了《企业所得税法》第二十八条第一款、《企业所得税法实施条例》第九十二条的规定。

此外，检查人员还发现该公司 2014 年 1 月至 2021 年 3 月向员工发放差旅费补贴、通信补贴、公积金补贴等，未并入个人当期的工资薪金所得代扣代缴个人所得税，违反了《个人所得税法》第二条的规定；2014—2020 年向员工发放一次性奖金未正确使用个人取得全年一次性奖金的计算办法，未按规定代扣代缴个人所得税，违反了《个人所得税法》第二条的规定；2014 年 1 月至 2021 年 3 月向吴某、张某等个人支付劳务报酬，未按照劳务报酬计算扣缴个人所得税，违反了《个人所得税法》第二条的规定；2014 年 1 月至 2021 年 3 月向吴某、张某等个人每月支付兼职的劳务报酬费用，该公司按照“个人所得税——工资薪金”项目计算扣缴个人所得税，未按照劳务报酬计算扣缴个人所得税，违反了《个人所得税法》第二条的规定。

## 三、案例点评

随着数字经济的快速发展，全球贸易的数字化、网络化趋势日益明显，跨境电商蓬勃发展，在国际贸易与全球价值链中扮演着日益重要的角色。跨境电商不受地域限制，具备低成本、高效率、便利化的独特优势，大大降低了贸易的成本和门槛，为中小微企业进入国际市场提供了新的机遇。同时，也为加强跨境电商税收监管带来了新的挑战。从近年查办案件情况来看，由于电子支付和加密货币等数字化支付工具的普及，跨境电商交易的支付方式变得更加多样化和复杂化。这些支付方式通常具有较高的匿名性和跨境流动性，使税收监管更加困难。一是跨境电商的交易特征提升监管难度。通过多年的发展，跨境电商交易形式更加灵活多样，交易对象种类众多，涵盖货物、服务、劳务以及无形资产等，交易价格跨度也比较大。而以 B2C 为主的零售电商的个体交易又具有交易笔数多、单笔交易价值较低等特点，交易信息庞杂且获取困难，对税务机关的监管措施提出了较大的挑战。二是跨境电商的数据监管仍需加强。由于网络经济的协同效应和规模效益，跨境电商的门槛低，市场准入较为容易，而且不需要像传统产业一样有固定的经营场所，这使得企业更容易规避各类监管。而当前我国对跨境电商的监管手段仍然较为单一，税务机关与银行、市场监管等监管部门间的沟通合作还不够深入，对跨境电商的监管更多限于商品或服务流转环节，较少在资金流动环节进行监管，导致对涉税信息数据的监管不够全面。三是跨境电商税基侵蚀和利润转移风险监管难度大。跨境电商企业在运营模式上不断更新换代，比如，采用全托管服务、开展海外仓直邮、利用社交媒体和影响力营销等，在产品研发设计、仓储物流、维修与售后服务、金融支付技术与平台体系建设等方面的创新也日益增多，相关税收政策的规定在税收筹划上有一定空间，纳税人主观上和税收征管客观上都有利于促进跨境电子商务税基侵蚀和利润转移风险的形成。

因此，对跨境电商企业，应在其快速发展的基础上加大税收宣传辅导和风险监管力度，引导企业规范处理涉税业务。

一是充分利用大数据开展分析监管。针对跨境电商行业存在的监管部门与平台、企业间信息不对称的问题，积极加强与海关、商务、外汇、市场监管等部门的数据共享，完善跨部门数据交换的协作机制，定期获取海关清单申报数据、口岸平台数据等信息，通过简化和统一部门数据交换口径、标准，不断完善监管数据链条。此外，在数字经济背景下，跨境电商企业的经营活动会在互联网、第三方平台留下大量的数据信息，税收监管要加强对互联网数据及第三方平台数据的采集与挖掘，并将企业的纳税申报数据、外部门交换数据与互联网数据和第三方数据等外部数据进行分析比对，实时在线监控与风险预警。

二是开展分级分类监管。依托海关、外汇、市场监督等部门对跨境电商企业的信用评级等综合信息与获取的外部数据，完善对跨境电商企业的纳税信用评价体系和税收风险分析模型。针对跨境电商企业有卖家、第三方平台、代理方等不同情况，根据不同类型设计有针对性、精细化、个性化的风险指标，实施分级分类监管。对纳税信用等级高、税收风险低的跨境电商企业可以简化出口退税流程，实施先退税后审核的管理措施。对纳税信用等级低、税收风险高的跨境电商企业，要加强日常监管，通过企业自主报备、抽查平台销售数据等方式加强风险排查，及时开展应对。对新设立的跨境电商企业进行精准的纳税辅导与宣传培训，提升纳税遵从意愿，降低税法遵从风险。

三是加强跨境电商国际监管合作。全面梳理当前跨境电商主要销售国的电商税收政策及相关规程，在跨境电商税收管辖权确定、反避税、税收协定执行等方面加强国际合作，将跨境电商的税收相关议题纳入议事日程，在坚持国际税收协调和税收主权原则的基础上提升国际税收规则制定的话语权，保障国家税收利益，防范税基侵蚀风险。

## 案例 26

# 短视频平台涉税案例剖析

本案例聚焦于 S 市税务局稽查部门（以下简称 S 市税务稽查部门）针对短视频平台一级代理商涉税问题的调查。结合这些代理商的业务特征、发票链条和风险点，S 市税务稽查部门对代理商未开票收入、开票信息、风控信息、资金流水等数据开展层层风险排查，成功破获利用短视频平台代理商“富余票”进行虚开的团伙案件。旨在通过对本案例中不法分子伪造业务，从平台代理商获取“票货分离”的发票后，虚假抵扣、对外虚开的手段识别，不断提升税务执法人员查办此类案件的能力，为日常工作开展提供参考依据。

## 一、基本情况

S 市税务稽查部门通过涉税风险宏观研判，精准识别短视频平台业务发展模式下潜在的“富余票”虚开风险，以未开票收入为突破口筛查一级异常代理商，以资金流水为支撑上下比对印证虚假业务，深入挖掘虚开链条，共涉及 S 市洗票企业 14 户，在 2021 年 5 月至 2023 年 11 月期间共涉嫌虚开发票价税合计 37 亿余元，其中，在 2023 年 5 月至 2023 年 11 月期间涉嫌虚开数电发票 7.37 亿元。经深入剖析案件手法发现，犯罪团伙成立空壳公司伪装成“二级代理商”介入充值业务链条，通过不法中介撮合，在大量获取一级代理商“富余票”后实施虚开，将他人真实的广告充值业务包装为下游实体企业自行购买的服务，发票最终流向相关实体企业。

根据《发票管理办法》（按案件发生时的《发票管理办法》执行）第二十一条第二款第（一）项的规定，认定涉案14家公司2021年5月至2023年9月对外虚开增值税专用发票31798份和增值税普通发票747份，增值税专用发票涉及金额335010万元，税额20101万元，价税合计355111万元；增值税普通发票涉及金额3140万元，税额188万元，价税合计3328万元。根据《发票管理办法》（按案件发生时《发票管理办法》执行）第三十五条第一款的规定，对涉案14家公司上述虚开增值税发票的行为处合计700万元的罚款。

## 二、查办情况

### （一）案源分析

当前，短视频平台发展十分迅猛，吸引了部分商家在平台充值投放广告，平台根据广告点击的次数或天数从商家充值金额中扣款。短视频平台充值模式主要有两种：一是商家直接在平台充值，充值后由商家向平台申请开具“信息服务费”等品名的增值税专用发票；二是通过代理充值，代理充值一般具有较为优惠的折扣，充值后由代理商向商家开具“信息服务费”等品名的增值税专用发票。由于代理充值有一定的优惠折扣，目前短视频平台充值业务以第二种为主。

S市税务稽查部门深入调查发现，通过代理商充值的商家多以小型电商商家（小规模纳税人）为主，无增值税专用发票抵扣需求，一般不会主动索要发票，代理商对充值后未开具发票部分的收入以未开票收入的形式申报纳税。此种情况下，由于代理商开票金额小于实际销售额，代理商手中会形成大量的富余开票额度（俗称“富余票”），容易被不法分子利用对外虚开发票。对此，S市税务稽查部门聚焦一级代理商这一关键环节，着重识别其中申报未开票收入低的企业，发现部分企业在2020年申报未开票收入曾超千万元，但在2021年与S市Y网络公司等14家二级代理商交易后，未开票收入降为零，存在突变性，“票货分离”嫌疑大。

### （二）调查取证

税务执法人员进一步沿着发票链条“顺藤摸瓜”，发现14户企业享受加计抵减政策，开票额呈倍数增长，共开具发票价税合计37亿余元，仅申报缴纳税款900余万元，税负率低。其中，有部分企业已被征管部门下达风险任务，并采取“纳入风险纳税人”“控额控量”等限制性措施。税务执法人员进一步通过团伙行为监测模型开展分析，发现企业具有关联人员相似、Mac地址相同等团伙特征，虚开发票嫌疑大。

税务执法人员继续延伸发票链条，发现14户企业价税合计30多亿元的发票均流向同一行业的大型实体企业，与相关实体企业经营特征、行业广告投放量不符，存在异常。为进一步确认业务情况，税务执法人员调取了14户企业的银行账户资金流水，分析后发现14户企业在获取实体企业的资金转账后，只有部分资金转账至上游一级代理商，大量资金经第三方支付平台回流至实体企业内部关联人员，存在虚假交易的行为，涉嫌购买虚开发票虚抵成本、套取资金。

随后，S市税务稽查部门联合公安机关经侦部门成立专案组深入研判，通过大数据分析进一步匹配发票链条、资金流水、人员关系，锁定张某虚开团伙及与其勾结的林某不法中介团伙。结合开票信息及外部数据，逐步锁定作案窝点。专案组及时开展突击收网，现场固定充值记录、销售合同、转账单据等证据，成功破获虚开团伙1个、不法中介团伙1个。

**（三）违法手段**

经查，通过不法中介撮合，虚开团伙在大量获取一级代理商“富余票”后向实体企业虚开，满足受票实体企业偷逃税款、套取资金的需求，具体违法手段如下：

一是不法中介团伙囤积“富余票”资源。林某不法中介团伙掌握终端客户和一级代理商资源，通过一级代理商渠道以较低的抵扣价格为终端客户充值。由于多数终端客户无发票抵扣需求，中介团伙在此过程中囤积了大量的“富余票”资源，待价而沽。在获取多个省市买票方的开票手续费后，要求一级代理商向买票企业开具发票，实现“票货分离”。

二是虚开团伙粉饰业务串联源头虚开和终端需求。张某虚开团伙为满足上游开票、下游受票的需求，通过跨区域拉长链条的方式，在S市成立14户洗票企业。之后，通过勾结林某不法中介团伙，支付手续费获取“票货分离”的源头进项发票，并利用加计抵减政策增加“免费”开票额度；与实体企业签订虚假业务合同，伪装为实体企业“供货商”，实际却为实体企业提供虚开发票和套取资金等服务，从中按开票金额的3%收取手续费。

三是虚构资金链条掩盖买票行为。犯罪团伙为实现“票款”一致，特意设计资金链条，伪造“大型实体公司—二级代理商——级代理商—短视频平台”的对公账户流水。但其实际却涉及两条相互交织的资金链条，一条为平台充值业务发生的资金流，具体为不法中介将向终端客户收取的平台充值款，经虚开团伙向代理商转账后，流转至短视频平台；另一条为大型实体企业“购票”发生的资金流，具体为实体企业向代理商转账后，再经第三方支付平台转账至公司内部人员。

## 三、案例点评

近年来，各类短视频平台实现快速发展，其收入主要分为虚拟币充值、广告投放两类。在相关平台蓬勃发展的同时，也衍生出一批通过分销模式开展代充值业务的代理商，既可以为充值人提供较为优惠的折扣，也能拓展平台的业务收入，呈现“短视频平台——级代理商—N级代理商—终端客户”的业务特征。其终端客户以自然人及小商户等小规模纳税人为主，多无发票抵扣需求，部分虚开团伙便以此为契机，通过伪造业务从平台代理商获取“票货分离”的发票后，虚假抵扣、对外虚开。从违法手段分析可以看出，本案例具有手法隐秘化、源头虚开平台化、优惠政策被滥用等特点。本案例中存在以下三个方面的问题需引起税收监管重视：

一是短视频平台量大的“富余票”易被利用成为新型虚开的源头。头部短视频平台及其代理商广告充值业务不断增长，在其充值商家存在大量小商户等小规模纳税人的情况下，产生的“富余票”亦持续增加。虚开团伙为满足平台“谁付款、给谁开票”的管理要求，直接收集投放广告商户的充值款，并代为充值。如此一来，平台难以准确识别付款方是否为实际投放广告的商户，将本应开具给若干商户的增值税专用发票，集中、大额开具给虚开团伙。相关虚开发票产生于真实充值业务，有匹配的资金流水，且开票方为头部短视频平台及其代理商，隐秘性、欺骗性强，加大了税务机关事中监管和事后打击的难度。

二是“信息技术服务费”品名发票有被滥用趋势。部分企业认为若提供的服务是基于信息技术提供的，便可开具“信息技术服务费”品名发票，却没有按照实际发生的业务实质开票。在当前信息化的大背景下，造成了“信息技术服务费”品名有被滥用的趋势。如本案例中，短视频平台为商户提供产品推广、引流等服务，实质为广告服务，应开具品名为“广告服务”的增值税专用发票，而非平台普遍开具的“信息技术服务费”品名发票。

三是税费优惠和数电票便利被恶意利用。一方面，虚开团伙利用加计抵减优惠政策，增加虚开金额。虚开团伙取得的“信息服务费”发票，按现代服务业享受增值税加计抵减的优惠政策，放大了虚开企业能抵扣的进项税额，进而向下游虚开更多金额的发票。另一方面，虚开团伙利用数电票自动赋额、自动调增的便利性，快速虚开。这本是便利纳税人的重大举措，却被虚开团伙滥用，开展虚开违法犯罪行为。

针对上述问题，应从以下两个方面强化税收监管措施：一是强化对短视频平台发票品目、流向的监管。一方面，建议规范平台开票模式，平台需根据其提供广告服务的业务实质，开具“广告服务”发票，不再开具“信息技术服务费”发票。另一方面，持续关注短视频平台的发票流向，及时发现下游企业进项为“广告服务”、销项为“信息技术服务费”的变票行为，有针对性地开展风险排查，发现其中的虚开行为。二是加强对短视频平台的下游企业开展常态化风险监控。针对短视频平台下游代理商，建立申报未开票收入偏少、税负率异常等排查指标，运用大数据开展常态化风险扫描。同时，主管税务机关定期获取短视频平台的广告投放客户信息，并与平台下游企业进行比对分析，精准识别在平台上无广告投放业务却取得发票的疑点企业，着重核实其业务真实性，及时识别短视频平台“富余票”被“票货分离”的风险线索。

## 案例 27

# 网络主播涉税案例剖析

本案例源于S市税务局稽查部门（以下简称S市税务稽查部门）收到的关于D某在直播带货过程中涉嫌税务问题的举报。通过扎实的外调取证与数据分析，S市税务稽查部门厘清涉案主播直播打赏、带货佣金、销售货物收入这三部分收入来源，准确查明涉案主播未进行纳税申报、少缴税款的违法事实。本案例旨在提醒税务执法人员，针对网络直播营利行为中存在的平台管理责任不到位、商业营销行为不规范、偷逃缴纳税款等问题，应给予高度重视并作为重点把控对象，从而加大对这一领域的税收监管力度。

## 一、基本情况

S市税务稽查部门于2022年7月接到网络主播D某涉税问题的检举线索，检举人举报D某在直播带货过程中涉嫌虚假宣传、虚假广告、转移销售收入偷逃税款等行为，并提供了部分业务资料。经过案源分析，税务执法人员结合现场检查情况，开展外调取证，调取D某在平台的收入数据及相关银行账户流水，综合分析清分出不同类型的收入情况。同时，通过积极开展纳税辅导，动员D某积极配合检查工作。在S市税务稽查部门的积极动员下，D某主动提供了在平台登记取得收入的账户信息，承认了收入不进行纳税申报、少缴税款的违法事实。

S市税务稽查部门查明D某从平台获得带货纯佣金收入92879311.45元，已申报收入41592187.63元，少缴增值税及附加税费、个人所得税；从平台及线下获得销售货物收入，共计42870881.37元，未申报过收入及税费，少缴增值税及附加税费、个人所得税；从平台获得粉丝打赏收入1945346.18元，未申报收入，少缴个人所得税。根据《增值税暂行条例》《个人所得税法》《税收征管法》等规定，追缴D某2020—2021年少缴税费共计7174516.19元，并依法加收滞纳金；对D某处以少缴税款的罚款共计3236836.41元。

## 二、查办情况

### （一）案源分析

D某为W文化科技公司主播，2021年7月1日与该公司签订劳动合同，拥有该公司40%的股权；D某于2020年11月注册成立S市D先生珠宝店，登记注册类型为内资个体。

S市税务稽查部门于2022年7月收到转办的检举线索，检举D某在直播带货过程中涉嫌虚假宣传、虚假广告、转移销售收入偷逃税款等行为，提供的相关证据有第三方平台软件关系截图、相关公司的工商信息、交易订单详情、物流信息及微信截图。检举资料内容翔实，通过对D某直播带货情况初步案头分析与申报数据的比对，税务执法人员判断D某存在隐匿收入少缴税款的嫌疑，于2021年12月6日对D某立案检查，检查所属期为2019年1月1日至2021年11月30日。

**（二）调查取证**

案件立案后，税务执法人员在询问室向D某送达《税务检查通知书》《税务事项通知书》《询问通知书》，并按规定进行了询问及录像记录。D某对检查工作并不配合，表示自己直播带货收取平台佣金收入，日常有按规定申报，不存在少缴税的情况，对税务执法人员提到的疑点不做正面回应，并一再拖延提供直播带货收入数据及相关资料。

为进一步核实D某的实际收入情况，税务执法人员到W文化科技公司进行了实地检查，对该公司平台客户端数据进行查验核对。同时，税务执法人员决定向直播平台公司进行外调，既了解其在平台的收入来源以及结算流程，也推动平台督促主播配合工作。根据平台提供的信息，主播在后台绑定的账号包括微信及支付宝账户，税务执法人员随即向财付通等公司调取了相关账户的流水信息。结合外调情况，通过金税三期系统、"企查查"等多方渠道获取D某及其亲属、密切往来关系人员、相关公司的具体情况，进一步查询交易银行账户接近300个，资金流水条数合计超10万条。综合分析发现，D某利用支付宝、财付通收取各种直播收入，然后提现到自己的银行卡，仅就其中部分的收入进行了申报。

外调数据取得突破后，税务执法人员与D某进行了多次面谈，通过现场讲解相关政策，动员其放下"包袱"，及时纠正过错，排除涉税风险。D某后续积极配合检查工作，主动确认了其在平台登记取得收入的支付账号、银行账户、流水信息等，承认了其收入不进行纳税申报、少缴税款的违法行为，并主动提出补缴税款的申请。

**（三）违法手段**

通过对商业模式、流水数据以及D某提供的资料综合整理分析，D某的收入主要包括带货佣金收入、销售货物收入、直播打赏收入三部分，涉及税费主要包括个人所得税、增值税及附加。

一是带货佣金收入方面。D某在互联网平台以黄金珠宝以及家居、美妆产品直播带货业务为主，按业务类型划分为带货分佣和委托代运营服务两个不同模式。一类是带货分佣模式，是指与各大品牌、供应链公司签订直播服务协议，帮助品牌方、供应链公司推广其产品。在该分佣模式下，主播通过与委托方的合同约定具体分成比例，并由第三方直播平台将佣金进行"清分"后结算至其在直播平台的账户系统内。另一类是委托代运营服务，即在品牌方具有供应链能力但不具备直播店铺运营能力的条件下，由主播接受品牌方的委托，品牌方将货物委托进行代运营和寄卖。在该模式下，品牌方的货物将上架至主播店铺进行寄卖，发货则均由品牌方或品牌方委托的第三方“云仓”完成。销售完结后，主播店铺公司按平台扣除费用后的实际到账销售金额进行分佣（一般为实际销售金额的20%）。经查，D某2021年1—11月取得直播带货产品的广告收入4978277.00元，少申报预缴视频广告收入劳务报酬所得1497959.83元。

二是销售货物收入方面。D某通过线上及线下渠道经营珠宝批发业务，2019年取得销售收入5869980.91元，2020年取得销售收入36828703.46元，2021年1—11月取得销售收入29511718.43元，上述销售收入在立案检查前均未申报缴税。

三是直播打赏收入方面。2021年，D某直播账号取得粉丝打赏收入1945346.18元，在立案检查前全部未申报缴纳个人所得税。

## 三、案例点评

网络直播是伴随着网络经济的发展而产生的一种新型商业模式，当前在促进灵活就业、扩大内需、服务数字经济发展等方面发挥了重要作用。随着政策的日趋完善，网络直播行业迎来持续、稳健的发展时期，但同时也存在着诸多涉税违法行为的隐患。网络主播的业务模式多样、收入来源多样，给税收监管工作带来了新的挑战。

一是直播带货涉及主体多样，监管难度大。直播带货商业模式中往往涉及品牌方、主播方、直播平台、实际交易平台、支付平台五类主体，各方的纳税及扣缴义务复杂，业务主体的多样与分散加大了对主播收入的税收监管难度。比如，直播平台是一个承载直播虚拟场地的主体，主要是向实际交易平台收取技术服务费，不对主播结算，不承担代扣代缴义务；实际交易平台是一个提供商品买卖的主体，业务实际是向品牌方收取技术服务费，不参与主播结算，不承担代扣代缴义务；品牌方从原理上讲是代扣代缴主体，因为主播的提成实质上是与品牌方协商的，但由于带货的性质，一个主播对接的品牌方众多，从实际工作开展角度考虑很难对品牌方进行直接监管；支付平台则只是一个支付通道，可以根据账号查询相对应的流水信息，但是主播后台绑定的结算账号可以随时变更，给监管带来了难度。

二是资金渠道分散，监管难度大。本案例中，该网络主播存在银行账户众多、通过第三方平台收款、利用他人账户收款等情况。日常监管中，如果自然人涉及的账户多且分布于全国各地，税务机关很难及时掌握和监控。如果自然人利用他人账户收款，税务机关并没有清楚掌握自然人涉及的亲戚和社会关系，同样可能存在监管不到位的情况。此外，第三方平台的交易数据尚未建立采集机制，目前仅能满足个案的查询需求，无法满足日常监管的需要。

三是违法手段多样，监管难度大。在税收征管领域，由于直播带货的经营主体界定不清晰，存在人格混同的问题，不少主播利用不同主体适用税率不一样，通过设立个体工商户、个人独资企业等市场主体，虚构业务，把从有关企业取得的劳务报酬转换为个人独资企业的经营所得，偷逃个人所得税。此外，还有主播通过个人支付宝、微信、银行卡进行收款，故意隐匿该部分的收入，在办理个人所得税汇算清缴时不进行申报。

针对网络主播区别于传统行业的独特运作特点，税收监管应在以下三个方面予以加强。一是健全信息交互机制。直播带货有别于传统零售企业的最大特征就是交易的“网络痕迹”或者“电子痕迹”，所有的网上销售记录都有痕迹可以追踪。对此，建议针对直播打赏收入、直播带货收入、直播销售收入等商业模式，明确各类平台的披露义务，在税务机关与直播平台之间建立信息交换机制，适时通过平台提供的数据与申报信息、发票信息、个人所得税等数据的比对，推动平台数据与税收大数据的有机结合，及时开展风险预警与应对，在强化税企合作的同时实现税务监管的高效化、精准化、智慧化。二是完善税源管理。在税源管理中应将网络主播纳入重点关注领域，增加对该人群的常规性核查，了解网络主播的发展态势、经营与发展状况、财务核算和纳税申报等情况，掌握网络主播的平台账户主体，建立网络账户清单，及时收集流量收益等情况，结合个人的实时经营信息与纳税申报信息开展税源监管。三是加强引导宣传。一方面，要进一步加大对主观故意虚假申报纳税信息、纳税遵从度低的网络主播的处罚力度，提高网络直播行业偷逃税的违法成本。高收入网络主播偷逃税的主要目的在于攫取不当财产收益，把本应作为税款缴纳的部分占为己有。通过加大处罚力度，能够提高当事人的违法成本，有效提升纳税遵从度。另一方面，应当结合已经查处的典型案例开展宣传教育，通过警示短片、制作派发纳税指引手册等方式帮助网络主播增强依法纳税意识，促使网络主播遵守国家法律法规，依法履行纳税义务。

## 案例 28

# 利用“税收洼地”偷逃个人所得税案例剖析

本案例中，A 市税务机关针对甲上市公司高管限售股减持业务的涉税风险点和违法手段进行了深入剖析，清洗检索了员工持股平台的海量数据，并与外调信息、银行资金流进行比对分析，最终查实了检查对象的涉税问题。本案例旨在帮助税务执法人员熟悉了解持股平台限售股减持相关的涉税问题，掌握针对限售股减持的有效检查方法和技巧，从而进一步提高案件检查效率和质量，为税收监管工作提供更加坚实的支撑。

## 一、基本案情

周某是 A 股上市公司甲公司高管，同时也是乙公司大股东。乙公司注册时间为 2011 年，注册地址为 A 省 B 市，2019 年迁移至 Y 省 X 市，经营范围现为企业管理咨询、文化创意策划咨询。乙公司为甲公司的员工持股平台，47 名股东均为甲公司 IPO 时的高管和核心员工。

乙公司为增值税一般纳税人，于 2021 年 12 月申报缴纳所属期为 2021 年 11 月的增值税 1.04 亿元，城市维护建设税及附加为 0.1 亿元。其中，申报的增值税销售额为 17.34 亿元，换算为含税收入为 18.38 亿元。乙公司企业所得税为查账征收，于 2022 年 1 月申报缴纳所属期为 2021 年 10—12 月的企业所得税税款 0.43 亿元，其中申报的收入为 17.34 亿元，申报的营业成本为 15.5 亿元。未见其企业所得税有核定征收的情况。

A 市税务机关根据上级税务机关下发的高收入个人案源线索，成立检查组对周某 2019 年 1 月 1 日至 2021 年 12 月 31 日期间取得的个人收入（包括从乙公司取得的分红收入）和申报纳税情况进行核查。调查发现，乙公司取得大额限售股减持利润后，在向自然人股东周某进行分红时，未依据《个人所得税法》按“股息、利息、红利”项目 20% 税率代扣代缴个人所得税，而是利用减持所在“税收洼地”的低税率缴纳个人所得税，造成少扣少缴个人所得税。

## 二、查办情况

### （一）案头分析

因采取高管和核心员工个人直接持股的方式容易导致创始团队丧失对上市公司的控制权，近年来新上市的公司极少采取由高管和核心员工个人直接持股的方式，一般由高管和核心员工作为股东或合伙人成立持股平台企业持有上市公司股票。根据我国现行税收政策，公司制持股平台减持限售股主要涉及增值税、企业所得税和个人所得税三大税种，《国家税务总局关于营改增试点若干征管问题的公告》（国家税务总局公告 2016 年第 53 号）明确规定“公司首次公开发行股票并上市形成的限售股，以及上市首日至解禁日期间由上述股份孳生的送、转股，以该上市公司股票首次公开发行（IPO）的发行价为买入价”，此项政策有效减少了新股限售股减持少缴增值税涉税风险。

按照企业所得税和个人所得税相关政策，取得减持利润应先缴纳企业所得税，个人股东从公司制持股平台取得分红再按股息利息红利所得按 20% 缴纳个人所得税；合伙企业制持股平台取得减持利润无须缴纳企业所得税，根据先分后税的原则，个人合伙人从合伙企业制持股平台分得的减持利润按生产经营所得最高以 35% 的边际税率缴纳个人所得税。但因限售股增值率高、减持所得金额大、适用税率高，容易出现违规利用核定征收逃避税款的违法行为，该类涉税风险需要重点关注。

在总结大量案例后，检查人员发现，持股平台默认利润率为 10%，所得税税负为 2.5%，个人所得税按减持收入 1.5% 进行代扣代缴，而非按照实际情况进行会计核算和纳税申报。

检查人员通过检索系统数据，发现乙公司存在以下疑点：

疑点 1：申报的减持利润率存在“明查暗核”的重大风险，查询企业所得税申报表发现，其 2021 年申报收入 17.34 亿元，营业成本为 15.5 亿元，其他费用为 0.11 亿元，利润总额为 1.73 亿元，申报的利润为 10%（1.73/17.34），企业所得税税负为 2.5%（0.43/17.34）。

疑点 2：个人所得税存在少扣少缴的重大风险。查询同期个人所得税代扣代缴申报表显示，其代扣全部股东个人所得税仅 0.26 亿元，个人所得税税负为 1.5%，依此可倒推出持股平台进行分配的利润为 1.3 亿元（0.26/20%），正好与持股平台申报的利润 1.73 亿元与缴纳的企业所得税 0.43 亿元之差。

乙公司并非适用核定征收管理的企业，但其税负率却与核定征收的税负率严丝合缝，即乙公司很可能是采用“明查暗核”的方式对利润和分红进行筹划，而非据实申报利润和分红，可能存在少缴企业所得税、少扣少缴个人所得税风险。

### （二）调查取证

检查组带着上述两大风险疑点，从以下五个方面开展工作：一是向检查对象周某介绍个人所得税政策，特别是股息红利所得应按分配金额20%计征个人所得税，辅导其进行深入自查，积极配合税务调查。二是对乙公司进行外调，取得其分红决议、分红资金流水、持股成本等资料，确定其实际分红情况、个人所得税代扣情况。三是通过税务总局资金查控平台调取周某名下全部资金流水，确定其实际取得的分红金额。四是通过巨潮咨询网、东方财富网等外部网站，抓取上市公司关于乙公司持股成本的公告，确定其持股成本，核算其减持利润。五是约谈上市公司主要负责人，建议其督促相关高管及相关企业开展深入自查。

经查，乙公司少扣少缴个人所得税合计4.14亿元，其中周某少缴0.6亿元，乙公司少缴企业所得税相关问题线索移送至C特派办进行处理。

### （三）违法手段

通过本案例查处，发现利用核定征收、“明查暗核”、虚假申报等方式少缴税款主要有以下“四连环”操作手法：

一是“改头换面”，迁移至“税收洼地”，改变经营范围。在限售股解禁后、减持前，持股平台乙公司由A省B市迁移至Y省X市，将公司名由“乙投资管理有限公司”更改为“乙企业管理有限公司”，经营范围由“投资管理”变为“企业管理咨询、文化创意策划咨询”，以绕过《国家税务总局关于企业所得税核定征收有关问题的公告》（国家税务总局公告2012年第27号）中“一、专门从事股权（股票）投资业务的企业，不得核定征收企业所得税”的规定。

二是“巧立名目”，隐藏实际业务。持股平台乙公司股票减持并未按照“转让金融商品”申报缴纳增值税，而是按照“管理服务”“咨询服务”等进行申报，意图躲避监管部门利用税种申报明细的勾稽关系进行的大数据分析。

三是倒推填列所得税申报表项目。按照设定的税负率倒推申报数据，企业所得税按减持收入的2.5%税负率倒算成本进行申报缴纳，按约1.5%税负率倒算应税所得并代扣代缴个人所得税。

四是设立“防火墙”。限售股减持完成以后迅速进行工商注销，逃避税务监管。

## 三、案例点评

“税收洼地”是指由于多种原因，导致某一区域实际税负显著低于其他地区的特殊区域。根据案例总结，这类“税收洼地”大致可以分为三类：一是由于区域性税收优惠直接形成的；二是由于地方政府提供的财政返还或奖励政策间接形成的；三是通过特殊的税收征管方式形成的，比如，核定征收方式。其中，利用限售股减持是核定征收方式中的主要“手法”之一，这类案件标的金额大、利润率高、隐蔽性较强，税务机关和财税实务领域都对其给予了高度关注。近年来，利用“税收洼地”逃避税款的案件发生频率高、涉案金额大、社会关注度高，造成税款流失、市场扭曲，影响国家产业和区域政策布局，破坏税收公平，不利于全国统一大市场的建立，危害巨大。乙公司及周某的案例，对于检查“税收洼地”同类型的案件具有参考借鉴意义，其主要启发如下：

一是加强信息获取检索。近年来，公众对税务相关话题的关注度越来越高，一方面给税务机关的舆情管理带来新挑战，另一方面也提供了一个更加丰富多元的信息源。在类似案例中，检查人员通过搜索引擎、公众号、短视频平台等获取了大量外部信息，尤其是一些财税自媒体关于“税收洼地”优惠政策的介绍信息，其价值性非常高，通过定点分析这些提及的“税收洼地”能获取不少有效信息。同时，检查人员还通过万得资讯、巨潮信息等网站获取了大量关于股权转让的信息。在日常工作中，税务检查人员需要培养职业敏感度和工作习惯，不断拓宽消息源，及时保存涉税信息。

二是注重案件总结分析。案件的总结分析既有利于检查人员提高办案能力，也可以进一步推动以查促管、以查促治，从而提高案件查办质效，提升税收监管水平。从本案例中发现，上市公司员工持股平台利用核定征收政策少缴所得税的表现主要有三种形态：一是事后核定，事先确定为查账征收方式，汇算清缴（或清算）时以企业账目核算不清为由，改变为事后核定。此种情形下，事先查账征收只是一种掩饰方式，本质上仍为核定征收。二是事先核定，在持股平台迁移到“税收洼地”时，改变工商、税务登记的经营范围，由原来的股权投资改为各类服务业，实际并未开展任何服务活动，却据此直接适用事先核定征收方式。三是默认核定，此种方式与事后核定以及事先核定最大的不同，是持股平台并未收到核定征收所得税的税务文书，但纳税人自行按照设定的利润率申报利润，并据此缴纳企业所得税和个人所得税。通过对相似案件归并同类项，一方面可以设计风险模型提高税收监管精准性，另一方面方便查找锁定税收漏洞、完善监管措施。